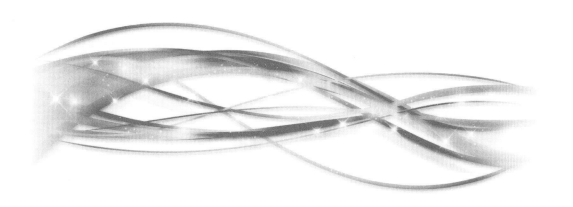

家庭支援論・保育相談支援

··· Family Support & Consultation and Support for Child Care ···

成清 美治
真鍋 顕久

【編著】

学文社

執筆者

＊成清　美治　神戸親和女子大学（第1章）

　相戸　晴子　宮崎国際大学（第2章）

　大城　亜水　大阪市立大学（第3章）

　佐藤　千晶　共立女子大学（第4章）

　副島　里美　静岡県立大学短期大学部（第5章）

　勝野　愛子　岐阜聖徳学園大学　非常勤講師（第5章）

　相樂真樹子　貞静学園短期大学（第6章）

＊真鍋　顕久　岐阜聖徳学園大学（第7章）

　稲垣　実果　京都聖母女学院短期大学（第7章）

　渡邊　慶一　京都聖母女学院短期大学（第8章）

　賞雅さや子　仁愛女子短期大学（第9章）

　森　　和子　文京学院大学（第9章）

（執筆順：＊は編者）

は じ め に

　本書は，子育て支援，保護者支援に密接に関係している家庭支援論と保育相談支援で構成する。第1部が家庭支援論，第2部が保育相談支援である。

　家庭支援論（講義・2単位）の目標は，

　1.　家庭の意義とその機能について理解する。

　2.　子育て家庭を取り巻く社会的状況等について理解する。

　3.　子育て家庭の支援体制について理解する。

　4.　子育て家庭のニーズに応じた多様な支援の展開と関係機関との連携について理解する，

等となっている。

　また，保育相談支援（演習・1単位）の目標は，

　1.　保育相談支援の意義と原則について理解する。

　2.　保護者支援の基本を理解する。

　3.　保育相談支援の実際を学び，内容や方法を理解する。

　4.　保育所等児童福祉施設における保護者支援の実際について理解する，

等となっている。

　保育士養成課程の改正に伴って，「家族」から「家庭」を含めた支援体制や支援ネットワークの重要性と「家庭児童福祉」「社会的養護」等の科目との関連から旧「家族援助論」から現「家庭支援論」へ，また，新たに保育の内容・方法の理解に関する科目として「保育相談支援」の科目が設けられた。

　両科目は，子育て支援並びに保護者支援において大切な科目となっており，本書において目標に沿った家庭支援論・保育相談支援を学ぶことによって，保育者として知識と技術を兼ね備えた保育士を目指す。

　本書の構成の特徴は，できるだけ平易な文章で綴るように心がけ，多数の図表を用いると同時に，各文中において重要な用語を側注として欄外に掲載した。内容理解の補助として役立ててほしいと願っている。また，各章末には「プロムナード」（コラム）と「学びを深めるために」として，最近の社会福祉・保育の動向や話題並びに理解に必要な文献紹介を行っている。

　なお，執筆者については，新進気鋭の若手の保育研究者等による執筆陣を揃えた。

　最後に，今回の出版にあたって温かいご支援を頂いた学文社代表田中千津子氏に深く感謝する次第である。

　2017年2月吉日

執筆者を代表して　成清美治

真鍋顕久

目　次

第1部　家庭支援論

第1章　児童家庭福祉の理念 ——————————————— 3
1　子どもを取り巻く社会環境の変化 ·························· 4
(1) 少子化社会の現状と課題　4／(2) 待機児童問題と取り組み　7
2　家庭支援とは何か ···································· 9
(1) 家庭支援とは　9／(2) 児童福祉から子ども家庭福祉へ　10
3　子ども家庭福祉 ···································· 12
(1) 子ども家庭福祉の意義と役割　12／(2) 子ども家庭福祉の展開　15／(3) 子ども家庭福祉の施策　16

第2章　家庭支援の意義と役割 ——————————————— 21
1　家庭の意義と役割 ···································· 22
(1) 家と家族　22／(2) 家庭支援のための施策　23
2　家庭支援の必要性 ···································· 29
(1) 子育て家庭の課題　29／(2) 子育て家庭支援の必要性と目指すべき姿　31
3　保育士等が行う家庭支援の原理 ·························· 32
(1) 保育指針，教育並びに保育要領における保護者支援　32／(2) 家庭支援における保育士の役割　33／(3) 保育士の専門性と質の担保　34／(4) 家庭支援専門相談員，幼稚園教諭等保育教諭の役割　36

第3章　家庭生活を取り巻く社会的状況 ————————————— 41
1　現代の家族と人間関係について ·························· 42
(1) 少子化と家族の変容　42／(2) 若い世代の結婚観　43／(3) 若者を取り囲む社会経済の変容　45／(4) 夫婦と子ども　47
2　地域社会の変容と家庭支援 ······························ 48
(1) 家庭を取り巻く地域と社会の変容　48／(2) 地域子育て支援の意義と仕組み　49／(3) 保育所における地域子育て支援事業　51
3　男女共同参画社会とワークライフバランス ·················· 52
(1) 日本社会における男女格差　52／(2) 男女共同参画社会基本法　55／(3) ワークライフバランスとその推進　56

第4章　子育て家庭の支援体制 ——————————————— 59
1　子育て家庭の福祉と社会資源 ···························· 60
(1) 子育て支援と法体系　60／(2) 子育て支援と社会資源　63
2　子育て支援施策・次世代育成支援施策の推進 ················ 64
(1) 子ども・子育て支援法　66／(2) 子ども・子育て支援新制度　66／(3) 新たな少子化社会対策大綱　69／(4) 子どもの貧困対策　71

第5章　多様な支援の展開と関係機関との連携 ——————————— 75
1　子育てサービスの概要 ································· 76
(1) 子育て支援サービスの体系　76／(2) 子育て支援と相談援助　79

目　次

　2　保育所入所児童の家庭への支援 ……………………………………………… 79
　　（1）保育所の役割と機能　79／（2）保育所支援の目的と方法　83／（3）保育所支援の基本と
　　特徴　86／（4）保育所における家庭支援の具体的技術　87／（5）保育所における家庭支援の
　　事例　88
　3　地域の子育て家庭への支援 ……………………………………………………… 90
　　（1）地域における子育て支援の意義と役割　90／（2）地域における子育て支援事業の内容　91
　4　要保護児童及びその家庭に対する支援 ………………………………………… 93
　　（1）要保護児童とは　93／（2）要保護児童並びにその家庭に対する支援の事例　94／（3）児
　　童虐待とその防止策　96
　5　子育て支援における子ども支援の意義と役割 ………………………………… 98
　　（1）地域における子ども支援の意義と役割　98／（2）地域における子ども支援機関　100
　6　子育て支援サービスの課題 …………………………………………………… 100
　　（1）希望がもてる子育て支援　100／（2）子育て支援対策の推進　102／（3）子育て支援と
　　サービスと財源　104

<h2 align="center">第2部　保育相談支援</h2>

第6章　保育相談支援の意義と原則 ———————————————— 109
　1　保護者に対する保育相談支援の意義 ………………………………………… 110
　　（1）保育相談支援とは何か　110／（2）保護者に対する保育相談支援　112／（3）保育士資格
　　の法定化と保育相談支援　113
　2　保育の特性と保育士の専門性を生かした支援 ……………………………… 115
　　（1）保育相談支援の原理・原則　115／（2）保育相談支援と相談援助　116／（3）相談援助と
　　は　118

第7章　保育相談支援の基本 ————————————————— 121
　1　子どもの最善の利益の重視 …………………………………………………… 122
　　（1）子どもの最善の利益とは　122／（2）子どもの最善の利益の考慮とは　122
　2　子どもの成長の喜びの共有 …………………………………………………… 123
　　（1）保護者と保育者の信頼関係の構築　123／（2）保護者との喜びの共有　125
　3　保護者の養育力の向上に資する支援 ………………………………………… 126
　　（1）保護者の養育力とは　126／（2）保護者の養育力の向上に向けての支援　127
　4　信頼関係を基本とした受容的関わり，自己決定，秘密保持の尊重 ………… 128
　　（1）受　容　128／（2）自己決定　131／（3）秘密保持　133
　5　地域の資源の活用と関係機関等との連携・協力 …………………………… 135
　　（1）保育相談支援における地域との関わり方　135／（2）地域の資源の活用と関係機関との連
　　携　136

第8章　保育相談支援の実際 ————————————————— 143
　1　保育に関する保護者に対する指導 …………………………………………… 144
　　（1）保育に関する保護者に対する指導の意義と内容　144／（2）保育に関する保護者に対する
　　指導の課題　145
　2　保護者支援の内容 ……………………………………………………………… 145
　　（1）保護者支援の意義と内容　145／（2）保護者支援の課題　148
　3　保護者支援の方法と技術 ……………………………………………………… 148
　　（1）保護者支援の方法　148／（2）保育相談支援技術　151
　4　保護者支援の計画，記録，評価，カンファレンス ………………………… 152
　　（1）保護者支援の計画・記録・評価　152／（2）保護者支援とカンファレンス　156

iii

第9章　児童福祉施設における保育相談支援 ——————————————— 159

1 保育所における保育相談支援の実際 ……………………………………………… 160
　(1) 保育所における相談支援の特徴　160 ／(2) 保育所における相談支援の内容　162
2 保育所における特別な対応を要する家庭への支援 ……………………………… 163
　(1) 特別な対応を要する家庭支援の意義　163 ／(2) 特別な対応を要する家庭支援の考慮する
　視点　164 ／(3) 児童虐待への対応と課題　165 ／(4) ひとり親家庭への支援と課題　166
　／(5) 障がいのある子どもの家庭に対する対応　167
3 児童養護施設等要保護児童の家庭に対する支援 ………………………………… 168
　(1) 要保護児童家庭とは　168 ／(2) 要保護児童家庭への支援施策　169 ／(3) 保育士の要保
　護児童家庭への対応　170
4 障がい児施設，母子生活支援施設等における保育相談支援 …………………… 173
　(1) 障がい児施設における保育士の役割　173 ／(2) 障がい児施設における保育士に求められる
　理想像　174 ／(3) 障がい児施設における保育相談支援の実際　175 ／(4) 母子生活支援施設
　における保育相談支援の意義と期待　176 ／(5) 児童館・放課後児童クラブ等での保育相談支
　援　177

索　　引 ——————————————————————————————— 181

第1部
家庭支援論

第 1 章

児童家庭福祉の理念

1 子どもを取り巻く社会環境の変化

(1) 少子化社会の現状と課題

　現在，わが国は欧米先進国と同様少子化社会に突入している。少子化とは出生率の低下により子どもの数が減少することであるが，人口置換水準（人口を維持するために必要とされる合計特殊出生率水準のこと）が水準以下まで低下することをいう（現在，日本の人口置換水準は2.07となっている）。図1-1は出生数及び合計特殊出生率の年次推移である。この図表から，少子化問題が深刻化したのは1989（平成元）年の合計特殊出生率（1.57ショック）以降顕著となり2005（平成17）年には出生数1,062,530人，合計特殊出生率は1.26まで低下したことがわかる。その後，若干戻り2014（平成26）年の合計特殊出生率は1.42となっている。

　ここで，わが国同様少子化が進行している欧米先進諸国と出生率を比較してみる。図1-2は主な国の合計特殊出生率の動きである。1960年代，日本（1966年「ひのえうま」のため合計特殊出生率は1.58）を除いてアメリカ，フランス，スウェーデン，英国，イタリア，ドイツ各国の合計特殊出生率はすべて2.0以上であった。しかし，その後，各国において合計特殊出生率が低下傾向を示すようになった。この背景に養育コストの増大，結婚・出産に対する価値観の変化，避妊の普及等があったとされている[1]。

　しかし，現在，フランスやスウェーデンは回復期に入った。その結果フランスは2012年で合計特殊出生率は2.00，スウェーデンは同年1.92まで回復した。

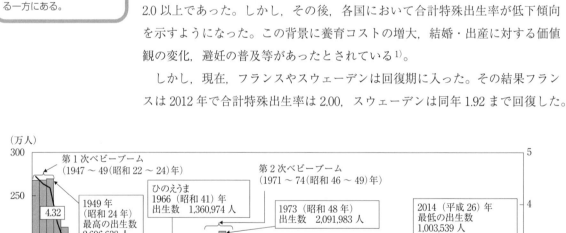

> **合計特殊出生率**
> 1人の女性が一生涯に出産する子どもの平均の人数をあらわす言葉である。厚生労働省の「人口動態統計」によると，1947～49（昭和22～24）年の第1次ベビーブームの時には，その数値は4.32人，総数270万人の出生があり，1973（昭和48）年の第2次ベビーブーム時の2.14人，総数209万人をピークとして，その数値は下がる一方にある。

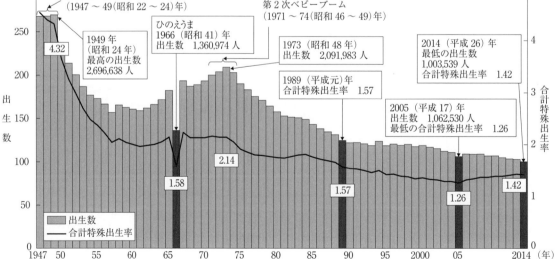

図1-1　出生数及び合計特殊出生率の年次推移

出所）内閣府『少子化社会対策白書（平成28年度版）』p.1

フランスの出生率向上に関連する取り組みを見た場合，① 保育サービスの充実の積極的な実施，② 経済的支援（家族手当関係の充実），③ 子育てと就労支援の両立支援（時間外労働の制限）をあげることができる[2]。すなわち仕事と生活の両立を図るワークライフバランス（work life balance）政策を進めた結果である。これに対してわが国は1989年の1.57ショック以降，1994（平成6）年の「今後の子育て支援のための施策の基本的方向について」（エンゼルプラン）が策定された。そして，1999（平成11）年には「少子化対策推進基本方針」とこの方針に準じた「重点的に推進すべき少子化対策の具体的実施計画について」（新エンゼルプラン）が新たに策定された。つづいて，国は家庭機能の弱体に対応すべき子育てを社会全体で担う「次世代育成支援対策推進法」(2003) を制定し，同法律が少子化対策として企業に子育て支援の充実を求める契機となった。そして同年に少子化対策の総合的推進のための法律として「少子化社会対策基本法」(2003) が成立した。翌年の2004年には「少子化社会対策大綱に基づく具体的実施計画」（子ども・子育て応援プラン）が決定され，2005（平成17）年度〜2009（平成21）年度までの5年間に国と地方自治体とが取り組むべき目標が設定された。その後も「子ども・子育てビジョン」(2010)，「子ども・子育て新システムに関する基本制度」(2012) 等が次々に制定・策定されたが今日まで効果

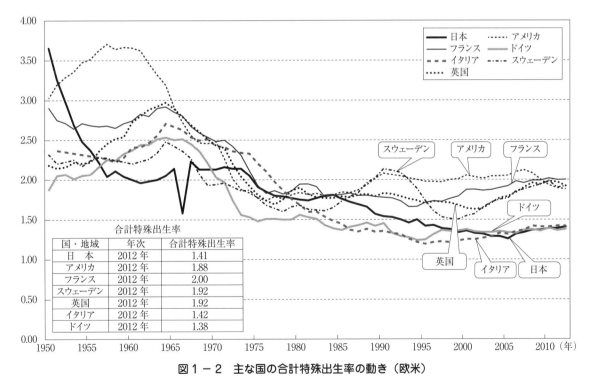

図1－2　主な国の合計特殊出生率の動き（欧米）

資料）ヨーロッパは，1959年までUnited Nations "Demographic Yearbook" 等，1960年以降はOECD Familydatabase（2013年2月更新版）による。ただし，2012年の英国，イタリア，ドイツは各国の政府統計機関。アメリカは，1959年までUnited Nations "Demographic Yearbook"，1960年以降はOECD Familydatabase（2013年2月更新版）による。ただし，2012年はアメリカの政府統計機関。日本は，1959年までは厚生労働省「人口動態統計」，1960年以降はOECD Family database（2013年2月更新版）による。ただし，2012年は厚生労働省「人口動態統計」。
出所）内閣府『少子化社会対策白書（平成26年版）』p.31

的少子化対策となり得ていないのである。

　このようにフランスやスウェーデンに比較してわが国の少子化対策が効果を
あげていないため，ここ数年来合計特殊出生率は1.3～1.4台を前後している。
このままの数値が続けばわが国は確実に人口減少社会を迎えるのである。2012
年1月30日国立社会保障研究所はこのまま合計特殊出生率の低下がつづけば，
2026年のわが国の人口は現在の約1億2.806万人の人口が8,674万人まで減少
すると警告している。

　それでは，人口減少の主要因となっている少子化（合計特殊出生率の低下）の
原因をあげてみると，①晩婚化・晩産化，②女性の高学歴化，社会進出，③
ワーク・ライフ・バランス（仕事と家庭の両立）の問題，④保育所待機児童問題，
⑤子育て環境の悪化問題（自然環境・社会環境），⑥経済的問題（子育ての経済
的負担・教育費負担），⑦性別役割分業問題（育児は女性の仕事），⑧結婚観の変
化の問題（未婚化・非婚化），⑨長時間労働問題等となる。このなかでとくに注
目すべきものは「晩婚化・晩産化」である。その理由をあげると，ア．かつて，
女性にとって結婚適齢期というものがあり，一定の年齢になると結婚に至る
ケースが多かったが，現代社会において結婚は本人の自由意思を尊重するのが
社会的通念となっており，結婚適齢期という概念が風化していること，イ．女
性の社会進出にともない，キャリアを積むことによって仕事に生きがいを感じ
る女性が増えたこと，ウ．経済的格差が原因で男女ともに結婚願望があっても，
結婚生活そのものを維持することが困難な状況にあるため結婚を諦める男女が
多数存在すること等である。

　最後に少子化がもたらす影響について考えてみる。それは，①社会保障制
度に与える影響，②経済に与える影響，③地域社会に及ぼす影響，の3分類
にすることができる。

　まず，①から検討する。人口減少社会は人びとの快適な日常生活を直撃する。
その典型が社会保障制度の崩壊である。具体的には，医療保険の財源を担って
いる被保険者の減少は，医療保険財政の収入を直撃し，医療保険制度を脆弱化
することにつながり，国民の医療保障を破壊することになる。また，老後の生
活保障を支える各年金制度においても人口減にともなう被保険者の減少は年金
財政を直撃し，年金給付額の減少，年金の支給開始年齢の引き上げを招くこと
になる。その他，社会保障制度，社会福祉制度における各サービスの質・量の
低下，廃止にもつながりかねない。次に②経済に与える影響であるが，人口
減少は就労人口（15歳～64歳）の減少を意味し，労働生産性の低下，消費の停
滞，低下を招き，GDP（国内総生産）に少なからず影響を与える。具体的には
「もの」や「サービス」の需要と供給に影響を与える。

　最後に，③地域社会に及ぼす影響であるが，人口減少社会は地方都市の過
疎化（現在でも東京一極集中であるため，地方都市の人口減少，商店街のシャッター

通りがより顕著になる）をより促進し，地方経済の疲弊を招来し，都市への人口流失が「限界集落」，果ては「地方消滅」につながる。また，人口減少は地方だけでなく，大都市でもとくに東京一極集中となる。また，人口の減少は，労働力不足により国内の企業活動が鈍り，より一層企業の海外移転が盛んとなる。そのことが国内の雇用機会の減少となり，ひいては国民の所得が減少し，購買力の低下を招き，結果的に国民生活水準の低下となる恐れがある。こうした人口減少社会を防止する対策として，既述した少子化対策（子育て支援）の充実と行政機関の地方移転等により東京一極集中の防止策を講ずることが重要である。

（2）待機児童問題と取り組み

　少子化の原因のひとつとして待機児童問題がある。待機児童はとくに都市部において顕著である。待機児童とは保育所に入所を希望しながら入所できない児童のことをいう。

　図1－3は，保育所待機児童の現状を表したものであるが，2014（平成26）年4月1日現在21,371人となっている。この数字は2008（平成20）年の19,550人と比較すると大幅な増加となっている。この背景に働く女性の増加があるが，厳しい経済的状況もあり年々働く女性が増加に転じている。また，保育所の入所定員も年々増加しているが，保育士不足も手伝って対応しきれていないのが

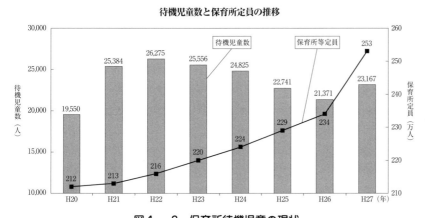

図1－3　保育所待機児童の現状

資料）厚生労働省資料
出所）内閣府『少子化社会対策白書（平成28年度版）』p.53

現状である。また，待機児童のうち0歳～2歳の低年齢児が全体の約84.5％を占めている。ここに働くお母さんの苦悩が垣間みられる。つまり，待機児童の多数が低年齢児のため他者に安易に預けることが困難であり，育児設備の整った保育所に預ける必要がある。待機児童がいる自治体は全体の19.4％となっているが，その多くは地方ではなく求人倍率の高い都市部に集中している。よって，待機児童の問題は国の問題であると同時に各自治体の問題でもある。厚生労働省は，2016年3月28日に2015年4月時点で「隠れ待機児童数」は約6万人いると発表した（2016年3月29日付『朝日新聞』）。

　それでは，何故このように多数の待機児童が存在するのであろうか。待機児童対策として国は2001（平成13）年「待機児童ゼロ作戦」を策定し，保育所における一定の児童数の拡大を図った。また，2004（平成16）年には「子ども・子育て応援プラン」に基づいて，翌年から保育所の受け入れ人数を拡大した。その後も「新待機児童ゼロ作戦」(2008)，「待機児童解消加速プラン」(2013)，「子ども・子育て支援新制度」(2015)，等の作戦，プラン等が策定されたが，今日まで効果的成果をあげるに至っていない。それでは，何故これまで諸政策を講じてきたにもかかわらず有効的な効果をあげることができなかったのであろうか。その理由として，① 高齢者福祉政策に対して，全般的に児童福祉政策（子育て家庭に対する支援）に対する予算の投入が少なかったこと，② 保育所に子どもを預ける共働きの夫婦の数並びに保育所を利用する子どもの数が限定されていたため待機児童問題が社会化しなかったこと，③ これまで多くの待機児童施策が策定・実施されてきたが一貫性・継続性に乏しかったこと，④ 企業を含めて子育て支援に対する認識が脆弱であること，④ 他国，とくに少子化問題を解消してきたフランスやスウェーデンに比較して，GDP（国内総生産）に対する「家族関係社会支出」の比率が低いこと等をあげることができる（図1－4参照）。

　待機児童解消のポイントとして，① 保育所の入所定員を増やすこと，② 保育士不足を解決することの2点に絞ることができるが，国は緊急の待機児童解消策として自治体に対して2016年3月28日に待機児童緊急対策を発表した。すなわち，① 国の基準より手厚い保育士配置や部屋面積の基準緩和，② 小規模保育所の定員枠の拡大と対象年齢の緩和，③ 保育所に入れなかった人の解決策を探る「コンシェルジュ」の設置，④ 短時間勤務の保育士の活用等である。しかしながらこの対策は，保育現場にしわ寄せを強いるもので一時しのぎの感が強く，長期的展望に立った継続性のある抜本的な待機児童対策が待たれる。「国及び地方公共団体は，児童の保護者とともに，児童を心身ともに健やかに育成する責任を負う。」（「児童福祉法」第2条）と明記されているように，国・地方自治体は待機児童解消に対して保護者を支援する責任がある。

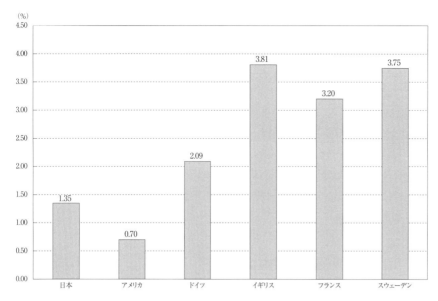

図1-4 各国の家族関係社会支出の対GDP比の比較

資料）国立社会保障・人口問題研究所「社会保障費用統計」（2011年度）
注 1）家族関係社会支出…家族を支援するために支出される現金給付及び現物給付（サービス）を計上
　　子ども手当（児童手当）：給付，児童育成事業費等
　　社会福祉：特別児童扶養手当給付費，児童扶養手当給付諸費，児童保護費，保育所運営費
　　協会健保，組合健保，国保：出産育児諸費，出産育児一時金等
　　各種共済組合：出産育児諸費，育児休業給付，介護休業給付
　　雇用保険：育児休業給付，介護休業給付
　　生活保護：出産扶助，教育扶助
　　就学援助制度
　　就学前教育費（OECD Education Database より就学前教育費のうち公費）
　 2）日本は 2011 年度，アメリカ，ドイツは 2010 年度，イギリス，フランス，スウェーデンは 2009 年度
出所）内閣府『少子化対策社会白書（平成 27 年版）』p.26

2 家庭支援とは何か

（1）家庭支援とは

　家庭支援協会によると「家庭支援（family supports）とは北米（カナダ，アメリカ）に生まれた，家族の支援を広く包括する概念です。子どものいない家庭を含む多様な家族のすべてを視野に入れ，コミュニティと地域に根ざした，当事者目線からのボトムアップで展開されるものです。」と説明している。ここでは「子どもを産み育てている家庭或は家族の諸問題に対する支援をいう」とする。そこで，家族と家庭の意味の相違であるが，広辞苑（第6版）によると「家族とは夫婦の配偶関係や親子・兄弟などの血縁関係によって結ばれた親族関係を基礎にして成立する小集団。社会構成の基本単位」とある。また，「家庭とは夫婦・親子などが一緒に生活する集まり。また，家族が生活するところ」とある。本書の科目名は旧カリキュラムでは「家族援助論」であったが，保育士養成課程の改正により「家庭支援論」に変更された。すなわち「家族」から「家庭」へ，「援助」から「支援」へ名称変更されたのである。まず，家族と家

第1章　児童家庭福祉の理念

庭の相違であるが，家族は親子関係だけでなく親族を含む血縁関係によるものであり，家庭の基本関係は夫婦・親子関係のみによるものである。また，援助＝（助ける）と支援（＝支え助けること）との関係は前者が「援助する側」と「される側」がタテ（従属関係）で結ばれるのに対して，後者は「援助する側」と「される側」がヨコ（対等関係）にあると理解するのが一般的である。ゆえに，保育における家庭支援とは家族を構成する人びと，とくに子育てをしている人びとを支援することとなる。

この家族と家庭の相違について，岩上真珠は「家族は通文化的な中立概念であるのに対し，家庭は『個』の確立した近代の価値観，すなわち近代個人主義を基礎にもつ概念である」としている[3]。

(2) 児童福祉から子ども家庭福祉へ

児童の福祉に関する表現は，児童福祉が一般的である。しかし，今日では子ども家庭福祉という表現がみられるようになった。これは国際連合が定めた「児童の権利に関する条約」(Convention on the Right of the Child)(1989)や「国際家族年」(1994)の影響を受けて使用されるようになったもので，これまでの保護的福祉観を転換させ，主体性の福祉観といえるもので，利用者や住民の主体的意志を尊重した福祉観であるといえる[4]。

表1−1は伝統的な「児童福祉」と新たな「子ども（＝児童）家庭福祉」の理念と性格・特徴等を比較検討したものである。まず，① 理念であるが，ウェルフェアからウェルビーイングへ（人権の尊重・自己実現），次に② 性格・特徴の比較・相違であるが，ア．救貧的・慈善的・慈恵的（最低生活保障）から権利保障（市民権の保障）へ，イ．補完的・代替的から補完的・代替的，支援的・協働的（パートナー）へ，ウ．事後処理的から事後処理的，予防・促進・啓発・教育（重度化・深刻化を防ぐ）へ，エ．行政処分・措置から行政処分・措置（個人の権利保障を担保），利用契約へ，オ．施設入所中心から施設入所・通所・在宅サービスとのコンビネーション，ケースマネージメントの導入，セーフティ・ネットワーク（安全網）へ，以上が伝統的な児童福祉と新たな児童家庭福祉の相違であるが，このことはわが国の社会福祉の全体的な潮流を示しているのである。

児童に関する福祉は「児童福祉法」にもとづいて諸サービスが施行されてきた。児童家庭福祉という用語も社会福祉の動向の変化とともに使用され始めた用語である。こうした児童福祉から児童家庭福祉への転換は「ウェルフェア」から「ウェルビーイング」への理念の転換である。

ウェルビーイングが最初に用いられたのは1948年の世界保健機関（WHO）の憲章における「健康」の定義のなかで「健康とは，完全な肉体的，精神的及び社会的福祉の状態であり，単に疾病又は病弱の存在しないことではない」(HEALTH IS A STATE OF COMPLETE PHYSICAL, MENTAL AND SOCIAL

2. 家庭支援とは何か

表1−1　伝統的な「児童福祉」と新たな「子ども家庭福祉」の理念と性格・特徴

項　目	児童福祉	子ども家庭福祉
理　念	ウェルフェア 児童の保護	ウェルビーイング（人権の尊重・自己実現） 　子どもの最善の利益 　自己見解表明権 自立支援 　エンパワーメント 　ノーマライゼーション
子ども観	私物的我が子観	社会的我が子観
対　象	児童	子ども，子育て家庭（環境）
サービス提供の スタンス	供給サイド中心	自立支援サービス 利用者サイドの権利の尊重
モデル	Illness model	Wellness model
性格・特徴	救貧的・慈恵的・恩恵的（最低生活保障）	権利保障（市民権の保障）
	補完的・代替的	補完的・代替的 支援的・協働的（パートナー）
	事後処理的	事後処理的 予防・促進・啓発・教育（重度化・深刻化を防ぐ）
	行政処分・措置	行政処分・措置（個人の権利保障を担保），利用契約
	施設入所中心	施設入所・通所・在宅サービスとのコンビネーション ケースマネジメントの導入 セフティ・ネットワーク（安全網）
職　員	児童福祉司・心理判定員・児童指導員・ 教護・教母・保母・児童厚生員・母子相 談員，家庭相談員 民生委員児童委員・主任児童委員・メン タルフレンドなど	児童福祉司・心理判定員・児童指導員・児童自立支援専門員・児 童生活支援員・保育士・児童の遊びを指導する者・母子相談員， 家庭相談員・医師・弁護士・保健師・助産師・看護師・教師など の多領域の専門職の連携 民生委員児童委員・主任児童委員・メンタルフレンド・ホームフ レンドなど
費　用	無料・応能負担	無料・応能負担・応益性の強まり
対　応	相談が中心	相談・トリートメント・家族療法等
権利擁護	消極的	積極的 子どもの権利擁護サービス （救済・代弁・調整） ・子どもの権利・義務ノート 等の配布 ・ケア基準のガイドライン化 ・子ども虐待防止の手引き

出所）『エンサイクロペディア　社会福祉学』中央法規．p.926

WELL-BEING AND NOT MERELY THE ABSENCE OF DISEASE OR INFIRMITY)（下線は筆者が挿入）で初めて登場したのである。

　なお，国際ソーシャルワーカー連盟（IFSW）の2000年のソーシャルワーカーの定義では「ソーシャルワーク専門職は，人間の福利（ウェルビーイング）の増進を目指して，社会の変革を進め，人間関係における問題解決を図り，人びとのエンパワーメントと解放を促していく。ソーシャルワークは，人間の行動と社会システムに関する理論を利用して，人びとがその環境と相互に影響し合う接点に介入する。人権と社会正義の原理は，ソーシャルワークの拠り所とする基盤である。」と定めている（下線は筆者が挿入）。このようにウェルビーイングは，個人の権利，自立・自己決定・児童の最善の利益を実現するための現代の社会福祉の理念である。

　このウェルビーイングを実現するために「個人の権利」と「自立・自己決定」が大切となる。まず，個人の権利であるが，今日，家庭（虐待等），学校（いじめ等），社会（誘拐・粗暴犯等）等多くの日常生活場面において児童の人権

11

（human right）が侵害されている。また，海外に目を向けると児童労働，児童買春，麻薬の汚染，紛争地における児童兵，路上生活等児童の人権を侵害する事態が生じている。これらの事態は国内では家庭の密室内，学校での集団行為，地域社会での人目の付きにくい場所，海外では貧困問題から起こる開発途上国，紛争国で起こっている。

　人類は第2次世界大戦における婦人・子どもの悲惨な犠牲者の惨状を反省して，国際連合は「児童権利宣言」(1959) を発表した。つづいて，国際連合は児童権利宣言20周年記念の意味から児童の諸権利をより明確にした「児童の権利に関する条約」(1979) を採択した。

　この条約の前文に人権の尊厳と平等，人間の価値と自由，無差別，家庭援護，児童のニーズへの援助，児童の人格の発達，平和・友愛の精神等13項目が定められ，条文は3部54条からなっている。この条約により，第2次世界大戦後に成立した「児童権利宣言」のように抽象的なものでなく，児童の諸権利を各国が批准し，実現することが明らかにされた。

　これにより，世界的に児童の権利が明らかとなり，わが国も1994年に批准した。

　つぎに自立・自己決定について，一般的に自立は経済的自立と捉えられがちであるが，社会的自立，精神的自立も存在する。昨今の児童虐待が多発する現代社会にあって，児童の自立は物事を判断・決定する自己決定権につながることになる。すなわち，虐待を受けている児童の生き方そのものに影響を与える。2000 (平成12) 年に「児童虐待の防止等に関する法律」(通称:「児童虐待防止法」) が成立し，児童保護の観点から児童虐待の早期発見や保護者の親権の制限等一定の評価がなされているが，児童虐待は後を絶たないことを考慮すると，今後，ますます行政側と地域住民側の連帯と親権側に対する支援が必要となる。

> **児童虐待**
> 　親など養育者から，殴る，蹴るなどの暴力を受ける（身体的虐待），栄養不良や極端な不潔などの不適切な養育，養育放棄（ネグレクト），近親相姦など性的な対象にする（性的虐待），無視やからかい，軽蔑視など心理的外傷を与える（心理的虐待）等の行為全体をいう。

■3■ 子ども家庭福祉

（1）子ども家庭福祉の意義と役割

1）子どもと家庭

　子どもにとって家庭は最初に家族が集まり生活するところである。家庭の姿は，その成長過程における子どもと他集団との関わりに影響を与える。そのために家庭は子どもがすべての感情を安心して打ち明け，両親に全面的に依存することができる場であることが望まれる。でなければ，親子における信頼や愛情に満ちた関係，両親からの自立が困難になる。

　しかしながら，近年離婚件数が増加傾向にある。この離婚が子どもの精神面あるいは経済面に少なからず影響を与えることは当然であり，子どもの生活権を奪うことにもなる。このように離婚は，健全な児童の人格の発達を阻害する

要因となる。また，核家族化により祖父母等からの子育てや生活の知恵・知識の継承が困難となり，経済的困難もともなって，子育て不安から児童虐待（child　abuse）に至るケースが年々増え，虐待が凶悪化している。この背景には，子育てに不適格で未熟な親の存在がある。

　これらは，子どもを親の意のままにするため「躾」と称して，子どもを虐待する行為に至るケースにつながる。児童虐待の早期発見・防止を目的として「児童虐待の防止等に関する法律」(2000) が成立した。しかし，同法施行以降も児童虐待が頻繁に起こったため，国及び地方自治体の責務の改正，警察署長に対する援助要請，児童虐待の通告義務の拡大等を織り込んだ，「児童虐待の防止等に関する法律改正」(2004) が行われた。しかし，子どもの虐待の減少がみられず，「児童虐待の防止等に関する法律及び児童福祉法の一部を改正する法律」(2007) を成立させ，翌年から施行された。

　家庭がさまざまな理由で問題を抱え挙句の果てに崩壊することは，児童の成長発達過程において致命傷になる可能性がある。その意味で，家庭は子どもにとって安心・安住の場でなければならないのである。

2) 児童と地域社会

　多くの児童にとって地域社会は社会勉強の場であると同時に遊びの場でもある。しかし，今日の都市化，過密化した都会のコンクリート化した街づくりは「遊びと喜びの空間」を児童から奪っている。一方，地方では，過疎化が進展し地域社会の連帯感は希薄化し，村落共同体としての機能は麻痺し，高齢者中心の生活が営まれている。

　この原因は，わが国伝統の親和連帯が崩壊し，競争原理主義優先の社会となっているところにある。しかも，わが国は少子・高齢社会である。わが国の高齢化率は 2014（平成 26）年 10 月 1 日現在，26.0% と世界でもトップの水準である。逆に合計特殊出生率は，2014（平成 26）年で 1.42 と低水準を推移している。子どもが地域社会のなかで発達・成長するためには地域社会の再生が必要となる。そのためには，子ども家庭福祉施策である，① 母子保健対策，② 保育対策，③ 児童健全育成対策，④ 児童手当の支給年齢の延長，支給額の増額（児童手当の支給対象年齢に関して，フランスは 20 歳まで，スウェーデンは 16 歳までとなっている，日本は 15 歳までである）（表 1 − 2 参照），⑤ 母子家庭対策，⑥ 母子家庭等日常生活支援事業，⑦ 児童扶養手当の増額，⑧ 母子福祉資金の貸付・寡婦福祉資金の貸付，⑨ 母子福祉関係施設の整備運営等福祉施策の充実と地域環境の整備（公園・歩道・自転車道），⑩ 低所得者に対する公営住宅の充実が大切となる。

3) 子ども家庭福祉の意義と役割

　ここでは子どもの成長発達において重要な役割を担う子ども家庭福祉の意義と役割について検討することにする。児童福祉法には「児童福祉の理念」と

第1章　児童家庭福祉の理念

表1-2　児童手当・育児休業・保育支援の国際比較

	日　　本	フランス	スウェーデン
児童手当	【支給対象】 ・0歳から中学校修了（15歳未満） 【手当月額】 ・3歳未満：15,000円 ・3歳～小学校修了 　－第1子，第2子：10,000円 　－第3子以降：15,000円 ・中学生：10,000円 【所得制限】 ・あり（例：夫婦・児童2世帯の場合は年収960万円） 　－児童1人当たり月額5,000円	【支給対象】 ・第2子以降，20歳未満 【手当月額】 ・第2子：約1.8万円 ・第3子：約4.2万円 　（以降1人につき約2.3万円加算） ・14歳～20歳までの児童には月額約0.9万円加算 【所得制限】 ・なし （※子どもの多い世帯ほど税負担が軽減（N分N乗方式）	【支給対象】 ・16歳未満（義務教育相当） 【手当月額】 ・第1子：約1.7万円 ・第2子：約3.6万円（うち多子加算額約0.2万円） ・第3子：約6.0万円（うち多子加算額約1.0万円） ・第4子：約9.3万円（うち多子加算額約2.6万円） ・第5子：約13万円（うち多子加算額約4.6万円） ・第6子：約16.7万円（うち多子加算額約6.6万円） 【所得制限】 ・なし
育児休業	【制度】 ・子が1歳になるまで （※保育所に入所できないなどの場合には1歳6か月になるまで） 【給付】 ・育児休業開始から180日まで 　－休業開始前の賃金67%支給 ・181日目から子が1歳になるまで 　－休業開始前の賃金50%支給	【制度】 ・子が3歳になるまで ・1～3年間休職またはパートタイム労働 【給付】 ・第1子：最長6か月 　－月額約8.1万円 ・第2子以降：子が3歳になるまで 　－月額約8.1万円 （※第3子以降で休業期間を1年間に短縮する場合は約11.6万円に割増）	【制度】 ・子が1歳6か月になるまで 　－フルタイムの休暇 ・子が8歳になるまで 　－時短勤務（最大4分の1の労働時間減少） 【給付】 ・子が8歳になるまで，両親合せて最高480日 　－うち390日までは従前所得の80%相当額 　－残り90日間は日額0.3円
保育支援	【保育所利用率】 ・3歳未満児：26.2%，3歳以上児：43.7% 【保育所保育基準月額（3歳未満児）】 ・44,500円（所得税納付額4万円以上10.3万円未満） ・61,000円（所得税納付額10.3万円以上41.3万円未満） ・80,000円（所得税納付額41.3万円以上73.4万円未満） （就学児童2人の場合，保育料は基準額の50%。3人目以降は無料） 【待機児童数】 ・22,741人	・3歳未満児：49%が保育サービス（集団託児所や認定保育ママなど）を利用 ・3歳以上児：ほぼ100%が幼稚園に就学	【保育所利用率】 ・1～5歳児：84.1% 【保育サービスの自己負担上限月額】 ・第1子：所得の3%（最高2.0万円）まで ・第2子：所得の2%（最高1.3万円）まで ・第3子：所得の1%（最高0.7万円）まで ・第4子以降：無料 （※3～5歳児は，少なくとも年525時間の無料の保育サービスが提供される）

備考　1)　厚生労働省「2013年海外情勢報告」等をもとに作成。
　　　2)　換算レートは，1ユーロ（€）=142円，1スウェーデン・クローネ＝16円（平成26年6月中適用の基準外国為替相場及び裁定外国為替相場）。
出所）内閣府「内外の少子化対策の現状等について」2014年7月18日，p.13

「児童育成の責任」が明記してある。子ども家庭福祉の役割は，子どもの発達，育成過程において，その子どもを自助（私的責任）あるいは共助（社会的責任）にて対応できない困難な状況にある場合，公助（公的責任）にて子どもの健全育成を支援することをいう。

　具体的には，公助の主体は国，地方自治体であり，施策として法律，条令等を用いて諸施策を講ずる。次に共助の主体は社会福祉法人，民間事業者，民間団体等であり，法律，条令のもとで事業を遂行する。また，自助とは親・兄弟・家族の血縁関係者による子どもの自立支援をいうが，その行為は人間として親としての基本的義務行為であり，もっとも尊いもので，その基本理念は相互扶助である。すなわち子ども家庭福祉は，子どものいる人や家庭に対して社会的に児童を育成する三位一体（自助・共助・公助）の支援である。ここに子ども家庭福祉の意義と役割を見出すことができる。

　ところで，自助・共助・公助の考え方が日本の社会福祉の理念として導入されたのは，1970年代後半に登場した「日本型福祉社会」論であった。その後，1986（昭和61）年版『厚生白書』のなかで社会保障制度の再構築の基本的考え方として，「自助・互助・公助という言葉に代表される個人，家庭，地域社会，公的部門等社会を構成するものの各機能の適切な役割分担の原則である」とし，

日本型福祉社会

　オイルショック以降の「福祉見直し論」の影響で提起された，自立・自助・相互扶助・連帯などを中心とした考え方。具体的には1979（昭和54）年の「新経済社会7カ年計画」で示され，「個人の自助努力と家庭や近隣・地域社会等の連帯を基礎としつつ，効率のよい政府が適正な負担を元に福祉の充実」を保障する新しい福祉社会を目指した。

社会保障制度の再構築において3者の役割分担を強調した。また，2008（平成20）年版の『厚生労働白書』における社会保障の基本的考え方として「自助・共助（互助にかえて）・公助」をあげ「我が国の社会保障は，個人の責任や自助努力のみでは対応できないリスクに対して，相互に連帯して支え合うことによって安心した生活を保障したり，自助や共助では対応できない場合には必要な生活保障を行う」としている。今日，わが国の社会保障・社会福祉の理念としての「自助」・「共助」・「公助」の考え方は広く定着しつつある。

（2）子ども家庭福祉の展開

　わが国の児童福祉の基本的枠組みは，第2次世界大戦後の「日本国憲法」(1946)と「児童福祉法」(1947)並びに「児童憲章」(1951)の成立によって構築された。

　日本国憲法の「国民はすべての基本的人権の享有を妨げられない」（第11条），「すべて国民は，個人として尊重される」（第13条），「何人も，いかなる奴隷的拘束も受けない」（第18条），「すべて国民は，健康で文化的な最低限度の生活を営む権利を有する」（第25条）等によって児童の個人としての人格が保障されている。

　また，児童福祉法において，「全て児童は，児童の権利に関する条約の精神にのっとり，適切に養育されること，その生活を保障されること，愛され，保護されること，その心身の健やかな成長及び発達並びにその自立が図られることその他の福祉を等しく保障される権利を有する。」（第1条），「全て国民は，児童が良好な環境において生まれ，かつ，社会のあらゆる分野において，児童の年齢及び発達の程度に応じて，その意見が尊重され，その最善の利益が優先して考慮され，心身ともに健やかに育成されるよう努めなければならない。児童の保護者は，児童を心身ともに健やかに育成することについて第一義的責任を負う。国及び地方公共団体は，児童の保護者とともに，児童を心身ともに健やかに育成する責任を負う。」（第2条第1項〜第3項）によって児童福祉の権利と児童育成の責任を明記している。この法律の特徴は要保護子どものみを対象としたものでなく，子どもの健全育成を主眼とした全児童を対象としたものである。そして，児童憲章で日本国憲法の精神に従い，すべての子どもに対する幸せを高らかに謳いあげている。この日本国憲法，児童福祉法，児童憲章にて戦後の児童福祉がスタートしたのである。

　児童福祉法はその後，幾度か改正を重ねたが，今日の少子化の進行，共働き家庭の増大，地域・家庭環境の変化のなかで，「児童福祉法等の一部を改正する法律」(1997)が公布され翌年の4月1日から施行された。その内容は，① 保育サービスの選択制の導入（保育所入所の「措置」から「利用選択」への移行），② 要保護児童（児童虐待等）の発見の通告は社会福祉関係者，保健医療関係者，

社会教育関係者，警察関係者，弁護士等の他，国民一般に課せられる，③ 虚弱児施設と養護施設は，統合して児童養護施設とする，④ 母子寮を母子生活支援施設，教護院を児童自立支援施設に名称変更，⑤ 市町村，社会福祉法人は放課後児童健全育成事業を行うことができる，⑥ 要保護児童に対する指導及び児童相談所等の連絡調整等を目的とする児童福祉施設として，児童家庭支援センターを設けるなどであり，その目的は少子化の進行，夫婦共働きの一般化，家庭や地域の子育て機能の低下及び家庭環境の変化に対応するためである。これらは，従来の児童福祉から児童家庭福祉への変化であり，新しい時代にふさわしい質の高い子育て支援の制度として再構築を図るものであった。

そして，社会福祉基礎構造改革のもとで，子ども家庭福祉の実施体制の改革，地域における子育て支援の強化，次世代育成支援対策の推進，児童虐待防止対策等が施行された。

(3) 子ども家庭福祉の施策

第1回社会保障審議会が開催され子ども家庭福祉施策の内容（図1－5参照）

① 母子保健施策

母性並びに乳児及び幼児の健康の保持及び増進を図るため，保健指導，健康診査，医療その他の措置を講じ，国民保健の向上を図る。
・保健指導
・妊産婦健康診査
・乳幼児健康診査
・妊娠・出産包括支援モデル事業（26′実績：29市町村）　　　　等

② 地域の子育て支援施策

地域の子ども・子育て支援の充実を図り，安心して子どもを産み，育てることのできる環境整備を行う。
・乳児家庭全戸訪問事業（25′実績：1,660市町村）
・養育支援訪問事業（25′実績：1,225市町村）
・利用者支援事業（26′実績：323か所）
・地域子育て支援拠点事業（26′実績：6,538か所）
・子育て短期支援事業
　（26′実績：ショートステイ延べ7万人，トワイライトステイ延べ5万人）　　等

③ 保育施策

男女がともに能力を発揮し，安心して子どもを産み育てることなどを可能とするため，地域や利用者のニーズに対応した多様な保育の提供を図る。
・保育所（26年4月1日現在：24,425か所，
　　　　　利用児童数2,266,813人）
・家庭的保育事業（27年4月1日現在：931か所）
・小規模保育事業（27年4月1日現在：1,655か所）
・事業所内保育事業（27年4月1日現在：150か所）
・居宅訪問型保育事業（27年4月1日現在：4か所）
・一時預かり事業（26′実績：8,773か所）
・延長保育事業（26′実績：13,486か所（私立分のみ））
・病児保育事業（26′実績：1,839か所）　　　　　　　　　　等

④ 児童健全育成施策

○放課後児童健全育成事業（放課後児童クラブ）
　共働き家庭など留守家庭の小学校に就学している児童に対して，学校の余裕教室や児童館などで，放課後等に適切な遊び及び生活の場を与えて，その健全育成を図る。
　・26′実績：クラブ数22,084か所，登録児童数936,452人
○児童厚生施設（児童館，児童遊園）
　児童に健全な遊びを与えて，その健康を増進し，又は情操をゆたかにする。
　・25′実績：児童館数4,598か所，児童遊園数2,785か所　等

⑤ 養護等を必要とする子どもへの施策

保護者のない子ども，被虐待児など家庭環境上養護を必要とする子どもなどに対し，公的な責任として，社会的に養護を行う。

・乳児院（26′実績：133か所）
・児童養護施設（26′実績：601か所）
・里親（25′実績：委託里親数：3,560世帯）
・ファミリーホーム（25′実績：223か所）
・自立援助ホーム（26′実績：118か所）　　　　　　　　　　等

⑥ ひとり親家庭への施策

ひとり親が，仕事と子育てを両立しながら経済的に自立するとともに，子どもが心身ともに健やかに成長できるよう，「子育て・生活面の支援」，「就業支援」，「養育費の確保」，「経済的支援」の4本柱により，総合的な自立支援を行う。
・母子・父子自立支援員（25′実績：1,644人）
・高等職業訓練促進給付金（25′実績：7,875件）
・養育費相談支援事業（26′実績：7,363件）
・児童扶養手当（25′実績：1,073,790人）　　　　　　　　　等

※各事業等は，複数の施策にまたがるものもあるが，主たる施策の項目に記載している

図1－5　子ども家庭福祉施策の内容

出所）社会保障審議会児童部会「新たな子ども家庭福祉のあり方に関する専門委員会（第1回）」2015年9月7日，資料5

が提示された。この内容によると，子ども家庭福祉施策は6分野によって構成されている。それは，① 母子保健施策，② 地域の子育て支援施策，③ 保育施策，④ 児童健全育成施策，⑤ 養護等を必要とする子どもへの施策，⑥ ひとり親家庭への施策となっている。

　ここで，各分野の目的をみると，① 母子保健施策は「母性並びに乳児及び幼児の健康の保持及び増進を図るため，保健指導，健康診査，医療その他の措置を講じ，国民保健の向上を図る」となっている。具体的施策は，ア．保健指導，イ．妊産婦健康診査，ウ．乳幼児健康診査，エ．妊娠・出産包括支援モデル事業等となっている。② 地域の子育て支援施策は「地域の子ども・子育て支援の充実を図り，安心して子どもを産み，育てることのできる環境整備を行う」となっている。具体的施策は，ア．乳児家庭全戸訪問事業，イ．養育支援訪問事業，ウ．利用者支援事業，エ．地域子育て支援拠点事業，オ．子育て短期支援事業等となっている。

　③ 保育施策は「男女がともに能力を発揮し，安心して子どもを産み育てることなどを可能とするため，地域や利用者のニーズに対応した多様な保育の提供を図る」となっている。具体的施策は，ア．家庭的保育事業，イ．小規模保育事業，ウ．事業所内保育事業，エ．居宅訪問型保育事業，オ．一時預かり事業，カ．延長保育事業，キ．病児保育事業等となっている。

　④ 児童健全育成施策は，「共働き家庭など留守家庭の小学校に就学している児童に対して，学校の余裕教室や児童館などで，放課後等に適切な遊び及び生活の場を与えて，その健全育成を図る」と「児童に健全な遊びを与えて，その健康を増進し，又は情操をゆたかにする」となっている。具体的施策として，ア．放課後児童健全育成事業，イ．児童厚生施設等となっている。⑤ 養護等を必要とする子どもへの施策は「保護者のない子ども，被虐待児など環境上養護を必要とする子どもなどに対し，公的な責任として，社会的に養護を行う」となっている。具体的施策として，ア．乳児院，イ．児童養護施設，ウ．里親，エ．ファミリーホーム，オ．自立援助ホーム等となっている。⑥ ひとり親家庭への施策は「ひとり親が，仕事と子育てを両立しながら経済的に自立するとともに，子どもが心身ともに健やかに成長できるよう，『子育て・生活面の支援』，『就業支援』，『養育費の確保』，『経済的支援』の4本柱により，総合的な自立支援を行う」となっている。具体的施策として，ア．母子・父子自立支援員，イ．高等職業訓練促進給付金，ウ．養育費相談支援事業，エ．児童扶養手当等となっている。また，同部会は2016（平成28）年3月10日に「新たな子ども家庭福祉のあり方に関する専門委員会」報告書（提言）を発表した。その概要は，次のようになる。

　まず，児童福祉の理念について，「現代社会の状況を鑑みて『保護中心』から『養育中心』に力点をおいた子ども家庭福祉の構築を目指すとともに，これ

に合った理念を明確にし，今後の制度・施策の方向性を示す必要がある。日本は国連の児童の権利に関する条約を批准しており，その権利保障を基礎とし，そのための子ども家庭への支援が必要であることを明確にすべきである。」としている。すなわち，今後の子ども家庭福祉のあり方は，養育中心の子ども家庭福祉を構築し，制度・施策を講じるとともに子どもの権利保障を基礎にした支援が必要である。そのためには国・都道府県・市町村の責任と役割を明確化することが大切である。また，子ども家庭福祉の支援機関の中心である児童相談所の役割と機能は重要となる。

新たな子ども家庭福祉に関する見直しとして，①就学前の保育・教育の質の向上，②市町村における地域子ども家庭支援拠点の整備，③通所・在宅支援の積極的実施，④母子保健における虐待予防の法的裏付け，⑤特定妊産婦への支援，⑥児童相談所を設置する自治体の拡大，⑦児童相談所の強化のための機能分化，⑧子ども家庭福祉への司法関与の整備，⑨子ども家庭福祉に関する評価制度の構築等をあげている。

子ども家庭福祉の各事業に関わる職員はそれぞれの分野の職員（たとえば，社会福祉士，精神保健福祉士，保健師，医師，新資格である公認心理師，保育士）の専門性の向上が望まれる。

子ども家庭福祉の支援機関，専門職のなかで，もっとも多数を占めるのが保育所及び保育士である。2014（平成26）年現在，全国の保育所数（民間含む）は24,425ヵ所，保育士数は2013（平成25）年現在，42万7,000人が社会福祉施設

図1-6　保育所に勤務する保育士数の推移

資料）厚生労働省大臣官房統計情報部「社会福祉施設等調査」（各年10月1日）
　　　常勤）施設・事業所が定めた，常勤の従事者が勤務すべき時間数のすべてを勤務している者
　　　非常勤）常勤以外の従事者（他の施設等にも勤務するなど収入及び時間的拘束の伴う仕事をもっている者，短時間のパートタイマー等）
注1）平成21年以降は調査対象施設のうち回収できなかった施設があるため，平成20年以前との年次比較は適さない。
　　（回収率 H21：97.3% H22：94.1% H23：93.9% H24：95.4% H25：93.5%）
　2）平成23年は，東日本大震災の影響で宮城県と福島県の28市町村で調査未実施。
出所）第3回保育士等確保対策検討会「保育士等に関する関係資料」2015年12月4日

等（うち 40 万 9,000 人が保育所）で約 8 割が常勤勤務である。保育士の数は年々増加（図 1 － 6 参照）しているが，今日慢性的保育士不足が指摘されている。厚生労働省によると 2015 年の保育士の勤続年数は平均 7.6 年と全産業の平均 12.1 年を大きく下回っている。退職したい理由として，①「給料が安い」（65.1%），②「仕事量が多い」（52.2%），③「労働時間が長い」（37.3%），④「他業種への興味」（30.6%），⑤「職場の人間関係」（24.9%）となっている（資料：東京都「保育士実態調査報告書」2014 年 3 月 3 日）をあげている。今後こうした労働条件，労働環境を改善していくことが，保育士の定着につながると同時に保育士の質の向上にもなり，ひいては子ども家庭福祉の充実となる。

　最後に子ども家庭福祉は，子どもの明るい未来を保障するため，そして未来を創造する子どもを支援するため，新たな「子ども家庭福祉の制度」を構築し，国・地方自治体と地域住民が一体となって子育てに取り組むべきであり，そのための努力が必要である。

注

1）内閣府『少子化社会対策白書（平成 26 年版）』2014 年，p.31
2）厚生労働省『厚生労働白書（平成 27 年度版）』2015 年，pp.191-192
3）仲村優一・一番ケ瀬康子・右田紀久恵監修，岡本民夫・田端光夫・濱野一郎・古川孝順・宮田和明編『エンサイクロペディア　社会福祉学』中央法規，2007 年，p.906
4）同上，p.926

参考文献

　厚生労働省『厚生労働白書（平成 27 年版）』2015 年
　成清美治『私たちの社会福祉』学文社，2012 年
　成清美治・吉弘淳一編著『児童や家庭に対する支援と児童・家庭福祉制度』学文社，2011 年
　増田寛也『地方消滅』中央新書，2014 年
　秋元美世・大島巌・芝野松次郎・藤村正之・森本佳樹・山縣文治編『現代社会福祉辞典』有斐閣，2003 年
　成清美治・加納光子編集代表『現代社会福祉用語の基礎知識（第 12 版）』学文社，2015 年
　内閣府『少子化社会対策白書（平成 27 年版）』2015 年
　厚生労働統計協会編『国民の福祉と介護の動向（2015 ／ 2016）』厚生労働統計協会，2015 年

プロムナード

　近年，児童虐待に関する事件が頻繁に起こっています。
　児童虐待の原因は，一般的に①保護者側の問題として，保護者の性格や心理的不安定な状況（妊娠・出産・育児ノイローゼ），②子ども側の問題として，手のかかる子ども（未熟児や障がいのある子ども），③環境側の問題（家庭環境，夫婦関係，近隣関係）等の問題が考えられています。児童虐待は子ども自身の未来，ひいては国・社会の将来構想に影響を及ぼすものです。児童虐待の件数を減少させるためには，今後の有効的な「子ども家庭福祉」施策のあり方が構築されることが大切となるでしょう。

学びを深めるために

千葉忠夫『世界一幸福な国デンマークの暮らし方』PHP 研究所，2009 年
　世界一幸せと国際的評価を受けているデンマークについてアンデルセン童話を用いて平易な文で社会福祉国家デンマークを紹介した入門書です。

銭本隆行『デンマーク流「幸せの国」のつくりかた』明石書店，2012 年
　「幸せの国」デンマークの福祉，教育，社会あるいは課題について平易な文で書かれた良書です。一度デンマークを訪れたいと思っている人の事前書として最適です。

第 2 章

家庭支援の意義と役割

第2章　家庭支援の意義と役割

1　家庭の意義と役割

（1）家と家族

「家」と「家族」について考えてみよう。「家」や「世帯」，そして「家族」という用語は，私たちは日常的に違いを意識せず使っている場合が多くある。しかし，同じ意味で使えない場合もある。そこで，それぞれの用語の意味を整理してみよう。

まず，「家」とは，大きく2つの意味でとらえられている。ひとつは，日本の家父長制の家制度という戦前までの概念を含んだ意味であり，山根常男(1998)は「理念として，自由意志をもった個人と個人の関係ではない。両者の関係を基本的に特徴づけるのは，固定的な役割志向性」との定義をしている。戦後，新憲法に沿って廃止され，長い年月にわたって男女共同社会を推進してきた日本においても，夫婦関係においてその役割志向性が残存しているのはこのような考え方の影響だといわれている。しかし，現代の私たちが使う「家」である用語は，「家の人にわたしてください」など「一緒に生活している保護者」である「世帯」というとらえ方をしている人が多いのではないだろうか。『広辞苑第6版』(2008)には，世帯とは「(所帯と同じ意味) 一戸を構えて独立の生計を営むこと」であり，生計を営む家＝世帯との理解が一般的なのである。その世帯に，近年変化がみられている。1995年から2010年までの国勢調査の統計によると，211,000世帯から456,000世帯と15年間で，非親族世帯が倍増しており，2010年の国勢調査の「世帯の家族類型」の区分からは，「非親族を含む世帯」が明記されるまでになった。

次に，「家族」について考えてみよう。一般的には森岡清美(1983)の定義「家族とは，夫婦・親子・きょうだいなど少数の近親者を主要な成員とし，成員相互の深い感情的包絡で結ばれた，第一次的な福祉追求の集団である」が用いられることが多い。森岡は，ジョージ・マードック (Murdock, G.) のいう核家族固有の4機能「性・経済・生殖・教育」を前提に，近親者が相互関係をもとに日本国憲法第13条に規定された「幸福追求権」を目指してともに生きる第一集団として家族と位置づけている。

また，山根常男は家族の関係性には5つの意味があるという。第1は，家族は父母子のつながりというひとつの社会関係，第2は，その多くが世帯として生活をともにするというひとつの社会集団，そして，第3は，生活をともにするのは人生における一時期であることから家族は個人が通過するひとつの人生過程，そして第4は，家族は複数の生活様式のうちのひとつ，そして第5は，家族は育児機能をもつゆえに，ひとつの社会制度であるという。

しかし，現代の家族をみると，離婚，未婚，ひとり親，里親，ステップファミリー (stepfamily)，同性愛カップル，ペットの存在の大きな家族など，家族

非親族世帯
総務省統計局の定義では「二人以上の世帯員から成る世帯のうち，世帯主と親族関係にない人がいる世帯」のことを意味する。

ステップファミリー
2002年以降，厚生労働省等の会議等で用いられてきた用語で，「子連れの再婚によって形成された家族」のことを意味する。

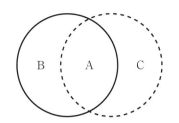

家族 = A+B
世帯 = A+C

A：同居親族
B：他出家族員
C：同居非親族

出所）森岡清美・望月崇『新しい家族社会学』培風館，1983年，p.7

図2−1　世帯と家族

の構成員や形態が多様化し，子ども期を過ごす社会集団である家族の4つの機能（性・経済・生殖・教育）が多様化・複雑化している状況がある。また，単身赴任や別居など生活をともにしない家族の増加から，近年，ワンオペ育児という言葉で孤立のなかで仕事と子育ての両立に悩む子育て家族の姿が表現されており，家族のみでは育児機能が維持できない家庭が数多く出現していることがわかる。これらの状況をとらえる際，家族に育児機能をもてなくなったというより，むしろ家族そのものが社会的に変容し，家族に育児機能を求めることが困難な状況があるとの理解が必要となる。

以上の内容を森岡らの概念図（図2−1）から整理をすると，現在における「家（世帯）」と「家族」には，Aは親族であり同居している家族，Bは親族のうち単身赴任や別居などで別の家で暮らしている家族，Cは親族ではないが同居している家族があることがわかる。すなわち，私たちが支援する家庭には，親族が同居しているか・していないか（A or A+B），また，同居している人が，親族か・親族でないか（A or A+C）など多様な家庭が存在するということを理解する必要がある。

> **ワンオペ育児**
> 毎日新聞（2016年9月17日付）に，「単身赴任など何らかの理由で夫と離れて暮らし，1人で仕事と育児をこなす母親の育児のこと。」「長時間1人で清掃・調理・仕入れなどすべての業務をこなす「ワンオペ（ワンオペレーション＝1人作業）」が取り上げられた。労働現場の1人作業が母親たちの家庭内労働とそっくりなことから，ネットを中心に母親たちの間で用いられている。

（2）家庭支援のための施策

子育てとは，人類にとって長い歴史のなかで受け継がれてきた普遍的な営みである。しかし，現代社会においては，未婚化・少子化の進行，家庭の多様化・複雑化，また地域の子育て環境の変化などにより，あたりまえに子どもを産み育てることがむずかしくなっている状況がある。

家庭支援のための最初の施策は，1994年に当時の文部省・厚生省・労働省・建設省の4大臣の合意で発表された「今後の子育て支援のための施策の基本的方向性について（エンゼルプラン）」といえる。当初の施策は主に少子化や女性の社会進出に重点が置かれてスタートしたものの，その後，出生率の低下に歯止めがかからなかったことから，2004年「少子化社会対策大綱に基づく重点施策の具体的実施計画について（子ども・子育て応援プラン）」の策定では，重点課題を子どもの育ちや家庭への支援に据え，施策が展開されるようになった。さらに，2012年に施行された「子ども・子育て支援法」では，保護者が子育

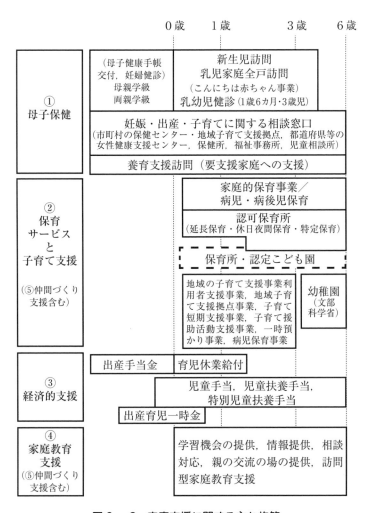

図2-2 家庭支援に関する主な施策

出所）『厚生労働白書』2008年, p.90 の図 3-1-1 の図をベースに, 筆者が加筆修正

ての第一義的責任を有するという認識の下に, 国として子どもやその家庭に必要な支援を行うこと, また, 国民として子どもや子育てを支援していく役割が法的根拠をもって位置づけられた。その後, 2015年からスタートした「子ども・子育て支援新制度」では, 認定こども園, 幼稚園, 保育所の制度や給付の充実, また, 家庭・地域の子育て支援の充実が進められている。

それでは, 現在取り組まれている家庭支援に関する施策について, 母子保健, 保育サービス, 経済的支援, 仲間づくり支援, 家庭教育支援の5つの内容（図2-2）から主な内容をみてみよう。

1）母子保健－安心して子どもを産み健やかに育てるための支援－

妊娠の診断後, 市町村の役場に届けを出すと母子健康手帳が交付される。この手帳は, 妊婦健診, 出産, 発育記録, 予防接種など, 母親と就学前までの子どもの健康記録として使用する。また, 2009年4月からは必要とされる14回

程度の妊婦健診の費用はすべて公費負担となった。

　また妊娠期には，出産を控えた両親を対象に母親学級や両親学級が開催され，妊娠・出産に関する知識や心構え，新生児の世話や育児の仕方に加え，孤立の子育てに陥らないように地域の子育て情報の提供などを行っている。

　次に，出産すると母子保健法第 11 条により，母子の健康状態の確認と保健指導が目的とされた新生児訪問が行われる。さらに，児童虐待防止の観点から2009 年児童福祉法改正により，養育困難等を早期に発見するなど虐待を未然に防ぐことをねらいとする意味からも生後 4 ヵ月まで母子を対象にした乳児家庭全戸訪問事業「こんにちは赤ちゃん事業」が実施されている。

　また，母子保健法第 12 条及び第 13 条の規定に基づき，市町村は乳幼児に対して身体の発育状況や栄養状態を確認する乳幼児健康診査（乳幼児健診）を行っている。実施の時期は 1 歳 6 ヵ月健診と 3 歳児健診に加えて，4 ヵ月児や 7 ヵ月児など市町村ごとの基準で実施されている。原則，すべての親子が受診する事業であることから，全戸訪問事業後の母親の健康状態の確認や虐待予防・虐待防止の観点からも，親子に対面できる貴重な機会となっている。

　また，2001 年から取り組まれてきた「健やか親子 21」の事業では，2015 年にこれまでの取り組みを見直し，新たな第 2 次計画（～ 2024 年）のなかで，切れ目ない妊産婦・乳幼児への保健対策の取り組みの必要性が提起された。地域の子育て支援事業の妊娠・出産から子育てまでワンストップで包括支援する拠点事業「子育て世代包括支援センター」の活動のなかに，母子保健（利用者支援事業「母子保健型」）を位置づけ，支援の専門分野や時間，空間の壁が取り払われつつある。

2）保育サービスや子育て支援－よりよい子育てを行うための支援－

　2012 年 8 月に参議院で可決・成立した子ども・子育て関連 3 法に基づき，2015 年 4 月から子ども・子育て支援新制度が施行されている。そこでは，保育の対象を「保育に欠ける」から「保育を必要とする子ども」と保育の対象を広げ，認定こども園制度とともに幼児期の学校教育・保育の総合的な提供が可能となった。またあらゆる子育て家庭を支援する必要性から，在園，在宅での子育てにかかわらずさまざまな保育サービスや子育て支援の充実が図られている。

> **子ども・子育て関連3法**
> ⇒ P.66 参照

　「表 2 － 1」をみてみよう。利用者支援事業では，地域でどのような子育て支援が行われているのか，またどのように利用できるのかなど，親たちが子育て支援の情報共有や相談等を気軽に行える事業となっている。地域子育て支援拠点事業は，親子の出会いの場や交流促進，そして育児相談等を行っており，土日開催の地域も増え，父親も参加しやすい場となっている。子育て短期支援事業では，ひとり親家庭等が一定の理由により，子どもをみることができない状況になった場合，短期間子どもを安心して預けられる事業であり，家族機能

表2－1　保育サービスや子育て支援に関する施策

事業名	概　要
利用者支援事業	子どもや保護者の身近な場所で，教育・保育施設や地域の子育て支援事業等の利用について情報収集を行うとともに，それらの利用に当たっての相談に応じ，必要な助言を行い，関係機関等との連絡調整等を実施する事業
地域子育て支援拠点事業	家庭や地域における子育て支援機能の低下や，子育て中の親の孤独感や負担感の増大等に対応するため，地域の子育て中の親子の交流促進や育児相談等を行う事業
子育て短期支援事業	母子家庭等が安心して子育てしながら働くことができる環境を整備するため，一定の事由により児童の養育が一時的に困難となった場合に，児童を児童養護施設等で預かる短期入所生活援助（ショートステイ）事業，夜間養護等（トワイライト）事業
子育て援助活動支援事業（ファミリー・サポート・センター事業）	乳幼児や小学生等の児童を有する子育て中の労働者や主婦等を会員として，児童の預かり等の援助を受けることを希望する者と当該援助を行うことを希望する者との相互援助活動に関する連絡，調整を行う事業
一時預かり事業	家庭において一時的に保育を受けることが困難になった乳幼児について，保育所，幼稚園その他の場所で一時的に預かり，必要な保護を行う事業
病児保育事業	病気の児童について，病院・保育所等に付設された専用スペース等において，看護師等が一時的に保育等する事業

出所）内閣府「地域子ども・子育て支援事業について」2015年1月の資料より。保育サービスや子育て支援に関する施策を抜粋

が縮小している現在，子育て家庭にとって心強い取り組みといえる。子育て援助活動支援事業は，ファミリー・サポートと呼ばれ，子育てを応援したいと思っている地域住民が一定の研修を経て会員になり，希望する家庭の乳幼児から小学生までの子どもを預かり，生活援助を行う事業である。自治体によって，低額または無償でそのサービスを受けることができる。一時預かり事業は，家庭において一時的に保育を受けることができない乳幼児を，保育所，幼稚園その他の場所で一時的に預かり，数時間から終日の保育を行う事業である。病児保育事業は，（乳幼児は頻繁に病気をするものであるが）親が仕事等でどうしても子どもの看病等ができない時に，病気の子どもたちを病院や保育所等で看護師等が一時的に保育等するという事業である。

3）経済的支援－子どもや家庭が夢をあきらめないための支援

　国立社会保障・人口問題研究所が2015年に実施した出生動向基本調査によると，夫婦の「理想の子ども数」は2.32人にもかかわらず，「予定子ども数」は，2.01人に留まっているという。その理由の一番は「子育てや教育にお金がかかりすぎるから」であり，56.3％を占めていた。また，2013年の国民生活基礎調査によると「子どもの相対的貧困率（以下，貧困率）」では，過去最悪の16.3％を示し，日本の子どもたちの6人に1人が貧困状態であるとの結果が出た。なかでも，ひとり親家庭の貧困率は，54.6％にのぼり，OECD（経済協力開発機構）加盟国34ヵ国中，最悪の水準となっている。

　産みたいけど産めない，産んだけど生活が苦しい，子どもが夢をあきらめざるを得ないという課題は，現在，日本の喫緊の課題となっている。そこで，出産から乳幼児の子育てを中心に，子育て家庭に対してどのような経済的支援があるのかをみていこう。

子どもの相対的貧困率

　国民生活基礎調査における相対的貧困率は，一定基準（貧困線）を下回る等価可処分所得しか得ていない者の割合。貧困線とは，等価可処分所得（世帯の可処分所得（収入から税金・社会保険料等を除いたいわゆる手取り収入）を世帯人員の平方根で割って調整した所得）の中央値の半分の額。これらの算出方法は，OECD（経済協力開発機構）の作成基準に基づく。

まず，1971 年の児童手当法制定から実施されてきた児童手当がある。児童手当の支給対象は 0 歳以上から中学校修了までの子どもの養育者となっている。次に，学校教育法第 19 条に基づき，生活保護やそれに準ずる程度の生活に困窮している家庭に対し，学用品費，通学費，修学旅行費，医療費，給食費，PTA 活動費など学校生活に必要なほとんどの経費への補助を行う就学援助費がある。さらに，病気やケガの多い乳幼児期には医療費が削ることのできない必須の費用のため，少子化対策の一環で「子どもの医療費助成制度」が導入され，自治体独自の予算で 57%（2014 年 4 月 1 日現在）の市町村が医療費無料に取り組んでいる。対象年齢は，それぞれの自治体によって異なるが，小学生や中学生，また大学卒業まで無料にするという自治体もある。

子どもの貧困問題については，2013 年に「子どもの貧困対策の推進に関する法律」が施行され，現在，自治体ごとに「教育・生活・保護者の就労・経済」の 4 つの支援テーマの対策事業が取り組まれている。そのなかの経済支援では，まず児童扶養手当があげられる。これは，18 歳に達する日以後の最初の 3 月 31 日までの子どもをもつひとり親の家庭等に支給されるものであり，支給額は，子ども 1 人につき 42,330 円（全部支給），2 人目は 10,000 円（全部支給），3 人目以降は 6,000 円（全部支給）となるが，所得により手当が全部（一部）支給停止となる。前述した，児童手当も合わせて受給することができる。その他，母子父子寡婦福祉資金貸付金制度は，現在，ひとり親で児童を扶養しているものとかつて配偶者のない女子として児童を扶養していたもの（寡婦）を対象に，無利子，または年利 1.0% でお金を貸す制度である。貸付金の種類は，事業開始資金，修学資金，技能習得資金，就職支度資金，医療介護資金，生活資金，住宅資金，結婚資金など計 12 種類であるが，対象者や種類の拡大，また貸付利率の引き下げや貸付条件の見直し，貸付限度額の拡大などが進められている。

4）家庭教育支援－親が育ち合う学習支援

きょうだい数の減少，核家族増加による子育て文化伝承の機会や場の消失，育児体験の不足など，親が家庭教育を行っていく力を獲得していくことがむずかしい時代といわれている。一方，食の問題，睡眠，メディア接触時間の増加など，子どもの育ちの新たな現代的課題が次々に登場し，家庭教育力のさらなる向上が期待されている。2006 年の教育基本法の改正では，第 10 条に家庭教育の条文が新設され，すべての父母その他の保護者に子の教育の第一義的責任があるとの確認とともに，家庭教育を支援する国及び地方公共団体の環境醸成の責務が明記された。親が家庭教育力を獲得しにくい状況であることを十分理解しつつ，子どもの育ちに大きな影響を及ぼす家庭教育力の向上を支援していく必要がある。

そこで，文部科学省では，従来の子育ての知識や経験とともに，新たな子ど

家庭教育と家庭教育支援

文部科学省によると，家庭教育とは，「父母その他の保護者が子供に対して行う教育のこと」，一方，家庭教育支援については，「教育基本法では，国及び地方公共団体の責務として，家庭教育の自主性を尊重しつつ，保護者に対する家庭教育支援の定義に学習の機会及び情報の提供など，家庭教育を支援するための必要な施策を講じることを規定している。」とされる

もの育ちの課題について学習したり，実践をうながすための事業として，これまで，以下のような家庭教育支援事業に取り組んでいる。① 家庭教育学級や子育て学習の全国展開，地域における家庭教育支援基盤形成事業，学校・家庭・地域の連携協力推進事業等の展開等の「学習機会の提供事業」，② 家庭教育に関するテレビ番組の制作・放送や家庭教育のヒントを掲載した家庭教育手帳の配布等の「情報提供事業」，③ 電話相談，身近な子育ての相談者を増やすためのサポーター養成，IT を活用したメール相談等の「相談対応事業」，④ 家庭教育地域交流事業（新井戸端会議）や「子育てひろば」の開設等の「親の交流の場の提供のための事業」，⑤ 昨今の「子どもの貧困」問題への対応を含め，学習への参加意欲のある家庭への支援から，学習への参加が困難，もしくは学習意欲の少ない家庭に学習を届けるアウトリーチ型支援としての「訪問型家庭教育支援事業」である。

5) 親のつながりや仲間づくりへの支援

　乳幼児の子育てをしている親には，結婚や出産を機に引っ越し，見知らぬ土地，見知らぬ人のなかで不安な子育てを強いられている人が多い。とくに，在宅で子育てしている核家族や転勤族などは，社会との接点が少ないことから，密室育児や親子カプセルといった孤立の子育てに陥りやすくなる。

　このような孤立の子育て状況の解決を図るため，福祉部局の子育て支援の位置づけとして，市町村，または市町村が委託した団体等が，子育て親子が相互に交流を行う場の開設や交流促進に取り組んでいる。この取り組みは，「地域子育て支援拠点事業」の中核をなす事業であり，2015 年以降「一般型」と呼ばれる公共施設，空き店舗，公民館，保育等の児童福祉施設，小児科医院等の医療施設等，多様な拠点は，原則週 5 日以上かつ 1 日 5 時間以上の開設。また，「連携型」と呼ばれる児童館・児童センターを拠点とした活動は，原則週 3 日以上かつ 1 日 3 時間以上の開設をし，親子の仲間づくりの第 1 歩のための場づくり，また子育てサークル活動の育成・支援などを行っている。また教育委員会が主催する家庭教育支援の位置づけでは，地域の身近な子育ての先輩等（子育てサポーター）による「家庭教育支援チーム」事業において，「学習講座・学級等の実施」「子育てサークル・親同士の交流の促進」事業が多く取り組まれている。さらに，「つながりづくり」事業として，「保護者がニーズに応じて参加できるイベントや交流の定期開催」や「保護者が自由に交流したり，相談できる場づくり」，さらに「日常的にあいさつ運動や見守り」事業等に取り組み，子育て家庭の身近な存在による日常的なつながりづくりが行われている。

2 家庭支援の必要性

（1）子育て家庭の課題

1）家族機能の弱体化による養育困難

　スイスの動物学者アドルフ・ポルトマン（Portmann, A.）は，人間の誕生時について他の高等哺乳類に比べ約1年早く産まれることが習慣化しており「生理的早産」であるといった。未完全なまま産まれる人間の赤ちゃんが生きていくためには，愛され，命を守られ，あらゆる世話をされ，発達を支えられる他者の存在が不可欠となる。その他者とはいうまでもなく，赤ちゃんが最初に出会う社会集団としての家庭を意味する。

　しかし，現代社会においては核家族やひとり親家庭の増大，きょうだい数の減少などによって家族の構成員が減り，夫婦のみ，またはひとり親の家庭のみで子どもを見守り世話を担うことがむずかしい状況にある。また，両親や祖父母の子育てを継承する場も機会もなく，わが子が初めて世話する赤ちゃんという親も多いことから，仕方がわからず不安な子育てをしている家庭も多い。なかでも，核家族や単身赴任の増加等により母親など特定の人だけが子育ての負担を担っていたり，ひとり親の多くが，日々子育てと仕事に追われてぎりぎりの状態で生活をしていたりする，さらに深刻な状況になっている。自分の代わりに子どもの世話をしてくれる存在がいないことから，極度の緊張と疲労により精神的に肉体的に不調に陥り，養育困難な状態に陥るケースもある。

2）未だ続く孤立の子育て

一場はあっても本音で語れる関係に発展できない親たち

　かつて第1次産業が中心だった頃は，農村地域など血縁や地縁を中心とした地域共同体による住民同士が助け合って生活する場面も多く，自分の子どもと他人の子どもを分け隔てなく面倒をみるなど，地域ぐるみの子育てが日常の光景であった。しかし，高度経済成長期以降，都市化，核家族化が進むと，住宅事情や家族形態の変化により，地域のつながりが希薄化し，密室育児や育児カプセルなど，子育て家庭の孤立が社会問題といわれる時代となった。1970年代前半に複数あったコインロッカー赤ちゃん死体遺棄事件は，その後，育児ノイローゼや育児ストレスの言葉が生まれるきっかけにもなる孤立の子育て問題の典型的な事件であった。

　1994年以降の子育て支援施策等では，この孤立の子育てを解消するため，さまざまな子育て支援のための拠点づくり事業に取り組んでいる。そこで，孤立の子育ては解消されているのだろうか。2004年，財団法人こども未来財団が行った妊娠中または3歳未満の子どもを育てている母親に対する意識調査結果（図2−3）によると，「孤立を感じる」人が48.8％，また「不安や悩みを打ち明けたり，相談する相手がいない」人が21.0％を占め，2人に約1人は孤立

> **コインロッカー赤ちゃん死体遺棄事件**
> 　1971年にコインロッカーで乳幼児の死体が発見されて以降，年数件の頻度でコインロッカーからこのような乳幼児が発見された事件であり，社会問題として当時のマスコミ等で大きく取り上げられた。

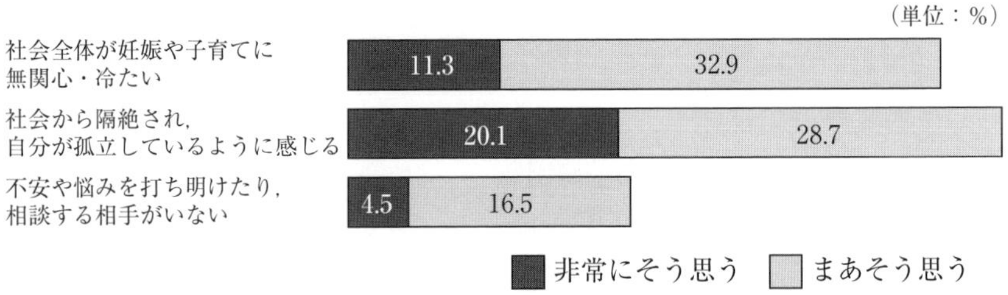

(単位：％)

	非常にそう思う	まあそう思う
社会全体が妊娠や子育てに無関心・冷たい	11.3	32.9
社会から隔絶され、自分が孤立しているように感じる	20.1	28.7
不安や悩みを打ち明けたり、相談する相手がいない	4.5	16.5

図2－3　妊娠中または3歳未満の子どもを育てている母親の周囲や世間の人びとに対する意識

出所）こども未来財団「子育て中の母親の外出時等に関するアンケート調査結果」2004年

感を抱き，5人に1人以上は相談相手がいない状況があきらかになった。地域の子育て拠点に来ていた11ヵ月児の親Nさんは，「通える場所は，毎日，終日開いているので，自分の都合で自由に行けてよいが，親子はたくさんいてもなかなか深い話ができる関係にはなれない。2～3回会えば，連絡先も聞けると思うが，次またいつ会えるかわからない。」とつぶやく。もちろん，SNSなどのツールもあるが，「よくわからない親子」と約束をしたり，いきなり個人情報を教えたりすることには「躊躇する」という。人が心を開き，本音を話せるということは，確かに「初めまして」の関係でつくれるものではない。同じ場（空間）を共有しつつ，同じ時間を過ごしたり，共同で何かに取り組んだりするなど，ともに汗をかき，苦楽をともにすることによって，初めて互いの信頼関係が構築され本音の話ができるようになる。場はあっても，親が本音で語れる関係に発展しにくい状況がある。

3）子どもの育ちの問題と自信を喪失する親たち

2005年1月，中央教育審議会答申「子どもを取り巻く環境の変化を踏まえた今後の幼児教育の在り方について」では，「基本的な生活習慣が身に付いていない，他者とのかかわりが苦手である，自制心や耐性，規範意識が十分に育っていない，運動能力が低下している」という幼児の育ちの課題が指摘された。それは，地域社会における子どもの育ちの環境の変化から，外遊びの場や機会の減少とともに，テレビやインターネット等の子どものメディア依存とともに室内遊びが増加している状況や，家庭における子育て環境の変化から，仕事に追われ子どもと一緒に食事をとる時間がもてなかったり，家庭や地域社会からの支え合いが期待できない子育てに喜びや生きがいをもてず，家庭や子育てに夢をもてなかったりするなど，地域社会や家庭教育力の低下という子どもを取り巻く環境の変化が大きな要因だといわれている。国立教育政策研究所が行った調査（図2－4）においては，子どもを育てている親たち（2001年67.2%，2006年82.0%）が「家庭の教育力が低下」したとの見解を示している。それらの状況を受け，翌年2006年に改正された教育基本法では，「父母その他の保護者は，子の教育について第一義的責任を有する」という家庭教育の条文が新設

子どものメディア依存

文部科学省の2008年の調査結果によると，平日に，5歳児の約1割が1日当たり1時間以上ゲームを，小学6年の約5割弱・中学3年の約4割が，1日当たり1時間以上テレビゲームやインターネットをしているという結果が出ている。

図2-4 子育て中の親への「家庭の教育力低下」に関する見解

出所）国立教育政策研究所「家庭の教育力再生に関する調査研究」2001年，2006年

され，親への家庭教育支援が推進されている状況がある。子どもを育てる家庭においては，子育てしにくい社会的状況に加え，新たな子どもの育ちの問題が加わり，子育てにさらに自信を喪失するという悪循環が生まれている。

(2) 子育て家庭支援の必要性と目指すべき姿

　現在の子育て家庭は，家族機能の弱体化により親が養育困難に陥り，子どもの命の危険や成長・発達に問題を引き起こしている状況があることから，乳幼児の親子の命や健康ととくに密接な領域である母子保健と連携・協力し，子育て家庭の状況に応じた経済的支援を行いながら，子育て家庭の希望に応じて，または困難を抱えた子育て家庭に対し，日々の生活を支える専門性をもって，保育サービスや子育て支援事業に取り組んでいく必要がある。

　また子育て支援施策等の拡充により地域の子育て拠点は増えつつあるが，場はあっても人と深くつながることができず，孤立の子育てに陥り苦しむ子育て家庭が一定層存在し続けている。そこで，子育て拠点を訪問した親子を引き合わせ，会話を始めるきっかけづくりを行ったり，親子同士で遊ばせる機会をうながしたり，また子育てサークル活動など，親の語り合いの時間や場，そして活動をともにする機会を設け，子育てについて本音をもらせる関係づくりに至るまでが子育て支援に求められる時代となっている。

　そして，便利さを求める社会やIT社会の到来により，子どもや子育てを取り巻く生活を急激に変化させ，子どもの育ちにおいて新たな問題を引き起こしている状況がある。子育て困難な時代のなかで，子どもの生活習慣の乱れ，外遊びの減少，メディアとの付き合い方に悩み，子育てに自信を喪失している親が増えている。しかし，ほとんどの親は，わが子を幸せにしたいと考え，現状の問題を改善したいと思っている。「子どもとどう向き合えばいいの？」「子どもの育ちの問題とは何？」などの親の疑問や探究心に対し，身近な生活のなかに，親が子育てについて考えたり，学び合ったりする機会をつくっていく支援がこれからますます重要となる。

　このように，現在の子育ては，もはや家庭だけでは子育てができない状態，いやできないというよりむしろ家庭のみで子育てすることは不可能であるとの

認識をもつ必要がある。地域社会がともに子どもの育ちや子育て家庭を応援し，ともに子育てを行っていくことが不可欠な時代なのである。しかし，ここで確認しておきたいのは，子育て支援が目指しているゴールは何かということである。しばしば，子育て支援の現場で，「子育て支援をし続ける意味がわからなくなる」という言葉を耳にする。子育て支援のなかには，子育てを肩代わりすることや楽にさせることもあり，子育て支援という名の下に，親の代わりをするだけで，子どもにとってもよい影響を与えていないのではないかと不安になるのだという。そこには，「支援する人」と「支援される人」の固定した関係が生まれ，子育て支援サービスをし続けることが子育て支援であるとの理解で子育て支援が行われている状況があると思われる。子育て支援を行う上で，支援者が目標としたいのは，子育て家庭の親や子ども一人ひとりのその時々の状況を見ながら，時には甘えさせ，時には自立させ，その家庭にあった子育て支援をつかず離れずコーディネートし，最終的に親自身が周囲の応援を受けながら，わが子を愛し，前向きな子育てに取り組み，子育て家庭が幸せになることを応援することなのである。

3　保育士等が行う家庭支援の原理

（1）保育指針，教育並びに保育要領における保護者支援

　子どもや子育て家庭を取り巻く状況の変化により，子どもの育ちの問題，親の育児不安，児童虐待防止，養育力や家庭の教育力の低下，就労支援，経済的困窮への対応等，保育所が行う保護者支援への期待が高まっている。

　2008年に告示された保育所保育指針では，「第1章総則2保育所の役割（3）」において「入所する子どもの保護者に対する支援及び地域の子育て家庭に対する支援等を行う役割を担う」，「同3保育の原理（1）保育の目標イ」において「入所する子どもの保護者に対し，その意向を受け止め，子どもと保護者の安定した関係に配慮し，保育所の特性や保育士等の専門性を生かして，その援助に当たらなければならない。」，「同3保育の原理（2）保育の方法カ」において「一人一人の保護者の状況やその意向を理解，受容し，それぞれの親子関係や家庭生活等に配慮しながら，様々な機会をとらえ，適切に援助すること。」，さらに「保護者に対する支援」が新たに章として明記され，保育士等は，子どもへの保育とともに，家庭への支援を行う役割が法的に位置づけられた。また，2014年に告示された幼保連携型認定こども園教育・保育要領においても，「第1章総則第3.6」において，「保護者に対する子育ての支援」が明記され，保育教諭の家庭支援の役割が明記されている。

（2）家庭支援における保育士の役割

　2001 年に改正された児童福祉法において，保育士は，「保育士の名称を用いて，専門的知識及び技術をもって，児童の保育及び児童の保護者に対する保育に関する指導を行う」国家資格化された専門職と規定された。子どもと親に日常に関わるもっとも近い専門職としての保育士が家庭支援においてどのような役割を担っているのだろうか。以下，保育所保育指針「第6章保護者に対する支援」の「保育所に入所している子どもの保護者に対する支援」と「地域における子育て支援」をもとに保育士の役割をみていこう。

1）保育所に入所している子どもの保護者に対する支援

　子どもが在所している保護者には，表2－2の6項目を，大きく3つの柱でとらえることができる。

　ひとつは，日常的な保育所との関わりのなかで保護者への支援を行うことである。具体的には，子どもの送迎時や通信等を使った連絡の機会，会合や行事等，さまざまな機会の関わりを活用して，保護者に保育所での子どもの様子を伝えたり，日々の保育の意味を説明したりするなどである。保護者に子どもの様子を伝える際は，子どもの内面や行動を丁寧にとらえ，よいところを多く保護者に伝えていくことを大切にしたい。そのような日常的な関わりを通して保護者との信頼関係を育み，子どもの育ちの相互理解をしながら相談や助言を行っていく必要がある。

　2つ目は，保護者の仕事と子育ての両立支援を行うことである。保育所を利用している親の多くは仕事をしているため，通常の保育に加えて，保育時間の延長，休日，夜間の保育，病児・病後児に対する保育等，多様な保育を実施す

表2－2　保育士による保護者支援と地域における子育て支援

保育所に入所している子どもの保護者に対する支援	地域における子育て支援
1. 保育所に入所している子どもの保護者に対する支援は，子どもの保育との密接な関連の中で，子どもの送迎時の対応，相談や助言，連絡や通信，会合や行事など様々な機会を活用して行うこと。 2. 保護者に対し，保育所における子どもの様子や日々の保育の意図などを説明し，保護者との相互理解を図るよう努めること。 3. 保育所において，保護者の仕事と子育ての両立等を支援するため，通常の保育に加えて，保育時間の延長，休日，夜間の保育，病児・病後児に対する保育など多様な保育を実施する場合には，保護者の状況に配慮するとともに，子どもの福祉が尊重されるよう努めること。 4. 子どもに障害や発達上の課題が見られる場合には，市町村や関係機関と連携及び協力を図りつつ，保護者に対する個別の支援を行うよう努めること。 5. 保護者に育児不安等が見られる場合には，保護者の希望に応じて個別の支援を行うよう努めること。 6. 保護者に不適切な養育等が疑われる場合には，市町村や関係機関と連携し，要保護児童対策地域協議会で検討するなど適切な対応を図ること。また，虐待が疑われる場合には，速やかに市町村又は児童相談所に通告し，適切な対応を図ること。	1. 保育所は，児童福祉法第48条の3の規定に基づき，その行う保育に支障がない限りにおいて，地域の実情や当該保育所の体制等を踏まえ，次に掲げるような地域の保護者等に対する子育て支援を積極的に行うよう努めること。 　ア　地域の子育ての拠点としての機能 　（ア）　子育て家庭への保育所機能の開放（施設及び設備の開放，体験保育等） 　（イ）　子育て等に関する相談や援助の実施 　（ウ）　子育て家庭の交流の場の提供及び交流の促進 　（エ）　地域の子育て支援に関する情報の提供 　イ　一時保育 2. 市町村の支援を得て，地域の関係機関，団体等との積極的な連携及び協力を図るとともに，子育て支援に関わる地域の人材の積極的な活用を図るよう努めること。 3. 地域の要保護児童への対応など，地域の子どもをめぐる諸課題に対し，要保護児童対策地域協議会など関係機関等と連携，協力して取り組むよう努めること。

出所）保育所保育指針「第6章保護者に対する支援」2008 年，pp.37-39 参照にて作成

ることが求められている。

　3つ目は，子どもの障がいや親の育児不安，保護者の不適切な養育等，配慮の必要な課題に対しては，それぞれの状況に応じて，個別対応，または関係機関との連携協力，場合によっては市町村等への通告義務を果たすなど丁寧で迅速な適切な対応が期待されている。

2）地域における子育て支援

　地域における子育て支援は，在宅で子育てをしている家庭に対する支援であり，具体的には表2-2のような，3つの取り組みを行うことが求められている。

　ひとつは，保育に支障のない限り，地域の保護者等に対する子育て支援を積極的に行うことである。具体的には，ア．子育て家庭への保育所機能の開放（施設及び設備の開放，体験保育等），イ．子育て等に関する相談や援助の実施，ウ．子育て家庭の交流の場の提供及び交流の促進，エ．地域の子育て支援に関する情報の提供等，地域の子育ての拠点としての機能をもたせること，そして，一時保育を行うことである。在宅での子育てをしている家庭の多くは，普段，親子が所属する場がないため，園開放により親子で安全に過ごせる場や機会ができたり，体験保育でわが子以外の子どもをみる機会を通して，子どもの発達について学ぶことができたりする。また，他の親子との出会いの場でもあり，さらなる地域の子育て情報に触れることも可能になる。一時保育については，在宅で子育てしている家庭は，病気，仕事，リフレッシュ等により，どうしても子どもを預けなければならない事態が生じる。そんな時，安全で子どもに最適な環境の下で預かってもらえることが何より必要となる。

　2つ目は，地域における子育て支援者や子育て支援団体との連携・協力で家庭支援を行うことである。保育士や保育所だけでは，家庭支援が十分できない状況も多々ある。また，地域の子育て支援者だからこそ効果をもたらす活動もある。そこで，1998年に制定された「特定非営利活動促進法（通称：NPO法）」の制定を契機に地域に多く誕生してきた住民主体の子育て支援団体と連携・協力をしながら家庭支援に取り組むこと，すなわち保育士が市町村や地域子育て支援団体のコーディネーターを担い家庭支援を行うことも期待されているのである。

　3つ目は，地域の要保護児童への適切な対応である。歯止めのかからない児童虐待や家庭における不適切な養育等，地域の子どもをめぐる諸課題に対し，要保護児童対策地域協議会等関係機関と連携，協力して，未然に防ぐことが喫緊の課題といえる。

（3）保育士の専門性と質の担保

　表2-3には，保護者に対する支援の基本として，家庭支援に求められる保

育士の専門性が7つ示されている。1は，家庭支援が子どもの最善の利益，子どもの幸せのためのものでなければならないとの前提である。子どもの集団が常に存在する保育所における支援だからこそ，親と子の両方の幸せにつながる支援が保育士には期待されている。また，2，3，4は，親の力を引き出す支援のあり方である。単に子育て支援サービスを行うことだけではなく，ともに子どもの成長の喜びを分かち合い，保護者一人ひとりの状況に寄り添い，保護者の養育力向上を支援すること，すなわち親に働きかけつつ，信じて待つことが家庭支援だといえる。そして5は，相互の信頼関係を基本に保護者の自己決定の尊重である。家庭支援とは，周囲から押し付けたり，何かをしてあげたりするものではなく，周囲の応援を受けながら親自らが子どもや家庭の状況を振り返り，わが家に必要な支援は何なのかを考え，必要だと思われる支援を選んでいくこと，すなわち受容し自己決定を支えるソーシャルワークの知識や技術が必要なのである。6には，保護者や子どものプライバシーの保護や秘密保持等，保育士等に当然備わっているべき倫理観が示されている。最後の7は，家庭支援は保育士や保育所等のみでできることではないことから，地域における子育て支援に関する機関や団体と連携・協力する専門性についても必要となる。保育士等は，積極的に地域を見て，聞いて，歩き，地域資源の発見とともにそれをつなぐコーディネーターの資質も期待されている。

表2-3　保護者に対する支援の基本

内　容
1. 子どもの最善の利益を考慮し，子どもの福祉を重視すること。
2. 保護者とともに，子どもの成長の喜びを共有すること。
3. 保育に関する知識や技術などの保育士の専門性や，子どもの集団が常に存在する環境など，保育所の特性を生かすこと。
4. 一人一人の保護者の状況を踏まえ，子どもと保護者の安定した関係に配慮して，保護者の養育力の向上に資するよう，適切に支援すること。
5. 子育て等に関する相談や助言に当たっては，保護者の気持ちを受け止め，相互の信頼関係を基本に，保護者一人一人の自己決定を尊重すること。
6. 子どもの利益に反しない限りにおいて，保護者や子どものプライバシーの保護，知り得た事柄の秘密保持に留意すること。
7. 地域の子育て支援に関する資源を積極的に活用するとともに，子育て支援に関する地域の関係機関，団体等との連携及び協力を図ること。

出所）保育所保育指針「第6章保護者に対する支援」2008年，pp.36-37を参照して作成

　次に，それら保育士の専門性の質をどのように担保していったらよいのだろうか。保育所保育指針の第7章「職員の資質向上」については，まず基本的事項のひとつ目には，「子どもの最善の利益」を考慮し，「人権に配慮」した保育を行うためには，職員一人ひとりの「倫理観，人間性並びに保育所職員としての職務及び責任」の理解と自覚を基盤としながら，保育の質の向上を図る必要がある。そして，2つ目には職員一人ひとりが，「保育実践や研修などを通じて保育の専門性などを高める」とともに，「保育実践や保育の内容に関する職員の共通理解」を図り，「協働性を高めていく」こと，そして3つ目には，職

第 2 章　家庭支援の意義と役割

員同士の「信頼関係」とともに，職員と子ども及び職員と保護者の信頼関係を
形成していくなかで，「常に自己研鑽に努め，喜びや意欲を持って保育に当た
る」ことが必要となる。その他，施設長の責務として，保育の質や職員の資質
の向上のため，「必要な環境の確保」につとめること，また，職員の研修等に
ついては，職員一人ひとりが「主体的に学ぶ」とともに，「学び合う環境づく
りを醸成していく」ことにより，「必要な知識及び技術の修得，維持及び向上」
に取り組むことが求められている。

（4）家庭支援専門相談員，幼稚園教諭等保育教諭の役割

　家庭支援は，保育所等の通所施設だけではなく，児童福祉施設等ではより深
刻な意味合いがある。児童虐待等の増加により乳児院や児童養護施設等に入所
している児童が急増し，それに対し，早期の家庭復帰等を援助していく体制強
化が急務の課題となったことから，1999 年厚生省（現・厚生労働省）通知によ
り家庭支援専門相談員（ファミリーソーシャルワーカー）が配置されるように
なった。具体的には，児童養護施設，乳児院，情緒障害児短期治療施設及び児
童自立支援施設に配置され，主に早期家庭復帰のための保護者等に対する相談
援助業務，退所後の児童に対する継続的な相談援助，里親委託や養子縁組推進
のための業務を行っている（表 2 - 4）。

> **家庭支援専門相談員**
> **（ファミリーソーシャルワーカー）**
> ⇒ P.171 参照

　虐待等によって分離させられた親子関係の再構築は，社会的養護においてむ
ずかしい課題だといわれている。しかし，子どもにとってはその後の人生を左
右する重要な局面であることから，親子の愛着形成や親の養育力向上のための
支援に最善を尽くさなければならない。家庭復帰がかなわない児童もいること
から，里親（養子縁組含め）委託推進のための支援も行っていく必要がある。

　次に，幼稚園教諭や保育教諭は家庭支援においてどのような役割を担えばよ
いのだろうか。2007 年一部改正の学校教育法「第 3 章幼稚園」の「第 24 条
幼稚園においては，第 22 条に規定する目的を実現するための教育を行うほか，
幼児期の教育に関する各般の問題につき，保護者及び地域住民その他の関係者
からの相談に応じ，必要な情報の提供及び助言を行う等，家庭及び地域におけ
る幼児期の教育の支援に努めるものとする。」と規定されたものの，2008 年に
告示された幼稚園教育要領では，「第 1 章総則」においては，「第 1 章総則　第
3」において，「地域の実態や保護者の要請により教育課程に係る教育時間の終
了後等に希望する者を対象に行う教育活動」と「家庭や地域における幼児期の
教育の支援」，すなわち 4 時間の教育時間終了後に，保護者の申請により，延
長保育や預かり保育などを行うことなど，家庭支援の内容はほとんど盛り込ま
れていない。

　しかし，2014 年に告示された幼保連携型認定こども園教育・保育要領では，
「第 1 章総則第 1.1 教育及び保育の基本（前文）」が，2008 年に告示された保育

表2－4　家庭支援専門相談員（ファミリーソーシャルワーカー）について

1. 趣旨
虐待等の家庭環境上の理由により入所している児童の保護者等に対し，児童相談所との密接な連携のもとに電話，面接等により児童の早期家庭復帰，里親委託等を可能とするための相談援助等の支援を行い，入所児童の早期の退所を促進し，親子関係の再構築等が図られることを目的とする。

2. 配置施設
家庭支援専門相談員を配置する施設は，児童養護施設，乳児院，情緒障害児短期治療施設及び児童自立支援施設とする。

3. 資格要件
家庭支援専門相談員は，社会福祉士若しくは精神保健福祉士の資格を有する者，児童養護施設等において児童の養育に5年以上従事した者又は児童福祉法（昭和22年法律第164号）第13条第2項各号のいずれかに該当する者でなければならない。

4. 家庭支援専門相談員の業務内容
(1) 対象児童の早期家庭復帰のための保護者等に対する相談援助業務 　① 保護者等への施設内又は保護者宅訪問による相談援助　　② 保護者等への家庭復帰後における相談援助 (2) 退所後の児童に対する継続的な相談援助 (3) 里親委託の推進のための業務 　① 里親希望家庭への相談援助　　② 里親への委託後における相談援助　　③ 里親の新規開拓 (4) 養子縁組の推進のための業務 　① 養子縁組を希望する家庭への相談援助等　　② 養子縁組の成立後における相談援助等 (5) 地域の子育て家庭に対する育児不安の解消のための相談援助 (6) 要保護児童の状況の把握や情報交換を行うための協議会への参画 (7) 施設職員への指導・助言及びケース会議への出席 (8) 児童相談所等関係機関との連絡・調整 (9) その他業務の遂行に必要な業務

5. 留意事項
(1) 施設長は，対象児童の措置を行った児童相談所と密接な連携を図りその指導・助言に基づいて，家庭支援専門相談員をして具体的な家庭復帰，親子関係再構築等の支援を行わせるよう努めること。 (2) 施設長は，家庭復帰等が見込まれる対象児童を把握し，家庭復帰等に向けた計画を作成し，それに基づき，家庭支援専門相談員をして支援を行うこと。 (3) 家庭支援専門相談員は，支援を行った内容について記録を備えるとともに，施設長はその評価を行うこと。

出所）厚生労働省雇用均等・児童家庭局長「家庭支援専門相談員，里親支援専門相談員，心理療法担当職員，個別対応職員，職業指導員及び医療的ケアを担当する職員の配置について」pp.2-3 を参照して作成，2012 年 4 月 5 日

所保育指針の「第1章総則3保育の原理」に，さらに「第1章総則第3.6保護者に対する子育ての支援」が「第6章保護者に対する支援」にあたる内容となる。そこでより現状に近い内容で加筆されている箇所があった。まず，「保護者に対する子育て支援」では，「ウ．子育てを自ら実践する力の向上及び子育ての経験の継承につながる支援」と「オ．一時預かり事業」という新たな項目が増え，園の行事，地域の子育て支援事業への参加，子育てサークル等の自主グループ活動への参加など，親の主体的な地域参加による子育てを支える項目が加えられていた。また，「地域における子育て家庭の保護者等に対する支援」では，① 家庭への職員派遣による相談対応や情報提供等の事業，② 家庭の保育が困難となった子どもの認定こども園又はその居宅における一時保護を行う事業，といった要保護児童対策や虐待防止に向けたアウトリーチ型支援や，③ 地域の子育て支援者に対する必要な情報の提供及び助言を行う事業，という子育て支援員をはじめとした地域住民による子育て支援者をサポートする体制まで，役割が深まり，保育教諭にはさらなる家庭支援の役割が期待されているといえよう。

第2章　家庭支援の意義と役割

表2−5　幼保連携型認定こども園教育・保育要領にみる保護者に対する子育ての支援

6　保護者に対する子育ての支援に当たっては，この章の第1に示す幼保連携型認定こども園における教育及び保育の基本及び目標を踏まえ，子どもに対する学校としての教育及び児童福祉施設としての保育並びに保護者に対する子育ての支援について相互に有機的な連携が図られるよう，保護者及び地域の子育てを自ら実践する力を高める観点に立って，次の事項に留意するものとする。

(1)　幼保連携型認定こども園の園児の保護者に対する子育ての支援	(2)　地域における子育て家庭の保護者等に対する支援
ア　園児の送迎時の対応，相談や助言，連絡や通信，会合や行事など日常の教育及び保育に関連した様々な機会を活用して行うこと。 イ　園児の様子や日々の教育及び保育の意図などの説明を通じ，保護者との相互理解を図るよう努めること。 ウ　教育及び保育の活動に対する保護者の積極的な参加は，保護者の子育てを自ら実践する力の向上に寄与するだけでなく，地域社会における家庭や住民の子育てを自ら実践する力の向上及び子育ての経験の継承につながることから，これを促すこと。その際，保護者の生活形態が異なることを踏まえ，全ての保護者の相互理解が深まるように配慮すること。 エ　保護者の就労と子育ての両立等を支援するため，病児保育事業など多様な事業を実施する場合には，保護者の状況に配慮するとともに，園児の福祉が尊重されるよう努めること。 オ　地域の実態や保護者の要請により教育を行う標準的な時間の終了後等に希望する者を対象に一時預かり事業などとして行う活動については，園児の心身の負担に配慮するとともに，地域の実態や保護者の事情とともに園児の生活のリズムを踏まえつつ，例えば実施日数や時間などについて，弾力的な運用に配慮すること。その際，教育を行う標準的な時間の活動と保育を必要とする園児に対する教育を行う標準的な時間終了後の保育における活動との関連を考慮すること。 カ　園児に障害や発達上の課題が見られる場合には，市町村や関係機関と連携及び協力を図りつつ，保護者に対する個別の支援を行うよう努めること。 キ　保護者に育児不安等が見られる場合には，保護者の希望に応じて個別の支援を行うよう努めること。 ク　保護者に不適切な養育等が疑われる場合には，市町村や関係機関と連携し，要保護児童対策地域協議会で検討するなど適切な対応を図ること。また，虐待が疑われる場合には，速やかに市町村又は児童相談所に通告し，適切な対応を図ること。	ア　幼保連携型認定こども園において，認定こども園法第2条第12項に規定する子育て支援事業を実施する際には，<u>当該幼保連携型認定こども園が持つ地域性や専門性などを十分に考慮して当該地域において必要と認められるものを適切に実施すること。</u> ・親子が相互の交流を行う場所を開設する等により，子育てに関する保護者からの相談に応じ，必要な情報の提供等の援助を行う事業 ・家庭に職員を派遣し，子育てに関する保護者からの相談に応じ，必要な情報の提供等の援助を行う事業 ・保護者の疾病等の理由により，家庭において保育されることが一時的に困難となった子どもにつき，認定こども園又はその居宅において保護を行う事業 ・子育て支援を希望する保護者と，子育て支援を実施する者との間の連絡及び調整を行う事業 ・地域の子育て支援を行う者に対する必要な情報の提供及び助言を行う事業 イ　市町村の支援を得て，地域の関係機関等との積極的な連携及び協力を図るとともに，子育ての支援に関する地域の人材の積極的な活用を図るよう努めること。また，地域の要保護児童への対応など，地域の子どもを巡る諸課題に対し，要保護児童対策地域協議会など関係機関等と連携及び協力して取り組むよう努めること。

注）「第1章第3.6 保護者に対する子育ての支援」下線は筆者
出所）「幼保連携型認定こども園教育・保育要領解説」2014年，pp.119-133を参照して作成

参考文献

山根常男『家族と社会—社会生態学の理論を目ざして』家政教育社，1998年

森岡清美『新版　家族社会学』有斐閣，1983年

プロムナード

　保育士等にとって，家庭支援は大変重要な役割ですが，「むずかしい，苦手だ…」と考えている人も多いことでしょう。そこで，本章で学んだ家庭支援について，イソップ童話の『北風と太陽』から考えてみましょう。この絵本は，旅人が着ているコートを北風と太陽のどちらが脱がせることができるか競争していくストーリです。皆さんご存じのように，北風はビュービューと強風を起こし脱がせようとしましたが，旅人はコートを脱ぐどころか，風に飛ばされないようにしっかりと手で押さえ脱げませんでした。一方，太陽は，柔らかい光と熱を出し続けました。旅人は，次第に暑くて汗をかき，服を脱いで川で泳ぎ始めました。絵本の最後には，こう書かれています。「きたかぜが，あらあらしく　ちからの　かぎり　ふいても　だめだったのに，たいようは，あたたかさと　やさしさで，たびびとの　コートを　ぬがせることが　できました。」

　家庭支援の親の姿に置きかえてみてください。周りの人がその親に良かれと思って力一杯支援を行っても，本人にそれを自ら取り組む（受け止める）意思がなければ，その親子の状況はほとんど変わらず，支援は行き詰まるでしょう。一方，周囲の人のあたたかい応援ややさしい励ましを受けた親は，自信や元気ややる気を取り戻し，親自らが子どもの育ちや自らの子育ての課題に気づき，その課題に向かってより良くしようと行動を起こすことができます。私たちが家庭支援を行うときは，親がまず支援の場に来てくれたことに感謝し，子育てを頑張っていることをほめることから始めましょう。信頼関係をゆっくり構築していくなかで，親は次第に支援者の言葉に耳を傾け，子どもとの適切な関わりに気づき，子育てで大切なことを自ら吸収していくことができるでしょう。

　文／ラ・フォンティーヌ　絵／ブライアン・ワイルドスミス　訳／わたなべしげお『きたかぜとたいよう』らくだ出版，1990 年

学びを深めるために

倉橋惣三著，津守真・森上史朗編『育ての心（上・下）』フレーベル館，2008 年

　　1936 年に出版されたこの本は，子どもへの温かいまなざしとともに，「母ものがたり」の章で，親，子育て，家庭教育についてまとめられています。日本のフレーベル，保育学会をつくった倉橋が，常に家庭支援を大切に実践してきたことがわかる 1 冊でもあります。

第 3 章

家庭生活を取り巻く
社会的状況

1 現代の家族と人間関係について

（1）少子化と家族の変容

　なぜ，日本は現在のような少子化社会となったのだろうか。少子化の背景のひとつには家族の変容，とりわけ世帯規模の縮小や家族形態の多様化が考えられる。

　従来の日本は農業を主とした第1次産業が中心であり，家族は生活単位だけでなく生産活動としての機能を果たしていた。そのため，家族にとって子どもを産み育てることは，労働の再生産として重要な意味をもっていた。当時の家族形態は拡大家族が主流であり，子育ては家族や親族のなかで協力し合って行われ，地域との交流も盛んであった。

　しかし，戦後の著しい産業発展は都市の雇用機会を生み出し，若者を中心とする労働者は働き場を求めて地方から都市へと移動した。その結果，生産活動の機能は弱まり，生活単位の性格が強まっていく。そして，家族形態は1組の夫婦あるいは1組の夫婦とその子どもからなる核家族へと変化し，核家族化が進んでいった。さらに，これまで家族や親族の間で担っていた子育ては，夫婦間のみで行うようになったために育児の孤立化が生じ，出生力や養育機能の低下につながっている。

　以上を踏まえ，近年の家族形態の動向をみておこう。わが国では家族形態を把握する場合，「世帯」という単位を用いて調査する。まず，世帯数や世帯規模については，2015（平成27）年の世帯数が約5,000万世帯と，1950年代に比べおよそ3,000万世帯増加していることがわかる。しかし，世帯人員をみると

拡大家族
日本では1組の夫婦とその1組の夫婦家族からなる直系家族が代表的である。また，1組の夫婦と複数の既婚子家族からなる複合家族もある。このような直系家族や複合家族の総称を拡大家族という。

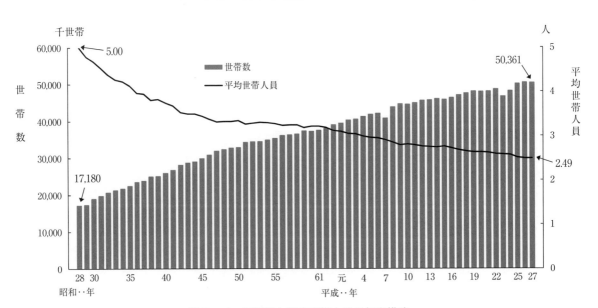

図3－1　世帯数と平均世帯人員の年次推移

出所）厚生労働省「国民生活基礎調査の概況（平成27年）」

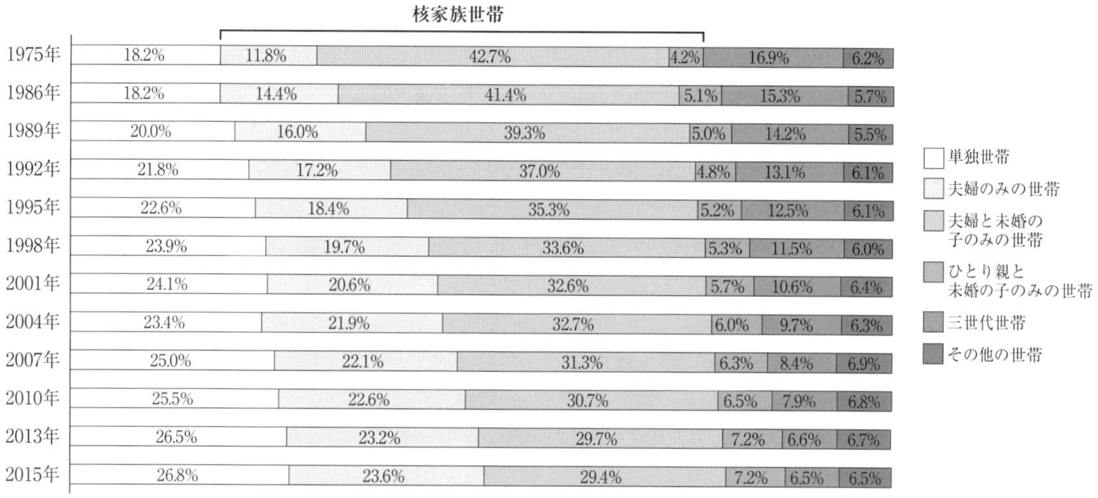

	単独世帯	夫婦のみの世帯	夫婦と未婚の子のみの世帯	ひとり親と未婚の子のみの世帯	三世代世帯	その他の世帯
1975年	18.2%	11.8%	42.7%	4.2%	16.9%	6.2%
1986年	18.2%	14.4%	41.4%	5.1%	15.3%	5.7%
1989年	20.0%	16.0%	39.3%	5.0%	14.2%	5.5%
1992年	21.8%	17.2%	37.0%	4.8%	13.1%	6.1%
1995年	22.6%	18.4%	35.3%	5.2%	12.5%	6.1%
1998年	23.9%	19.7%	33.6%	5.3%	11.5%	6.0%
2001年	24.1%	20.6%	32.6%	5.7%	10.6%	6.4%
2004年	23.4%	21.9%	32.7%	6.0%	9.7%	6.3%
2007年	25.0%	22.1%	31.3%	6.3%	8.4%	6.9%
2010年	25.5%	22.6%	30.7%	6.5%	7.9%	6.8%
2013年	26.5%	23.2%	29.7%	7.2%	6.6%	6.7%
2015年	26.8%	23.6%	29.4%	7.2%	6.5%	6.5%

（核家族世帯：夫婦のみの世帯・夫婦と未婚の子のみの世帯・ひとり親と未婚の子のみの世帯）

図３－２　世帯構造別にみた世帯数の構成割合の年次推移（1975-2015）

出所）厚生労働省「国民生活基礎調査」をもとに作成

5 人をピークにそれ以降は低下し続け，2015 年は 2.49 人まで世帯規模が縮小している（図 3 － 1）。

　また，家族形態別でみると，「夫婦と未婚の子のみの世帯」や「三世代世帯」の割合が低下し，「単独世帯」や「ひとり親と未婚の子のみの世帯」が増加傾向にあることがわかる（図 3 － 2）。さらに，近年は夫婦の共働きが一般化しつつあり，結婚はしているが子どもはいないディンクス（DINKs : Double Income No Kids）や，結婚し子どもがいても夫婦ともに職業活動を継続するデュークス（DEWKs : Double Employed With Kids）と呼ばれる形態もあり，家族形態の多様化が顕著である。

（2）若い世代の結婚観

1）近年の結婚をめぐる状況－晩婚化，未婚化の進行

　まず，婚姻件数や婚姻率（人口千対）の推移についてみると，婚姻件数のピークは 1972 年の約 110 万件であり，婚姻率のピークは 1947 年の 12.0％である。ところが，2015 年になると婚姻件数が約 64 万件，婚姻率は 5.1％とピーク時に比べ半数近くも減少している。また，平均初婚年齢については，1995 年は夫が 28.5 歳，妻が 26.3 歳であったのに対し，2015 年は夫が 31.1 歳，妻が 29.4 歳と男女ともに年齢が上がっており，晩婚化が進んでいる（厚生労働省「人口動態統計（平成 27 年）」）。

　他方で男女別・年齢別の未婚率の推移をみると，どの年齢も男女ともに未婚率が上がっている。ここで注目すべきは，平均初婚年齢に近い年代の未婚率の高さである。30 〜 34 歳の男性と 25 〜 29 歳の女性の未婚率はそれぞれ 47.3％，

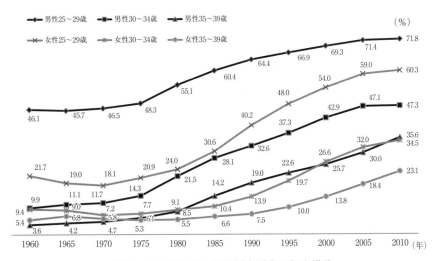

図3−3 男女別・年齢別未婚率の年次推移

出所）厚生労働省『少子化社会対策白書（平成28年版）』をもとに作成

60.3％であり，結婚しない若い世代が増えていることがわかる（図3−3）。

さらに，男女別の生涯未婚率の推移をみると，2010年の生涯未婚率は男性が20.14％，女性が10.61％と，1920年の生涯未婚率（男性は2.17％，女性は1.8％）に比べ，10倍近く増加している（図3−4）。

以上から近年の結婚をめぐる状況は，先に述べた晩婚化に加え，未婚化の進行が特徴的である。

生涯未婚率

生涯未婚率とは，50歳になった時点で一度も結婚したことがない者の割合である。わが国では40〜49歳と50〜54歳の未婚率の平均値を生涯未婚率としている。

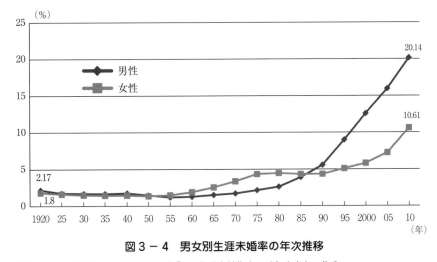

図3−4 男女別生涯未婚率の年次推移

出所）国立社会保障・人口問題研究所『人口統計資料集（2016）』をもとに作成

2）若者の結婚離れ

なぜ，若い世代で結婚離れが起こっているのだろうか。結婚に関する意識調査によると，将来結婚を希望する未婚者は，20代と30代で7割以上（男性73.2％，女性81.9％）を占め，男女ともに結婚意識が高い。しかし，現在結婚を

していない理由について，男女とも「適当な相手にめぐり合わないから」がおよそ5割を占め，次に「結婚後の生活資金が足りないと思うから」「雇用が安定していないから」など経済的な理由をあげている。また，結婚相手に求める条件をみると，「価値観が近いこと」「一緒にいて楽しいこと」「一緒にいて気をつかわないこと」が上位にあり，続いて「経済力があること」が並んでいる（内閣府「結婚・家族形成に関する意識調査（平成26年）」）。

このように若い世代は，結婚相手に上記のような精神面での類似性を求め，自分の理想に近い相手がみつかるまでは，あえて結婚という選択肢を選ばない。その一方で，経済的な理由を重視する傾向にあり，これは近年の若者を取り囲む社会経済の変容が起因している。このように現在は内在的な理由と外在的な理由が混在していることが結婚のハードルをさらに高くし，結婚離れを誘発していることがわかる。いずれにしても，先に述べた晩婚化や未婚化に加え，若い世代の結婚離れは少子化にますます拍車をかけている。

（3）若者を取り囲む社会経済の変容

若者が結婚から離れてしまう理由のひとつに経済的な理由をあげていることがわかった。それは，バブル経済崩壊以降の長引く景気低迷やグローバル化など社会経済の変容によってもたらされた若者の厳しい雇用環境が背景にある。

1）就職前の問題－進学率からみる高学歴化，教育費負担の増加

2016年の進学率をみると，高等学校が男女とも100％に近い数値であり，大学は男性が55.6％，女性が48.2％でほぼ半数近くが大学へ進学している（図3－5）。このように若者の高学歴化は顕著にみられる。

しかし，高学歴化が進むなかで，若者にとって卒業後の進路は決して順風なものではない。2016年の春に大学を卒業した者の就職率は74.7％で，そのうち正規の職に就いた者の割合は71.3％である。その一方で，「一時的な仕事に

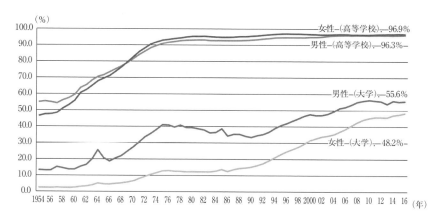

図3－5 男女別大学進学率の年次推移

出所）文部科学省「学校基本調査」をもとに作成

就いた者」と「進学も就職もしていない者」を合わせた割合は10.6%であり，約5万人が不安定な状態のまま卒業している。就職状況は卒業時の景気や雇用情勢に大きく左右される。2003年はバブル経済崩壊の影響を受け，上記の割合は27.1%に達していた（文部科学省「学校基本調査（平成28年）」）。現在はピーク時の割合に比べると減少傾向にあるが，大学を卒業すれば必ず正規職に就くことができるとは限らない現状がある。

また，高学歴化が進むということは，それだけ教育費の負担が増えるということである。現在は高騰する授業料を支払えずに大学を退学する者や，卒業後に奨学金や教育ローンの返済に追われ，結婚や出産などの大きな足かせとなっている「奨学金問題」もある。

奨学金問題
就職難や雇用の不安定化で奨学金が返済できず，自己破産にまで追い込まれるケースが増えている。政府はこの深刻な事態に給付型の奨学金を検討している。

2）就職後の問題－高い失業率，非正規雇用の拡大

完全失業率（以下，失業率）をみると，1980年代は失業率が2%台で推移していたが，バブル経済崩壊後の2002年には5.4%とピークに達した。その後はリーマンショックの影響を受けた2008年，2009年を除いて下降しており，2016年6月平均の失業率は3.1%である。さらに，年代別にみると，15～24歳と25～34歳の失業率が他の年代に比べて高い水準で推移してきたことがわかる（図3－6）。これは社会経済の変容からもたらされる就業機会の縮小と，雇用のミスマッチが背景にある。

また，雇用形態にも変化がみられる。年代別非正規雇用の割合をみると，どの世代も非正規雇用が1980年代に比べ増加している。とくに2016年は15～24歳の半数近くが非正規雇用者である。また，25～34歳と35～44歳をみても，およそ3割を非正規雇用が占めている（図3－7）。このように若年者を中心に非正規雇用の拡大がみられ，低賃金や雇用の不安定化など就職の質をめぐる問題が生じている。

雇用のミスマッチ
求人が求めるニーズと求職者が求めるニーズが合わないことである。わが国では若年者ほど雇用のミスマッチが多くみられ，離職率が高い傾向にある。

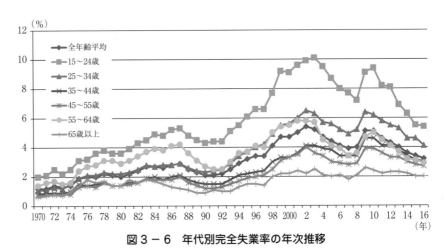

図3－6　年代別完全失業率の年次推移

出所）総務省「労働力調査」をもとに作成

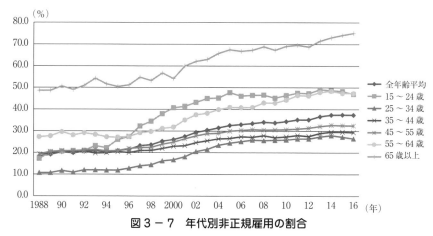

図3-7 年代別非正規雇用の割合

出所）総務省「労働力調査」をもとに作成

(4) 夫婦と子ども

2002年は共働き世帯も専業主婦世帯も30％台であり、それほど大差はなかった。しかし、ここ数年で専業主婦世帯の縮小と共働き世帯の増加が目立つ。2015年には、共働き世帯が38.4％（1,117万世帯）、専業主婦世帯が24.3％（706万世帯）であり、夫婦の共働きが一般化しつつある（図3-8）。

このように夫婦の共働きが増えていくなかで考えなければならないのが、「仕事と家庭の両立」である。共働きは収入が増えるというメリットがある一方、家事や育児に十分な時間を確保することができない。これはわが国の雇用環境において性別役割分業意識が根強く、仕事と家庭を両立する環境が整っていないことが背景にある（本章第3節を参照）。たとえば、末子が0歳であるときの1日の育児時間は夫が77分、妻が343分と大きく異なる。また、家事や介護、買い物などその他の家事関連時間をみても夫が28時間、妻が214時間となっている（厚生労働省『厚生労働白書（平成27年版）』）。さらに、夫婦の共働

性別役割分業
男性は仕事、女性は家事や育児に専念するというように、家庭における各々の役割や責任が明確に区分されていること。

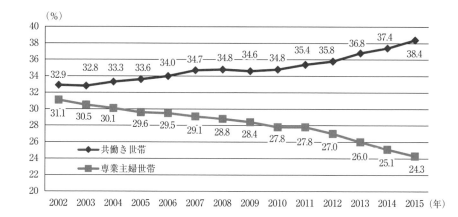

図3-8 共働き世帯と専業主婦世帯の割合

出所）総務省「労働力調査」をもとに作成

きが与える子どもへの影響も考えなければならない。子どもとの十分な時間が取れず，コミュニケーション不足になりやすいことや，子どもの病気など緊急時にすぐに休めないことなどが想定される。

また，仕事と家庭を両立できる環境の未整備は夫婦の出生力の低下に直結している。完結出生児数をみると，1940年は4.27人であり，その後低下していくものの2005年まで2人以上を維持していた。しかし，2010年には2人を割る1.96人となり，夫婦の出生力の低下が顕著である（国立社会保障・人口問題研究所「第14回出生動向調査」）。このように，現在では夫婦の共働きが一般化していくなかで子育てに負担や不安をもつ者は多く，出産や子育てに前向きになるためには仕事と家庭の両立支援が必要である。

> **完結出生児数**
> 結婚持続期間が15〜19年の夫婦において，最終的にもつ出生子ども数のこと。

2 地域社会の変容と家庭支援

（1）家庭を取り巻く地域と社会の変容

第1節でみてきたように，産業構造の変化や核家族化によって家族形態は大きく変わっていった。とくに子育てに関しては，これまで家族や親族など大家族のなかで行われ，地域とのつながりも強く，「子は皆で育てる」という意識が強かった。しかし，現在では他人に干渉されることを好まず，個人の自由が尊重されるようになり，しだいに地域などの近隣関係が希薄化していった。このようにして地域の子育て力は低下していき，子育ては夫婦あるいは母親のみで行うようになった結果，子育ての孤立化が生じ，育児ストレスを抱える者が多くなった。

では，現在は地縁の希薄化がどの程度みられるのだろうか。世論調査によると，地域のつながりがあると答えた者は全体で68.2％もあり，それほど希薄化していないようにみえる。しかし，年代別にみると，20〜29歳は41.3％，30〜39歳は52.4％であり，若い世代ほど地域とのつながりが弱い傾向にある。その反面，望ましい地域との付き合い方として，「困った時に助け合う」あるいは「行事や催しに参加する」と答えた者は全体で85.6％，20〜29歳は76.6％，30〜39歳は82.8％と高い割合を示している（内閣府「社会意識に関する世論調査（平成26年）」）。このように何らかの形で地域とつながりを持ちたいと考えている若い世代は多い。さらに，子育てには地域の支えが重要だと考える者は9割にのぼるという。また，地域で子育てをするために重要なこととして，子どもの防犯のための声かけや登下校の見守り，子育てに関する相談場所の確保，子育てをする親同士の仲間づくりの場の提供など，地域に求めるニーズは多い（内閣府「家族と地域における子育てに関する意識調査（平成23年）」）。

以上から，現在は地域とのつながりが若い世代ほど希薄化しつつも，つながりたいと希望する若者は多く，とくに子育てに関しては地域の交流あるいは支

援を求めているのが実態である。

（2）地域子育て支援の意義と仕組み

1）地域子育て支援の成り立ち－地域子育て支援拠点事業に至るまで

　地域で子育てをすることは子育て家庭にとって育児の孤立化を防ぎ，育児ストレスの解消になると同時に，子どもの健全ですこやかな成長を促進することができる。このように現代の家庭，とくに子育て家庭にとって極めて重要な意味をもつ地域子育て支援であるが，わが国ではどのように展開されてきたのだろうか。ここでわが国における地域子育て支援の成り立ちをみてみよう。

　1990年代から子育てに不安を抱える親同士の自主的な集まりが全国に広がりをみせるなか，地域で子育て家庭への支援を図ろうと政府によって1993年に「保育所地域子育てモデル事業」が創設された。そして，1995年に「地域子育て支援センター事業（以下，センター事業）」に名称を変更し，事業を展開していった。また，2002年には「つどいの広場事業」が創設された。この事業はセンター事業が保育所を中心に展開していたのに対し，専門機関を特定せず，運営当初からNPO法人などの委託が認められていた点に特徴をもつ。事業内容については，主に乳幼児をもつ親子の交流場の提供や，育児相談のためのボランティアや子育てアドバイザーの配置などが盛り込まれた。

　このように地域子育て支援は，センター事業とつどいの広場事業の二大事業で展開されていたが，より地域に根差した子育て支援を目指すために，2007年に2つの事業は「地域子育て支援拠点事業（以下，拠点事業）」に再編され，センター事業の性格は「センター型」に，つどいの広場事業の性格は「ひろば型」にそれぞれ引き継がれた。

2）地域子育て支援拠点事業の現状と課題

　拠点事業の事業内容は，「交流の場の提供・交流促進」，「子育てに関する相談・援助」，「地域の子育て関連情報提供」，「子育て・子育て支援に関する講習等」，など4つの事業を基本としている。

　2008年には，児童福祉法に位置づけられるとともに，社会福祉法の改正により第二種社会福祉事業に規定された。拠点事業の事業形態は当初，センター型やひろば型に加え，児童館も活用していたことから児童型も含めた3つで展開されていた。しかし，実施形態の多様化にともない事業開始から5年後の2013年には，センター型とひろば型を「一般型」に，児童型を「連携型」に再編するとともに，「利用者支援」や「地域支援」など「地域機能強化型」を新設することで，さらなる事業の拡充を図った。

　一般型は，常設の地域子育て拠点を設け，子育て家庭の親とその子どもを対象に上記の4つの事業を実施する。実施主体は市町村を基本とし，実施場所は公共施設の空きスペース，空き店舗，マンションの一室などを活用する。さら

第二種社会福祉事業
　社会福祉法第2条第3項に記載されている。児童自立生活援助事業や放課後児童健全育成事業，子育て短期支援事業その他，保育所，児童厚生施設，母子家庭等日常生活支援事業などがそれにあたる。また，第1種社会福祉事業よりは国や地方自治体の関与がゆるやかである。

地域機能強化型
　一般型や連携型の取り組みに加えて，利用者が子育て支援法に基づく事業のなかから適切な選択ができるよう子育て支援の情報の集約や提供を行う「利用者支援」と，世代間交流や訪問支援あるいは地域ボランティアの協力を通して親子の育ちを支援する「地域支援」を行うことで，地域子育て拠点事業のさらなる機能強化を図る。

に，実施方法については，週3日以上，1日5時間以上開設することを原則にしている。加えて，事業に従事する者は子育て支援に意欲があり，子育てに関して知識や経験を有する者を2名以上配置しなければならない，とした。

連携型は，児童館などの児童福祉施設や児童福祉事業を実施する施設で，上記の4つの事業を展開する。実施主体は一般型と同様であるが，実施場所や実施方法が異なる。具体的に，実施場所は既設の児童館など児童福祉施設の遊戯室や相談室に設け，実施方法は週3日以上，1日3時間以上開設することを原則とした。また，従事者は一般型と同じく子育て支援に意欲があり，子育て経験や知識を有する職員1名以上の配置と，児童福祉施設の職員が協力して行うことになった。

2015年の拠点事業の実施状況は，一般型が6,134ヵ所，連携型が684ヵ所の計6,818ヵ所で実施されている。また，実施場所については，保育所が43.1％と一番多く，次に公共施設が21.8％，児童館が13.0％と続いている。なお，空き店舗は2.3％，マンションは1.6％であり，場所の活用にはばらつきがある。その他，運営主体は社会福祉法人が38.2％，自治体直営が35.9％，NPO法人が10.0％と上位にあり，開催日については，5日の開催を実施しているところがおよそ6割を占めている（厚生労働省「地域子育て支援拠点事業実施状況（平成27年）」）。

このように拠点事業は地域に根差した子育て支援を展開することで，育児の孤立化や地縁の希薄化などの解消につながると期待される事業であるが，従事者（支援員）の人材育成に課題が残っている。実施形態の多様化にともない地域の実情に応じた幅広い支援が求められるなか，そのニーズに応えられる職員を育てる必要がある。今後はますます専門性の高い知識をもつ人材の確保が求められるだろう。

3) 地域子ども・子育て支援事業と地域型保育事業

その後，家族形態の多様化など幅広い子育て支援のニーズに応えるべく，2015年4月に「子ども・子育て支援新制度（以下，新制度）」が施行された（第4章を参照）。新制度を施行した理由のひとつに，「地域の実情に応じた子ども・子育て支援の充実」を掲げている。そして，上記の拠点事業は「地域子ども・子育て支援事業」のなかに位置づけられた。他にも，妊産婦や子育て家庭が適切に子育て支援事業を利用できるよう情報提供を行い，かつ，保健や医療など関係機関と連携しサポートする事業として「利用者支援事業」が新設された。事業類型は利用者支援や地域連携を「基本型」とし，「特定型（保育コンシェルジュ）」，「母子保健型」を加えた3つを設けている。実施主体は市町村および市町村が認め委託された者であり，2014年に基本型は160ヵ所，特定型は163ヵ所で実施されている（厚生労働省『少子化社会対策白書（平成28年版）』）。

また，近年の保育需要の高まりを受けて，新制度では「地域型保育事業」を

地域子ども・子育て支援事業

地域子ども・子育て支援事業は，利用者支援事業（新規），地域子育て拠点事業，一時預かり，乳児家庭全戸訪問事業，養育支援訪問事業等，子育て短期支援事業，ファミリー・サポート・センター事業，延長保育事業，病児保育事業，放課後児童クラブ，妊婦健診，実費徴収補足給付事業（新規），多様な主体参入促進事業（新規），の13の事業から成る。

設けた。具体的には，利用定員が 6 人以上 19 人以下の「小規模保育」，利用定員が 5 人以下の「家庭的保育」，支援を必要とする子育て家庭で保育を行う「居宅型保育」，主に従業員の子どもを対象とするが，支援を必要とする地域の子どもにも保育を行う「事業所内保育」などがある。さらに，現在は多様な就労形態，とりわけ仕事と家庭の両立支援の一環として，事業所内保育は「企業主導型保育事業」を実施している。事業内容の特徴としては，施設の設置や利用方法などについて市町村の関与を必要としないことや，地域の子どもの受け入れ（地域枠）の設定が利用定員の 50％以内であれば任意に決められることなどである。また，ファミリー・サポート・センター事業の促進を通して，さらなる保育の受け皿の確保を目指している。

（3）保育所における地域子育て支援事業

1）保育所における地域子育て支援のあゆみ

保育所が地域に向けて取り組みを開始したのは，1987 年の「保育所機能強化費」や 1989 年の「保育所地域活動事業」などからである。先に述べたように，1993 年には地域の子育て家庭を対象とした支援を行う「保育所地域子育てモデル事業」が創設された。当初，保育所における保育サービスは，家族の就労や病気・怪我など特別な理由によって育児ができない「保育に欠ける」家庭が対象であった。しかし，育児に日々不安や悩みをもつ家庭や，一時的に保育サービスを必要とする家庭などの増加によって，保育サービスの対象を広げる必要性が出てきた。そこで，1994 年のエンゼルプランでは従来保育所の対象から外れていた家庭を含むことで，より積極的な地域子育て支援を保育所に求めた。

その後，1999 年に「保育所保育指針」が改訂され，総則に保育所は地域子育て支援という社会的役割を担う必要があることから，在宅子育て家庭への支援も盛り込まれた。さらに，2001 年の児童福祉法改正で保育士の業務は子どもをケアすることだけではなく，「保護者に対する保育の指導」が明記され，2008 年の保育所保育指針で保育所における地域子育て支援事業内容が提示された。

2）保育所に求められる地域子育て支援

では，保育所に求められる地域子育て支援とはどのようなものだろうか。保育所保育指針は「保育所は，児童福祉法第 48 条の 3 の規定に基づき，その行う保育に支障がない限りにおいて，地域の実情や当該保育所の体制等を踏まえ，次に掲げるような地域の保護者等に対する子育て支援を積極的に行うよう努めること」と明記している。主な事業内容として，「地域の子育ての拠点としての機能」と「一時保育」がある。

地域の子育ての拠点としての機能は，「子育て家庭への保育所機能の開放（施

ファミリー・サポート・センター事業

地域において子どもの預かり等の援助を行いたい者と援助を受けたい者からなる。地域住民の相互活動の会員組織である。事業内容は会員の募集，登録，その他の会員組織業務，相互援助活動の調整，講習会の開催，交流会の開催，子育て支援関連施設事業との連絡調整などがある。

保育に欠ける

1951 年の児童福祉法改正時に，保育所と幼稚園の混同を避けるため，同法第 39 条第 1 項に「保育に欠ける」との文言を入れ，保育所入所対象児の限定を図った。

> **認可保育所**
> 就学前の児童を対象に児童福祉法第39条に基づく保育を行う保育施設。

> **震災特例型**
> 2016年の熊本地震で災害救助法が適用された市町村に居住する世帯に属する支給認定子ども（子ども・子育て支援法第20条第4項），さらに震災の影響により，在籍する特定教育・保育施設（同法第27条第1項）や，特定地域型保育事業所または特例保育施設（同法第29条第3項第1号）の利用が困難な乳幼児が対象である。実施場所は，保育所，幼稚園，認定こども園，特例保育施設（同法第30条第1項第4号），または地域型保育事業所（同法第43条第1項）である。

> **通常保育**
> 一般的に認可保育所で行われる保育の時間は原則8時間，最長11時間と規定されており，その規定時間内で行われる保育を指すことが多い。

設及び設備の開放，体験保育等）」，「子育て等に関する相談や援助の実施」，「子育て家庭の交流の場の提供及び交流の促進」，「地域の子育て支援に関する情報の提供」が示されている。これは一見すると，拠点事業のセンター型の事業内容と同じようにみえるが，ここで注意すべきは，「その行う保育に支障がない限りにおいて」と「積極的に行うように努めること」という2つの文言である。つまり，上記の機能を保育所が実施するのはあくまで任意であり，事業は努力義務によって行われるという拘束性の違いがある。

　一時保育は，保護者が何らかの理由で家庭における保育が困難な場合，認可保育所で通常保育とは異なる枠で児童を一時的に預かり，保育する事業のことをいい，一時預かり事業と呼ばれる。当初は，第二種社会福祉事業の「保育所型・地域密着型」と，それに準じた「地域密着Ⅱ型」，加えて「幼稚園における預かり保育」に分けられ運営していた。しかし，新制度の施行にともない，2015年度から「一般型」，「余裕活用型」，「幼稚園型」，「居宅訪問型」に再編された。さらに現在では新たに「震災特例型」が新設されている。

　その他，現在の保護者の就労形態，とりわけ仕事と家庭の両立支援を求める家庭に向けた保育サービスとして延長保育，休日・夜間保育，病児・病後児保育などがある。延長保育とは就労形態の多様化にともない，やむを得ない理由と認められた場合，通常保育の利用時間を延長して引き続き保育を行う事業をいう。また，休日保育は日曜・祝日等に保育を行う事業であり，夜間保育は午後10時までを原則とした保育事業である。そして，病児・病後児保育は，保護者の就労時に子どもが病気になり保育が困難な場合，病院や診療所あるいは保育所などが一時的に児童を預かる保育事業である。事業類型としては，病児対応型，病後児対応型，体調不良児対応型，非施設型（訪問型）の4つの形態がある。

3　男女共同参画社会とワークライフバランス

（1）日本社会における男女格差

1）　強い性別役割分業

　戦前の家事労働の風景といえば，女性がかまどに火をおこしたり，たらいと洗濯板で洗濯をしたり，赤子を背負っていたりという光景を思い浮かべるだろう。その後，高度経済成長期に入り，家電の普及によって家事労働の合理化が進むと，女性はより質の高い家事を創出しようと家事労働に専念した。その一方で，男性は外に出て働き，生活費を稼いで家族を養うことが果たすべき役割であった。そのため，男性は長時間労働や残業，あるいは出張や転勤など企業の都合に応じた働き方を受け入れる代わりに，企業から安定的な雇用と家族を養うための生活費を確保した。また，女性は男性から生活費をもらう代わりに，

家事や育児など家事労働を提供した。このようにして「男は仕事，女は家庭」という性別役割分業が形成されていった。

しかし，1990年代以降に社会経済は大きく変容した。これまでみてきたように，長引く経済不況，産業構造の変化による非正規雇用の拡大，夫婦共働き世帯やひとり親世帯の増加によって，性別役割分業による不都合が起きてしまっている。現に性別役割分業に対する意識調査によると，1979年は性別役割分業に賛成の割合が7割を超えていたが，2014年には4割弱に低下し，現在は反対する割合が男女とも増加傾向にある（内閣府『男女共同参画白書（平成28年版）』）。

2）性別役割分業がもたらす問題

では，性別役割分業によってどのような問題が生じているのだろうか。先に述べたように男性は仕事に，女性は家事労働に専念するという構造が1980年代ごろまで続いた。しかし，1990年代に入ると，企業は不景気による経営不振からリストラや非正規雇用の活用を行うようになり，男性の働き方はしだいに不安定になっていった。そして，女性も生活を維持していくために，外に出て働く必要が生じた。ところが，性別役割分業の意識も依然として根強く，男性＝仕事，女性＝家事・育児という構造は定着したままであった。そのような流れは現在，男女の賃金格差や仕事と生活の両立困難という問題となって現れている。

従来の女性は家事労働に専念していたため，外に出て働くことがあっても一時的であり，家庭優先の働き方であった。そのため，女性を補助的な労働者として採用する企業が多く，女性も家庭の都合を優先する代わりに不安定で低賃金な雇用を受け入れていた。しかし，1990年代以降，女性も外に出て働き家計を支えなければならなくなった。とはいえ，長年定着してきた性別役割分業の意識が急に変わることはなく，その結果，男女の間に賃金格差が生じている。2015年の雇用形態，性，年代別の賃金をみると，同じ雇用形態のなかでその格差は起きている。賃金がもっとも高い年代で比較すると，正社員・正職員の男性はおよそ月額44万円に対し，正社員・正職員の女性は約29万円である。また，正社員・正職員以外の男性はおよそ月額25万円で，正社員・正職員以外の女性は約19万円となっている（図3－9）。

さらに，仕事と生活の両立がむずかしいという問題もある。これまで男性は安定的な雇用の見返りに，長時間労働や残業など企業の都合に応じた働き方をしてきた。そのような働き方は日本的雇用制度が崩れつつある現在でも続いている。現に，2015年において就業時間が週60時間以上の就業者の割合をみると，男性全体で12.9％，そのうち子育て期にあたる30代や40代はそれぞれ16.6％，16.0％と高い水準にある（厚生労働省『少子化社会対策白書（平成28年版）』）。

日本的雇用制度

主に新卒採用から定年まで雇い続ける終身雇用，勤続年数が長くなるほど賃金が高くなる年功賃金，企業や事業所を単位として組織される企業別組合，などを指す。これらは雇用の三種の神器と呼ばれ，長年日本の雇用制度を支えてきた。

第3章　家庭生活を取り巻く社会的状況

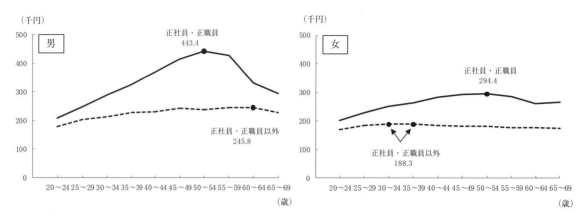

図3-9　雇用形態，性，年齢階級別賃金

出所）厚生労働省「賃金構造基本統計調査（平成27年）」

　　また，家事労働の行為者率および時間量をみると，成年女性の行為者率はどの曜日も90％である。他方，男性は平日42％，土曜53％，日曜58％と女性に比べて圧倒的に低い（表3-1）。さらに年代別をみても男女差が大きいことがわかる。また，時間量については，平日の成年男性が1時間程度に対し，成年女性は4時間以上である。加えて，30代の平日の家事時間量にいたっては，男性が44分，女性が5時間29分と大差である。

　このように男性は職場における長時間労働から解放されないため，家事労働に十分な時間を確保することができないという面で仕事と家庭の両立がむずかしい。それに対し，女性は生計を維持するために外に出て働く必要が出てきた。しかし，低賃金や不安定な仕事が多く多重就労をせざるを得ない点や，家事労働の負担は従来とあまり変わっていないという点で仕事と家庭の両立がむずかしいのである。

表3-1　家事の行為者率および時間量

行為者率(％)	成年男性	成年女性	主婦	有職女性	30代男性	40代男性	30代女性	40代女性
平日	42	90	98	87	44	37	90	92
土曜	53	90	99	88	56	56	90	95
日曜	58	90	98	88	64	67	89	95

時間量(時間：分)	成年男性	成年女性	主婦	有職女性	30代男性	40代男性	30代女性	40代女性
平日	0：54	4：18	6：35	3：23	0：44	0：39	5：29	4：31
土曜	1：26	4：39	6：16	4：14	1：50	1：48	5：49	5：37
日曜	1：41	4：51	6：17	4：28	2：12	2：02	6：40	5：43

出所）NHK放送文化研究所「2015年国民生活時間調査報告書」をもとに作成

（2）男女共同参画社会基本法

1）男女共同参画社会とは

男女共同参画社会とは，21世紀の社会で男女があらゆる分野において平等に共同して参加しなければならないという基本理念の下に形成される社会である。内閣府は男女共同参画社会の形成を，「男女が，社会の対等な構成員として，自らの意思によって社会のあらゆる分野における活動に参画する機会が確保され，もって男女が均等に政治的，経済的，社会的及び文化的利益を享受することができ，かつ，共に責任を担うべき社会」であると定義している（男女共同参画社会基本法第2条）。

わが国では，男女共同参画社会の形成にあたって国内外でさまざまな取り組みが行われてきた。1975年の「第1回世界女性会議」を皮切りに，日本は国内本部機構の構築，あるいは関連する法や制度の整備とその充実を通して男女共同参画を推進した。そして，1995年に北京で開催された「第4回世界女性会議」の「北京宣言及び行動綱領」を受けて，日本は1996年に「男女共同参画2000年プラン」をつくり，さらに，1999年には「男女共同参画社会基本法（以下，基本法）」を施行した。また，基本法と深く関わりをもつ男女雇用機会均等法が同年に改正施行され，雇用分野における均等待遇がよりいっそう強化された。

そして，2003年に男女共同参画局は，2020年までに社会の多方面の分野において女性の管理職の割合が30％程度となるよう目標を掲げ，その目標を達成するためにポジティブ・アクション（積極的改善措置）などさまざまな取り組みを行うことにした。

2）男女共同参画社会基本法に関わる動向と課題

現在の動向としては，世帯構成の変化や働き方の二極化，さらには労働力人口の減少から女性の社会進出が重要性を増している。こうしたなかで2015年8月に「女性活躍推進法（女性の職業生活における活躍の推進に関する法律）」が成立した。女性活躍推進法は「自らの意思によって職業生活を営み，又は営もうとする女性がその個性と能力を十分に発揮して職業生活において活躍すること」（同法第1条）を基本原則とする。同法の特徴として，2016年4月から300人以上の労働者をもつ企業には，女性の採用や活躍状況などの課題分析，行動計画の策定，情報公開などが義務づけられている。

また，第4次男女共同参画基本計画では，女性の活躍推進のために男性の働き方の見直し，ポジティブ・アクションの推進，職場における公正な均等待遇の実施，などを掲げている。

しかし，基本法をはじめ男女共同参画社会には次のような課題があげられる。先に述べたように政府は2020年までに女性管理職の割合を30％程度にする目標を示した。しかし，現時点では国家公務員や薬剤師など一部の分野では達成

世界女性会議

女性の地位向上を目的とした国際連合会議。第一回世界女性会議は1975年にメキシコシティで「国際婦人世界会議」として開かれた。その後，2回目は1980年にコペンハーゲンで，3回目は1985年にナイロビで，4回目は1995年に北京で会議が開かれた。

男女雇用機会均等法

「雇用の分野における男女の均等な機会及び待遇の確保等女子労働者の福祉の増進に関する法律」が正式名称。1972年の勤労婦人福祉法の改正法として1985年に制定され，翌年に施行された。女性労働者が性別により差別されず，母性を尊重されつつ充実した職業生活を営むことを基本理念としている。

**ポジティブ・
アクション**

雇用分野において，「営業職に女性はほとんどいない」ことや「課長以上の管理職は男性が大半を占めている」など男女間で差が生じている場合，このような差を解消するために個々の企業が自主的に行う取り組み。

働き方の二極化

景気低迷や産業構造の変化によって，正社員以外が急増する一方（非正規雇用の拡大），正社員は職場の拘束時間が長い（長時間労働）。

労働力人口

15歳以上の人口のうち，就業者と完全失業者を合わせたもの。働く意思と能力がある場合，労働力人口に含まれる。

第3章　家庭生活を取り巻く社会的状況

できているものの，民間企業においては目標値にはるかに及ばない。事実，2015年の民間企業における女性管理職の割合は，課長職で9.8％，部長職で6.2％であり，管理職の女性登用は進んでいないのが現状である（内閣府『男女共同参画白書（平成28年版）』）。

また，厳しい雇用情勢から仕事と家庭の両立が困難な状況は現在もあまり変わっていない。未だに根付く性別役割分業や男性に強いられる長時間労働は，家事や育児が女性に偏る要因となっている。

(3) ワークライフバランスとその推進

1) ワークライフバランス提唱と背景

わが国における仕事と家庭の両立をめぐっては，とりわけ「ワークライフバランス」という視点から議論されてきた。ワークライフバランスとは，「仕事と生活の調和」を意味し，「Work and Life Balance」の頭文字をとって「WLB」と略される。WLB実現のために官民が一体となって取り組み，2007年に「仕事と生活の調和（ワーク・ライフ・バランス）憲章（以下，憲章）」および「仕事と生活の調和推進のための行動指針（以下，行動指針）」が策定された。その後，憲章や行動指針は2010年に改訂されている。憲章や行動指針は，WLBを「誰もがやりがいや充実感を感じながら働き，仕事上の責任を果たす一方で，子育て・介護の時間や，家庭，地域，自己啓発等にかかる個人の時間を持てる健康で豊かな生活ができるような社会の実現」としている。

WLB提唱の背景には，これまでみてきたように安定した仕事に就けず，経済的に自立することができない不安定雇用や，仕事に追われ，心身の疲労から健康を害しかねない長時間労働の問題，さらに仕事と子育て，あるいは老親の介護など家庭との両立困難などがあり，その克服が狙いとなる。また，憲章によるとWLBが実現すれば，「就労による経済的自立が可能な社会」，「健康で豊かな生活のための時間が確保できる社会」，「多様な働き方・生き方が選択できる社会」を築けるという。そして，そのためには政府や企業，あるいは地域や個人がそれぞれの役割を果たし，WLBの推進に向けて取り組むことが必要不可欠である。

2) ワークライフバランスの推進と課題

現在，わが国ではWLBを進めるにあたって以下のような取り組みが行われている。まず，WLBの推進を大きく妨げている問題のひとつは長時間労働であり，その抑制は喫緊の課題となっている。これまで長時間労働の抑制に向けて，2014年に「日本再興戦略」で「働きすぎ防止のための取組強化」が取り入れられ，さらに「過労死等防止対策推進法」が成立した。また，同年に厚生労働大臣を本部長とする「長時間労働削減推進本部」を，翌年に都道府県労働局にも「働き方改革推進本部」を設置した。加えて，2015年に「働き方・休

日本再興戦略
製造業の国際競争力の強化や医療・エネルギーの市場開拓など，第二次安倍内閣が掲げる成長戦略のことをいい，2013年に閣議決定された。

過労死等防止対策推進法
過労死等は，「業務における過重な負荷による脳血管疾患若しくは心臓疾患を原因とする死亡若しくは業務における強い心理的負荷による精神障害を原因とする自殺による死亡又はこれらの脳血管疾患若しくは心臓疾患若しくは精神障害」と定義され，このような事態にならぬようワークライフバランスを推進し，過労死等を防ぐ目的で，2014年11月1日に施行された。

み方改善ポータルサイト」を開設し，「年次有給休暇取得の促進」，「働き方・休み方改善コンサルタントの配置」，「職場意識改善助成金の設置」，「働き方・休み方改善ハンドブックの作成」の4つを柱とし，働き方改革の支援に積極的に取り組んでいる。

　また，多様な働き方や仕事と家庭の両立という視点から，育児・介護休業の取得促進，短時間正社員制度，テレワークなどが推進されている。育児・介護休業は，妊娠・出産・子育て期，あるいは家族の介護が必要な時に労働者の離職を防ぐ目的がある。従来の「M字カーブ問題」に加え，近年では子育てと家族の介護の時期が重なり，離職せざるを得ない「ダブルケア」の問題もある。育児・介護休業の取得促進は，これらの問題の解消につながると期待されている。

　そして，短時間正社員制度は「フルタイム正社員と比較して，1週間の所定労働時間が短い正規型の社員」のことをいい，期間の定めのない労働契約と，基本給あるいは賞与の算定方法が正社員と同じである。短時間正社員制度は，企業にとって労働の生産性が上がり，労働者にとっては家庭との両立がしやすくなるというメリットがある。また，テレワークとは近年の情報通信技術（ICT）の発達から，場所や時間を特定しない柔軟な働き方のことである。主に自宅を仕事場とする「在宅勤務」，施設に依存せず電車や飛行機のなかなどいつでも仕事が可能な「モバイルワーク」，サテライトオフィスやテレワークセンターなどの施設を利用しながら勤務する「施設利用型勤務」がある。

　さらに，就労による経済的自立という観点からは，学校や地域におけるキャリア教育の実施，母子家庭や生活保護者など生活困窮者に向けた就労支援などを行っている。

　しかし，WLBには次のような課題がある。第一に，年次有給休暇取得率と男性の育児休業取得率の低さである。男女共同参画基本計画は2020年までに年次有給休暇取得率を70％，男性の育児休業取得率を13％と掲げている。しかし，現在の取得状況は年次有給休暇取得率が47.6％であり（厚生労働省「就労条件総合調査（平成27年）」），男性の育児休業取得率が2.65％に留まっている（厚生労働省「雇用均等基本調査（平成27年）」）。第二に，テレワークについても普及率が低い。「テレワークに適した職種がない」と考える企業が約4割を占め，今後も導入する予定はないと考える企業の割合とあわせると約8割にのぼる（総務省『情報通信白書（平成27年版）』）。今後は上記の点をいかに定着させていくかが重要な課題となる。

M字カーブ問題

　日本の女性の労働力率をたどると，就職を期に労働力率が上昇し，妊娠や出産，子育てを期に労働力率が下がり，子育てが落ち着く30代後半ごろから再び労働力率は上昇する。このようにM字型を描くことからM字型曲線と呼ばれる。これは，妊娠や出産，子育てを期に離職せざるを得ない日本特有の問題である。

参考文献
　厚生労働省『厚生労働白書（平成27年版）』2015年
　厚生労働省『少子化社会対策白書（平成28年版）』2016年

第3章　家庭生活を取り巻く社会的状況

玉井金五・久本憲夫『社会政策Ⅱ 少子高齢化と社会政策』法律文化社，2008年
内閣府『男女共同参画社会白書（平成28年版）』2016年
久本憲夫・玉井金五編『社会政策Ⅰ ワーク・ライフ・バランスと社会政策』法律
　　文化社，2008年

プロムナード

　近年，話題に上っている待機児童問題の解消へ向けて，政府は「待機児童
解消加速化プラン」で，2015年〜2017年の間に50万人分の保育の受け
皿を確保することを目標に掲げました。そして，その目標を達成するために
は保育士の確保が必要不可欠となっています。
　しかし，現在の保育士の労働環境は，給与に見合わない業務負担や，休暇
が少なく休むことができないという状況下にあり，仕事と生活の両立が出来
ず転職や離職をしてしまう人が増えています。現に保育士の資格を持ちなが
ら保育士の就職を希望しない潜在保育士が，全国で推計80万人いるとされ
ています。
　そこで政府は保育士を確保するために，全国の保育士の月給を2%（月額
6,000円）相当引き上げること，加えて経験や技術を積んだ保育士に対し
て4万円程度を引き上げる方針を示しました。他にも潜在保育士の復職支
援を後押しするために，保育士・保育所支援センターあるいはハローワーク
による就職の斡旋や，保育士のための宿舎を借り上げる場合，その費用の一
部または全部を助成する「保育士宿舎借り上げ支援」などを行っています。
　ただし，保育士の確保にはこのようなワークの面からの改善だけでなく，
休暇制度の見直しなどライフの面を充実させるような支援策も必要です。今
後，保育士不足解消には保育士のワークライフバランスがポイントになるで
しょう。

学びを深めるために

大原社会問題研究所『児童問題研究』同人社書店，1928年
　問題が生起したとき，必ずその原因となる出発点があります。同書は，大正時
代の社会事業家として児童問題に献身した高田慎吾の生き様を垣間みることがで
き，現代に向けた示唆を与えてくれる文献です。今日の家庭支援のあり方を問う
のであれば，あえて古書からその起源をたどってみるのもよいでしょう。

第 4 章

子育て家庭の支援体制

第4章　子育て家庭の支援体制

1　子育て家庭の福祉と社会資源

　“現代の子育て”と聞くと，「少子化」というキーワードから，多子であった以前よりも，親は自分の子どもに関心をよせ，時間をかけてじっくりかかわることができるようになった，と思われるかもしれない。しかし一方で，核家族化，都市化および地域のつながりの希薄化などによって子育て家庭の孤立と養育機能の脆弱化は深刻な問題となり，育児不安や児童虐待，子どもの貧困などの課題を生み出している。また，急速な情報化社会の進展と孤立状態が相まって，信頼できる育児情報の取得が困難であるという側面もある。さらに，共働き家庭が増加しても，男性の長時間労働の解消はなかなか進まず，母親が仕事・家事・育児の三重負担を強いられている現状も多い。

　このように，子育て家庭をめぐる問題はさまざまあり，子育て家庭の福祉のさらなる発展は，子どもの健全な発達を保障する観点から重要な課題となる。本章では，子育て家庭の福祉を図るための法制度や社会資源にはどのようなものがあるのかについて学習する。

> **育児不安**
> ⇒ P.102 参照

(1) 子育て支援と法体系

　子どもが健全に育つため，また，その育ちを直接的・間接的に支援するための法律は，保育・教育と児童福祉にとどまらず，社会福祉，労働，医療・安全・公衆衛生など多岐にわたる（表4-1）。あらゆる分野を包含する「子育て」という営みを支援するためには，子育て家庭の福祉を広い視野で追求しなければならない。

1) 基本理念を成す法律・条約

　日本国憲法第25条「すべて国民は，健康で文化的な最低限度の生活を営む権利を有する。②国は，すべての生活部面について，社会福祉，社会保障及び公衆衛生の向上及び増進に努めなければならない」，および第13条「すべて国民は，個人として尊重される。生命，自由及び幸福追求に対する国民の権利については，公共の福祉に反しない限り，立法その他の国政の上で，最大の尊重を必要とする」は，すべての福祉分野の基本の理念となっている。

　子ども・子育て家庭の福祉の分野では，上記条文とあわせて，同法第24条（家族における個人の尊厳と両性の平等），第26条（教育を受ける権利），第27条（勤労の権利と児童酷使の禁止）などの規定も理念の基盤となる。

　1989年に国連で採択され，1994年（平成6）に日本が批准した「児童の権利に関する条約（子どもの権利条約）」では，子どもは権利行使の主体であるという画期的な児童観が明文化されており，この考えもまた，現代の子ども・子育て家庭の福祉の基本理念であるとともに，常なる課題となっている。

1. 子育て家庭の福祉と社会資源

表 4 - 1　子育て家庭を支える法体系

基本理念をなす法律・条約
○日本国憲法　　　○児童憲章　　　○児童権利宣言　　　○児童の権利に関する条約 (子どもの権利条約)

子育て家庭を支える法律
児童福祉六法
①児童福祉法　　　　　　　　　　　　　　　②母子及び父子並びに寡婦福祉法 ③母子保健法　　　　　　　　　　　　　　④児童手当法 ⑤児童扶養手当法　　　　　　　　　　　　⑥特別児童扶養手当等の支給に関する法律

主な関連法律
【社会の基本に関する法律】 ○民法　○戸籍法　○少子化対策基本法　○特定非営利活動促進法　○男女共同参画社会基本法　○個人情報の保護に関する法律　など 【子ども家庭福祉に直接関係する法律】 ○児童虐待の防止等に関する法律 (児童虐待防止法)　○次世代育成支援対策推進法　○子ども・子育て支援法　○子どもの貧困対策の推進に関する法律 (子どもの貧困対策法)　○子ども・若者育成支援推進法　など 【社会福祉に関する法律】 ○社会福祉法　○生活保護法　○身体障害者福祉法　○知的障害者福祉法　○民生委員法　○障害者基本法　○障害者の日常生活及び社会生活を総合的に支援するための法律 (障害者総合支援法)　○発達障害者支援法　○障害者虐待の防止, 障害者の養護者に対する支援等に関する法律　○配偶者からの暴力の防止及び被害者の保護に関する法律 (DV法)　○生活困窮者自立支援法　など 【医務・公衆衛生・安全に関する法律】 ○精神保健及び精神障害者福祉に関する法律　○母体保護法　○学校保健安全法　○学校給食法　○食育基本法　○予防接種法　○感染症法　○地域保健法　など 【労働・社会保険に関する法律】 ○労働基準法　○雇用の分野における男女の均等な機会及び待遇の確保等に関する法律 (男女雇用機会均等法)　○育児休業, 介護休業等育児又は家族介護を行う労働者の福祉に関する法律 (育児・介護休業法)　○健康保険法　○国民健康保険法　○厚生年金保険法　○国民年金法　○雇用保険法　など 【教育・保育に関する法律】 ○教育基本法　○学校教育法　○社会教育法　○特別支援学校への就学奨励に関する法律　○就学前の子どもに関する教育, 保育等の総合的な提供の推進に関する法律　など 【法務・矯正に関する法律】 ○家事裁判法　○少年法　○少年院法　○売春防止法　○児童買春・児童ポルノに係る行為等の規制及び処罰並びに児童の保護等に関する法律　○インターネット異性紹介事業を利用して児童を誘引する行為の規制等に関する法律　など 【行財政に関する法律】 ○地方自治法　○厚生労働省設置法　○内閣府設置法　○行政不服審査法　○情報公開法　など

出所) 柏女霊峰『子ども家庭福祉論　第3版』誠信書房, 2013年, pp.53-55 より筆者作成

2) 児童福祉六法

　児童福祉六法とは, 児童福祉行政を実現するために制定された各種法律・政令・省令等の中心となる法律のことであり, 具体的には児童福祉法, 母子及び父子並びに寡婦福祉法, 母子保健法, 児童手当法, 児童扶養手当法, 特別児童扶養手当等の支給に関する法律, の6つを指す (表4 - 2)。このうちもっとも基本的な法律は児童福祉法である。

　児童福祉法は1947年に制定公布され, 翌年から全面施行された。児童と児童の健全育成に関する根本的かつ総合的な法律である。第1章総則において「全て国民は, 児童が良好な環境において生まれ, かつ, 社会のあらゆる分野において, 児童の年齢及び発達の程度に応じて, その意見が尊重され, その最善の利益が優先して考慮され, 心身ともに健やかに育成されるよう努めなければならない」(第2条第1項), および「国及び地方公共団体は, 児童の保護者とともに, 児童を心身ともに健やかに育成する責任を負う」(第2条第3項) ことが規定されている。すなわち, 児童の健全育成を目指す児童の福祉の増進は,

児童手当法

　1971年に成立。中学校修了までの国内に住所を有する児童に対し, 年齢に応じて一定額 (所得制限あり) の手当を支給し, 家庭の生活安定と児童の健全育成と資質の向上を図るための法律である。

児童扶養手当法

　1961年に成立し, 翌年施行された。18歳以下 (障害児の場合20歳未満) の児童を監護する母又は父又は養育者 (祖父母等) に支給する手当について定め, ひとり親家庭の生活安定と自立の促進を目的とする。

第4章　子育て家庭の支援体制

表4－2　児童福祉六法

法律名	制定年	法律の目的・概要
児童福祉法	1947（昭和22）年	児童と児童の健全育成に関する根本的かつ総合的な法律であり，児童福祉六法のもっとも基本的な法律
児童扶養手当法	1961（昭和36）年	父又は母と生計を同じくしていない児童が育成される家庭の生活の安定と自立の促進に寄与するため，当該児童について児童扶養手当を支給し，児童の福祉の増進を図る
特別児童扶養手当等の支給に関する法律	1964（昭和39）年	精神又は身体に障害を有する児童について特別児童扶養手当を支給し，精神又は身体に重度の障害を有する児童に障害児福祉手当を支給するとともに，精神又は身体に著しく重度の障害を有する者に特別障害者手当を支給することにより，障害を有する児童の福祉の増進を図る
母子及び父子並びに寡婦福祉法	1964（昭和39）年	母子・父子家庭及び寡婦の福祉に関する原理を明らかにするとともに，母子・父子家庭及び寡婦に対し，その生活の安定と向上のために必要な措置を講じ，福祉を図る
母子保健法	1965（昭和40）年	母性並びに乳児及び幼児の健康の保持及び増進を図るため，母子保健に関する原理を明らかにするとともに，母性並びに乳児及び幼児に対する保健指導，健康診査，医療その他の措置を講じ，国民保健の向上に寄与する
児童手当法	1971（昭和46）年	子ども・子育て支援の適切な実施を図るため，父母その他の保護者が子育てについての第一義的責任を有するという基本的認識の下に，児童を養育している者に児童手当を支給することにより，家庭等における生活の安定に寄与するとともに，次代の社会を担う児童の健やかな成長に資する

出所）各法律の条文にある「目的」を一部加工して筆者作成（児童福祉法を除く）

保護者はもちろんのこと，すべての国民が努力すべき課題であって，さらに国・地方公共団体は保護者と同様にその責任を有しているのである。子育て家庭に対する社会的・公的支援は，この第2条が根拠となって展開されている。

3) 児童福祉六法以外の主な関連法律

① 次世代育成支援対策推進法

地域の子育て力の低下や家庭の養育機能の脆弱化に対応するべく，次世代を担う子どもと子育て家庭を社会全体で支援しようと，2003年に地方公共団体及び企業における10年間の時限立法として制定，2005年に施行された法律である。この法律により，すべての都道府県，市町村は次世代育成支援地域行動計画を策定している。また，地方公共団体や従業員101人以上の事業主にも行動計画の策定が義務付けられている。2014年の法改正によりさらに10年間延長されることとなった。

> **次世代育成支援地域行動計画**
> 次世代育成支援対策推進法の行動計画策定指針に基づくもので，市町村行動計画と都道府県行動計画の2つがある。行動計画にはこの他に一般事業主行動計画がある。

② 児童虐待の防止等に関する法律（児童虐待防止法）

2000年5月に議員立法により成立し，同年11月に施行された。第2条において，児童虐待を4項目（身体的虐待・性的虐待・ネグレクト・心理的虐待）に定義し，それらの禁止や早期発見，保護のための規定を設けている。児童虐待の対応は，本法と児童福祉法が補完し合って体系づけられている。両法律がくり返し改正されながら，充実が図られてきた。

第5条では，保育所，幼稚園をはじめとする子どもに関わる諸施設で働くすべての関係者に対し，「児童虐待を発見しやすい立場にあることを自覚し，児童虐待の早期発見に努めなければならない」及び「児童及び保護者に対して，児童虐待の防止のための教育又は啓発に努めなければならない」と定められて

おり，保育者が虐待の予防・早期発見の働きかけにおいて重責を担っていることが示されている。

③ 育児・介護休業法

正式名称は「育児休業，介護休業等育児又は家族介護を行う労働者の福祉に関する法律」で，1991年に制定され，翌年から施行された。主に女性が「仕事か育児か」を迫られる二者択一構造を解消し，仕事と育児の両立支援をすすめることが念頭に置かれている。

現行法では，男女ともに，パートタイマーや短時間労働者であっても有期契約でなければ対象となり，有期契約であっても一定の条件を満たせば取得できるようになっている。また，取得者の配偶者が専業主婦（夫）や育児休業中であっても，原則として取得することができる。休業期間は子どもが産まれた日から1歳の誕生日の前日までの間に労働者が申し出た期間となるが，期間終了時に待機児童となってしまった場合等事由によって1歳6か月に達するまで延長することができる。さらに，「パパ・ママ育休プラス」の特例として，両親ともに育児休業を取得する場合は，1歳2か月まで延長される。これは男性の育児休業取得率の増加を促進しようと2009年の改正によって盛り込まれたシステムである。

同法は2016年3月に再び改正され，有期契約労働者の取得要件の緩和や特別養子縁組や養子縁組里親に委託されている子も対象に追加することや，いわゆるマタハラやパタハラなどの防止措置などが盛り込まれた。

(2) 子育て支援と社会資源

社会資源とは，人びとの生活上のニーズを充たすために活用できるさまざまな物資や人材，制度，政策，施設，技能などの総称である。

子育て支援とは，私的・社会的・公的機能がまさにこの社会資源として活用され，もしくは他の社会資源を用いて子育てという営みにおいて発生するニーズや問題に対応することである。社会資源は，行政や公的機関によるフォーマルなサービスと，近隣の人びとや友人などのインフォーマルな援助に分けられるが，その境は明確ではない。表4－3は，子育て支援に関わりの深い主な社会資源を並べたものである。

子育て支援に関連する代表的な公的資源としては，児童福祉行政を司る第一線の専門機関であり児童福祉に関わる行政権限を有する児童相談所，福祉事務所に設置され家庭児童福祉に関する相談指導業務を充実・強化する家庭児童相談室，及び妊娠・周産期から出産後の乳児健診に至るまで心身の健康をサポートする保健所（市町村保健センター），これらの機関と連携して子育て家庭の専門的な相談に応じて指導・助言を行う児童家庭支援センターなどがあげられる。

一方，公的資源では対応しきれない多様な子育てニーズに応えるために，当

児童相談所

児童福祉法に基づき都道府県および指定都市が設置する児童福祉サービスの中核となる相談・調査・診断・判定機関のこと。児童相談所長は都道府県知事からの委任を受け，施設入所，家庭裁判所への送致等の措置も行う。

家庭児童相談室

福祉事務所内に設置されている組織。家庭児童相談室には家庭児童福祉の業務に従事する社会福祉主事と家庭相談員が配置されており，虐待・不登校・離婚等専門的技術を必要とする家庭問題全般の相談指導にあたる。

児童家庭支援センター

児童福祉法第44条第2項に規定された児童福祉施設のひとつ。1997年の児童福祉法改正で制度化され，児童養護施設等に附置されていたが，2009年からは医療機関やNPO法人等にも設置が可能となった。

第4章　子育て家庭の支援体制

表4－3　子育て家庭を支える主な社会資源

種　　類	主なサービスを担う機関・団体等	主な職種・人的資源
専門機関 （公的機関）	市区町村，児童相談所，福祉事務所（家庭児童相談室），保健所，市町村保健センター，家庭裁判所，警察など	社会福祉主事，家庭相談員など
（民間も含む）	児童福祉施設（保育所，児童厚生施設，児童家庭支援センターなど），幼稚園，認定こども園，小規模保育施設，児童館，ファミリーサポートセンター，子ども家庭支援センター，地域子育て支援センター，学校，病院など	保育士，児童厚生員，幼稚園教諭，助産師，看護師，医師，子育て支援員，教諭，スクールカウンセラー，スクールソーシャルワーカー，栄養士，相談・支援担当職員，心理療法担当職員など
地域活動	社会福祉協議会，NPO団体，子育てサロン，母親クラブ，子育てサークル，支援団体，当事者組織，ボランティア団体など	児童委員（民生委員）*，主任児童委員*，母子保健推進員**，団体職員，子育て経験者，子育て仲間など
私的機能	血縁，地縁　など	親，兄弟，親族，友人，知人，近隣住民，同僚，ママ友など

Formal ↑　Informal ↓

＊児童委員（民生委員），主任児童委員は厚生労働大臣の委嘱によるボランティア
＊＊母子保健推進員は市の委嘱によるボランティア
出所）上田衛編『学ぶ・わかる・みえる　シリーズ保育と現代社会　保育と家庭支援　第2版』みらい，2016年，p.84，表6-1を筆者改変

事者の声を重視する地域の子育て支援活動（NPO団体，任意団体，当事者組織，ボランティア団体，子育てサークル等）も，子育て支援の社会資源として大きな役割を担っている。

　近年では，血縁・地縁などのインフォーマルな資源が不足する傾向にあることが指摘されており，これを補うためにも，地域活動の活発化と専門機関の整備・充実が不可欠となる。保育者は，所属の公・民にかかわらず，子育て支援のための重要な資源のひとつである。まず，保育者自身が資源として機能しなければならないことを自覚することが大切である。そして，保育者は多様な社会資源に対する知識を身に付け，その情報を提供しながら支援対象者が主体的に資源を活用できるよう促すことが大切である。

２　子育て支援施策・次世代育成支援施策の推進

　1989年の1.57ショックにより，少子化問題に本格的に対峙することになったわが国は，1994年に「今後の子育て支援のための施策の基本的方向について」（エンゼルプラン）を策定し，「子育て支援」という言葉を社会に広めていった。1999年には「重点的に推進すべき少子化対策の具体的実施計画について」（新エンゼルプラン）を策定し，その後次世代育成支援対策推進法や少子化社会対策基本法の制定など，急速に少子化対策の整備をすすめていった（図4－1）。

　しかし，2005年の合計特殊出生率は1.26と過去最低を記録してしまい，90年代に矢継ぎ早に成立した少子化対策の効果が実感されない結果となってしまった。さらにこの頃，国際的な水準での男女平等改革の課題に直面していたこともあり，政府は子育て支援施策の到達目標の見直しを図る必要にせまられた。そのような経緯を経て，現在のわが国の子育て支援施策は，「人口政策と

少子化社会対策基本法
　新たな次世代育成支援のための基本法として，2003年7月議員立法により制定された。少子化対策の国及び地方公共団体・事業主・国民の責務，また少子化社会対策会議を内閣府に設置することなどを規定している。

2. 子育て支援施策・次世代育成支援施策の推進

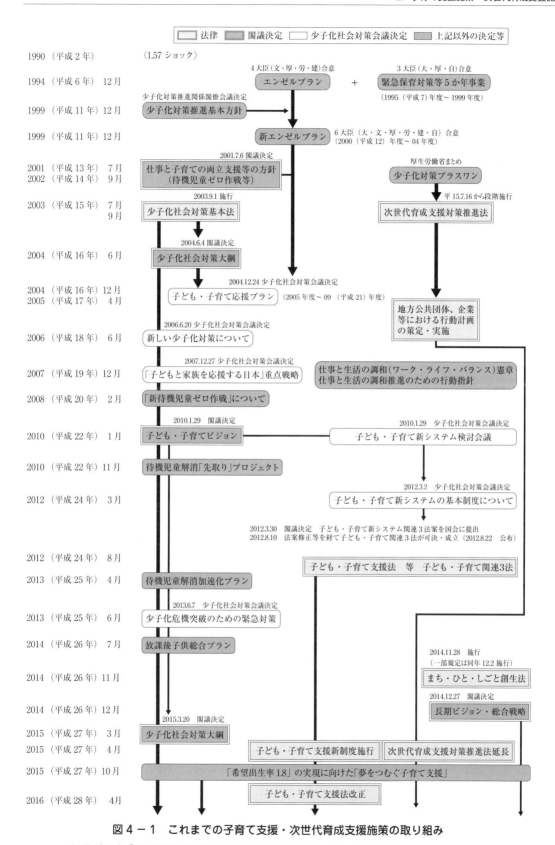

図4-1 これまでの子育て支援・次世代育成支援施策の取り組み

出所）内閣府『少子化社会対策白書（平成28年版）』2016年，p.39，第1-2-2図

第4章　子育て家庭の支援体制

しての少子化対策」から脱却し，男女共同参画社会を見据えた「子ども・子育て支援政策」へと目標をシフトしている。

（1）子ども・子育て支援法

現代の子育て支援をすすめる上で大きな壁となるのは，主に都市部の待機児童問題である。わが国の就学前保育は，厚生労働省所管の保育所をはじめとした児童福祉施設と，文部科学省所管の幼稚園の2つの制度が存在する。待機児童解消に向けて，この二元的な制度による制約をできる限りなくし，柔軟な就学前保育を提供できるように2012年8月に成立したのが子ども・子育て支援法である。

子ども・子育て関連3法のうちのひとつとして，2015年4月から「子育て支援新制度」とともに本格施行された。第1条において，急速な少子化の進行と子育て家庭や地域の環境の変化に鑑みて，子どもの養育者に必要な支援を行い，子どもが健やかに成長することができる社会の実現に寄与することを目的としている。第2条では，子育てという営みについて，親がその第一義的責任を有することを認識した上で，しかし，学校・地域・職域その他の社会のあらゆる分野におけるすべての構成員が各々の役割を果たして子育てに協力すべきであるという基本理念が示されている。その他，実施主体である市町村の責務や子ども・子育て支援給付，特定教育・保育施設及び特定地域型保育事業者，地域子ども・子育て支援事業などについて定めている。

2016年に子ども・子育て支援法の一部を改正する法律案が国会に提出され，同年4月より改正法が施行された。改正された主な内容は，「仕事・子育て両立支援事業」（企業主導型保育事業と企業主導型ベビーシッター利用者支援事業）が創設されたことと，一般事業主から徴収する拠出金の率の上限を引き上げたことである。引き上げた拠出金を財源として，病児保育事業の施設整備等に係る費用の補助や，今回新たに創設された「仕事・子育て両立支援事業」を行うこととしている。

（2）子ども・子育て支援新制度

1）制度の概要

子ども・子育て支援新制度は，子ども・子育て支援法に基づき，市町村を実施主体として，幼児期の教育・保育及び地域の子育て支援を総合的に推進するための新しい制度である（以下，新制度）。

新制度の財源は当初，消費税の10%引き上げによるものとされていたが，10%は先送りとなったため，8%に引き上げた消費税に加えて別途財源を確保するとして，所管を内閣府（子ども・子育て本部）に置き，予定通り2015年4月からスタートした。しかし，待機児童問題の更なる深刻化がメディア等で大

子ども・子育て関連3法

①子ども・子育て支援法（2012年法律第65号），②就学前の子どもに関する教育，保育等の総合的な提供の推進に関する法律の一部を改正する法律（2012年法律第66号），③子ども・子育て支援法及び就学前の子どもに関する教育，保育等の総合的な提供の推進に関する法律の一部を改正する法律の施行に伴う関係法律の整備等に関する法律（2012年法律第67号）の3つの法律を指す。

2. 子育て支援施策・次世代育成支援施策の推進

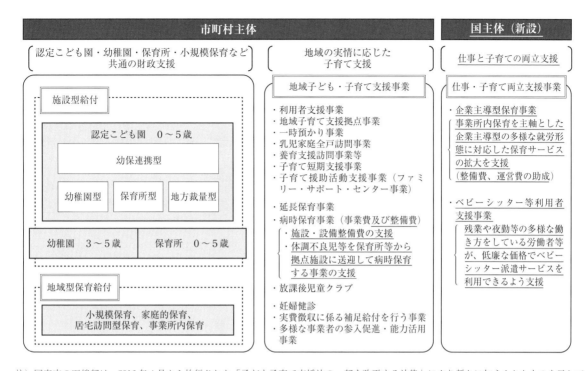

注）図表内の下線部は、2016年4月から施行された「子ども子育て支援法の一部を改正する法律」により新たに加えられたものを示している。

図4－2　子ども・子育て支援新制度の概要

出所）内閣府『少子化社会対策白書（平成28年版）』2016年、p.48、第1-2-13図を筆者一部改変

きく取り上げられ、早くも保育の受け皿確保の方法等を見直す必要に迫られた。そこで、2016年に子ども・子育て支援法の一部を改正し、保育の受け皿確保の整備目標を上積みし、多様な働き方に対応した両立支援の充実を図ることとしている。

図4－2は、子ども・子育て支援法の一部を改正する法律の内容を含めた新制度の概要である。新制度の目的は、大きく分けると①認定こども園の普及による幼児期の学校教育・保育の総合的な提供、②待機児童の解消を目指した保育の量的拡大と保育・教育の質の向上、③地域の実情に応じた子育て支援の拡充、の3点にまとめられる。

2）子ども・子育て支援給付

子ども・子育て支援給付はA. 子どものための現金給付とB. 子どものための教育・保育給付の2つに大別される（子ども・子育て支援法第8条）。A. 子どものための現金給付は「児童手当」のことであり、B. 子どものための教育・保育給付は、さらに2つに区分される。

ひとつは「施設型給付」で、認定こども園、幼稚園、保育所が対象となる。これらの対象施設を利用するためには、管轄する市町村による「保育必要量」の認定を受けなければならない（同法第20条）。認定は、1号認定（満3歳以上・

教育標準時間認定），2号認定（満3歳以上・保育認定），3号認定（満3歳未満・保育認定）の3つに区分される（同法第19条）。

もうひとつは「地域型保育給付」で，小規模保育や家庭的保育，居宅訪問型保育，事業所内保育等が対象となっている。地域型保育給付の創設は地域の特性に応じた多様なメニューが期待されている。

3）地域子ども・子育て支援事業

新制度における地域子ども・子育て支援事業は，子ども・子育て支援法第59条において，次の13事業が定められている。

① 利用者支援事業

② 地域子育て支援拠点事業

③ 一時預かり事業

④ 乳児家庭全戸訪問事業

⑤ 養育支援訪問事業等

⑥ 子育て短期支援事業

⑦ ファミリー・サポート・センター事業

⑧ 延長保育事業

⑨ 病時保育事業

⑩ 放課後児童クラブ（放課後児童健全育成事業）

⑪ 妊婦健康審査

⑫ 実費徴収に係る補足給付を行う事業

⑬ 多様な主体が参入することを促進するための事業

これらの事業展開のために，実施主体は保育の供給に合わせた事業計画を立て，支援事業の整備・推進を図ることが義務付けられている。

待機児童の解消は国の重要かつ喫緊の課題である。他方，幼少期の子ども，とくに未就学児の成長発達はその後の人格形成に大きな影響を与えるもっとも敏感で大事な時期であり，これを担う保育現場の質は，規模の大小，認可の有無にかかわらず，常に最高レベルが保障されなければならない。待機児童の解消，すなわち保育の受け皿の増加は，規制緩和による質の低下をもたらす側面がある。保育の質の保障はわが国の今後の子ども・子育て支援施策の大きな課題のひとつとなるであろう。

4）子ども・子育て支援事業計画

子ども・子育て支援事業計画とは，新制度の事業の実施に関して5年を1期とする計画のことであり，子ども・子育て支援法第5章において定められている。市町村子ども・子育て支援事業計画（同法第61条）と都道府県子ども・子育て支援事業計画（同法第62条）がある。

市町村子ども・子育て支援事業計画の策定にあたっては，保育の「量の見込み」（現在の利用状況＋利用希望）と，実施しようとする保育の「提供体制」（確

家庭的保育

一般に保育ママと呼ばれる家庭的保育者が，主にその者の自宅において他人の子の保育を行うこと。実施主体である市町村が家庭的保育者に委託して事業が実施され，要件は市町村により異なる。

保の内容及びその実施時期）を記載しなくてはならない。

　まず各市町村は保育の提供区域を設定し，その区域ごとに，地理的な条件や人口・交通事情等の特徴を踏まえた保育所・幼稚園などの整備状況を総合的に勘案し，保育必要量を認定区分ごとに算出して「量の見込み」を記載することになる。

　「提供体制」については，「量の見込み」のうち１号は主に認定こども園と幼稚園，２号は認定こども園と保育所，３号は認定こども園，保育所及び地域型保育事業（小規模保育，家庭的保育，ベビーシッターなど）で確保することになる。しかしたとえば，主に３号の待機児童が深刻化している地域では，３号の保育ニーズの「量の見込み」と「提供体制」に差がでる可能性がある。その場合は，「何年度に何人を整備」といった考え方も示さなければならないとされている。

　都道府県は，市町村の事業計画の数値の積み上げを基本に，広域調整を勘案し，一定区域ごとに「量の見込み」と「提供体制」を設定することになる。

（3）新たな少子化社会対策大綱

　2003 年に議員立法により成立した少子化社会対策基本法に基づき，2004 年に少子化社会対策大綱が策定され，「３つの視点」と「４つの重点課題」，「28 の具体的行動」が示された。2004 年には，大綱に盛り込まれた施策の効果的な推進を図るため，「少子化社会対策大綱に基づく具体的実施計画について」（子ども・子育応援プラン）が掲げられ，2005 年度から 2009 年度までの 5 年間に講ずる具体的な施策内容と目標が示された。しかし，この間少子化に歯止めがかかることはなかった。むしろ少子高齢社会の進行が加速する社会情勢を踏まえて，2009 年 1 月，内閣府に「ゼロから考える少子化対策プロジェクトチーム」が立ち上がることになり，新たな少子化対策の検討が行われた。そして 2010 年に少子化社会対策基本法に基づく新たな大綱「子ども・子育てビジョン」が閣議決定されることになる。「子ども・子育てビジョン」は，「子どもが主人公（チルドレン・ファースト）」をテーマに掲げ，子ども・子育てプランを引き継ぎ，2010 年 1 月から 2015 年 3 月までの 5 年間に達成すべき数値目標が示された。しかし，基本姿勢については，これまでの施策が実際の子どもや若者・養育者の真のニーズに応えてきたと言い難いことを反省し，子ども・子育て応援プラン以前の「少子化対策」から，「子ども・子育て支援」へと転換することが表明された。

　「子ども・子育てビジョン」を引き継ぐ 2015 年度以降の大綱の検討のため，2014 年に有識者による「新たな少子化社会対策大綱策定のための検討会」が発足した。この会の「提言」を受けて，2015 年 3 月に新たな少子化社会対策大綱が閣議決定された。子育て支援施策の一層の充実，若い年齢での結婚・出産の希望の実現，多子世帯への一層の配慮，男女の働き方の改革，地域の実情

子ども・子育て応援プラン

施策の内容は，①若者の自立とたくましい子どもの育ち，②仕事と家庭の両立支援と働き方の見直し，③生命の大切さ，家庭の役割等についての理解，④子育ての新たな支え合いと連帯，からなり，5 年間の目標として地域子育て支援センター事業，ファミリー・サポート・センターの推進等があった。

子ども・子育てビジョン

「少子化対策」から「子ども子育て支援」へ，という基本的視点を提示。男女共同参画や仕事と生活の調和等の重要政策とともに一体的な取り組みを進めることなどが示された。

第4章　子育て家庭の支援体制

重点課題

1. 子育て支援施策を一層充実

○「子ども・子育て支援新制度」の円滑な実施
・財源を確保しつつ、「量的拡充」と「質の向上」
・都市部のみならず、地域の実情に応じた子育て支援に関する
施設・事業の計画的な整備
⇒27年4月から施行。保育の受け皿確保等による「量的拡充」
と保育士等の処遇改善等による「質の向上」
⇒地域のニーズに応じて、利用者支援事業、地域子育て支援拠
点、一時預かり、多様な保育等を充実
⇒今後さらに「質の向上」に努力
○待機児童の解消
・「待機児童解消加速化プラン」「保育士確保プラン」
・認定こども園、保育所、幼稚園等を整備し、新たな受け入れを
大胆に増加。処遇改善や人材育成を含めた保育士の確保
⇒29年度末までに待機児童の解消をめざす
○「小1の壁」の打破
・「放課後子ども総合プラン」
⇒小3までから小6までに対象が拡大された放課後児童クラブ
を、31年度末までに約30万人分整備

2. 若い年齢での結婚・出産の希望の実現

○経済的基盤の安定
・若者の雇用の安定
⇒若者雇用対策の推進のための法整備等
・高齢世代から若者世代への経済的支援促進
⇒教育に加え、結婚・子育て資金一括贈与非課税制度創設
・若年者や低所得者への経済的負担の軽減
○結婚に対する取組支援
・自治体や商工会議所による結婚支援
⇒適切な出会いの機会の創出・後押しなど、自治体や商工会
議所等による取組を支援

3. 多子世帯へ一層の配慮

○子育て・保育・教育・住居などの負担軽減
⇒幼稚園、保育所等の保育料無償化の対象拡大等の検討
や保育所優先利用
○自治体、企業、公共交通機関などによる多子世帯への配慮・
優遇措置の促進
⇒子供連れにお得なサービスを提供する「子育て支援パス
ポート事業」での多子世帯への支援の充実の促進

4. 男女の働き方改革

○男性の意識・行動改革
・長時間労働の是正
⇒長時間労働の抑制等のための法整備、「働き方改革」
・人事評価の見直しなど経営者等の意識改革
⇒部下の子育てを支援する上司等を評価する方策を検討
・男性が出産直後から育児できる休暇取得
⇒企業独自の休暇制度導入や育休取得促進
○「ワークライフバランス」・「女性の活躍」
・職場環境整備や多様な働き方の推進
⇒フレックスタイム制の弾力化、テレワークの推進
・女性の継続就労やキャリアアップ支援
⇒「女性活躍推進法案」

5. 地域の実情に即した取組強化

○地域の「強み」を活かした取組
・地域少子化対策強化交付金等により取組支援
・先進事例を全国展開
○「地方創生」と連携した取組
・国と地方が緊密に連携した取組

主な施策の数値目標(2020年)

子育て支援

□認可保育所等の定員：　267万人（2017年度）　　　　（234万人（2014年4月））
　⇒待機児童　　　　　　解消をめざす（2017年度末）　（21,371人（2014年4月））
□放課後児童クラブ：　　122万人（2014年5月）　　　　（94万人（2014年5月））
　⇒待機児童　　　　　　解消をめざす（2019年度末）　（9,945人（2014年5月））
□地域子育て支援拠点事業：　8,000か所　　　　　　　　（6,233か所（2013年度））
□利用者支援事業：　　　1,800か所　　　　　　　　　　（291か所（2014年度））
□一時預かり事業：　　　延べ1,134万人　　　　　　　　（延べ406万人（2013年度））
□病児・病後児保育：　　延べ150万人　　　　　　　　　（延べ52万人（2013年度））
□養育支援訪問事業：　　全市町村　　　　　　　　　　　（1,225市町村（2013年4月））
□子育て世代包括支援センター：　全国展開　　　　　支援ニーズの高い妊産婦への支援実施の割合100%

男女の働き方改革（ワーク・ライフ・バランス）

■　男性の配偶者の出産直後の休暇取得率：80%（-）　　□　第1子出産前後の女性の継続就業率：55%（38.0%（2010年））
　□　男性の育児休業取得率：13%（2.03%（2013年度））

教育

■　妊娠・出産に関する医学的・科学的に正しい知識についての理解の割合：70%（34%（2009年））(注)先進諸国の平均は約64%

結婚・地域

■　結婚・妊娠・出産・子育ての各段階に対応した
　総合的な少子化対策を実施している地方自治体数：70%以上の市区町村（243市区町村（約14%）(2014年末)）

企業の取組

■　子育て支援パスポート事業への協賛店舗数：44万店舗（22万店舗（2011年））

結婚、妊娠、子供・子育てに温かい社会

■　結婚、妊娠、子供・子育てに温かい社会の実現に向かっていると考える人の割合：50%（19.4%（2013年度））

■は新規の目標

図4-3　新しい少子化社会対策大綱の5つの重点課題と数値目標

出所）内閣府『少子化社会対策白書（平成28年版）』2016年，p.36，第1-2-1図を筆者改変

に即した取組強化，の５つを重点課題として，認可保育所の定員増や男性の育児休暇取得率の増加など諸施策における 2020 年までの具体的な数値目標を示している（図 4 － 3）。

（4）子どもの貧困対策

　2012 年，厚生労働省から，17 歳以下の子どもの貧困率は 16.3％，すなわち子どもの６人に１人が貧困状態にあると公表された。この数字は調査以来過去最悪であり，全年齢層の貧困率（16.1％）を上回ってしまった（図 4 － 4）。2010 年の OECD 加盟国の子どもの貧困率の比較では，日本は 34 ヵ国中 10 番目に高く，OECD 平均を上回った。子どもの貧困率のなかでもとくに注目すべきは，子どもがいる世帯のうち「大人が１人」の世帯，いわゆるひとり親家庭の貧困率の高さである（図 4 － 5）。2010 年の OECD 加盟国のひとり親家庭の貧困率は，34 ヵ国中日本がもっとも高いという結果であり，わが国の子どもの貧困問題の深刻さが浮き彫りとなった。

　ここでいう「貧困」とは，食べるものや生活必需品さえ手に入れることができない「絶対的貧困」の状態ではなく，日本の平均的な所得（所得中央値）の半分の貧困線を下回る状態にある「相対的貧困」のことを指す。貧困のラインは国によって異なるが，どのようなレベルにあっても，子どもを取り巻く厳しい現状を放置することはできない。

貧困線
貧困状態を客観的に測定するための基準のことで，わが国の政策的な貧困線は，生活保護基準を指す。国民生活基礎調査における貧困線とは，等価可処分所得の中央値の半分の額をいう。

　子どもの貧困に対策を講ずるために，2013 年６月に「子どもの貧困対策の推進に関する法律」（以下，子どもの貧困対策推進法）が成立し，翌年より施行された。同法は「子どもの将来がその生まれ育った環境によって左右されることのないよう，貧困の状況にある子どもが健やかに育成される環境を整備するとともに，教育の機会均等を図るため，子どもの貧困対策に関し，基本理念を定め，国等の責務を明らかにし，及び子どもの貧困対策の基本となる事項を定めることにより，子どもの貧困対策を総合的に推進すること」（第１条）を目的としている。この法律の施行を受け，政府は同年８月「子どもの貧困対策に関する大綱」を策定した。

　大綱における子どもの貧困対策の意義では，「貧困の連鎖が起きないよう，必要な環境整備と教育の機会均等を図る」ことが強調されている。子どもの貧困対策に関する基本方針は次の 10 項目である。

　① 貧困の世代間連鎖の解消と積極的な人材育成を目指す

　② 第一に子どもに視点を置いて，切れ目のない施策の実施等に配慮する

　③ 子どもの貧困の実態を踏まえて対策を推進する

　④ 子どもの貧困に関する指標を設定し，その改善に向けて取り組む

　⑤ 教育の支援では，「学校」を子どもの貧困対策のプラットフォームと位置付けて総合的に対策を推進するとともに，教育費負担の軽減を図る

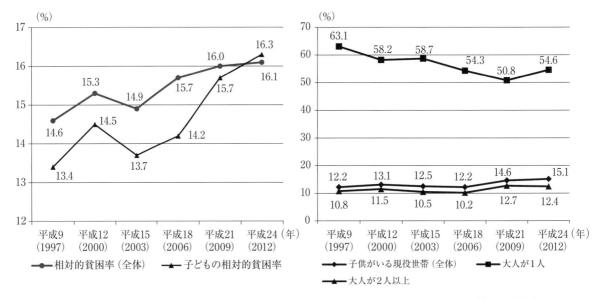

図4-4 わが国の子どもの相対的貧困率の年次推移　図4-5 子どもがいる現役世帯の相対的貧困率

出所) 内閣府『子ども・若者白書 (平成27年版)』第1-3-38図を筆者改変

　　⑥ 生活の支援では，貧困の状況が社会的孤立を深刻化させることのないよう配慮して対策を推進する
　　⑦ 保護者の就労支援では，家庭で家族が接する時間を確保することや，保護者が働く姿を子どもに示すことなどの教育的な意義にも配慮する
　　⑧ 経済的支援に関する施策は，世帯の生活を下支えするものとして位置付けて確保する
　　⑨ 官公民の連携等によって子どもの貧困対策を国民運動として展開する
　　⑩ 当面今後5年間の重点施策を掲げ，中長期的な課題も視野に入れて継続的に取り組む

　以上の基本方針に加えて，大綱では子どもの貧困に対する13の指標と，指標の改善に向けた当面の重点施策として大きく5つの視点から支援策を定めている。その他に，子どもの貧困に関する調査研究や，施策の推進体制についても示されている。重点施策のひとつに，「幼稚園教諭，保育士等による専門性を生かした子育て支援の取組を推進するとともに，就学前の子どもをもつ保護者に対する家庭教育支援を充実するため，家庭教育支援チーム等による学習機会の提供や情報提供，相談対応，地域の居場所づくり等の取組を推進する」とあり，ここでも保育者の支援機能が期待されている。

　大綱に加えて，子どもをとりまく貧困問題のうち「ひとり親家庭」の貧困状態が深刻であることから，内閣総理大臣を議長とする「子どもの貧困対策会議」にて「すべての子どもの安心と希望の実現プロジェクト (すくすくサポート・プロジェクト)」が発足した。このプロジェクトは，児童虐待防止対策とと

もに，経済的に厳しい状況に置かれたひとり親家庭や多子世帯の自立支援の充実を大きな柱のひとつとしている。

戦後70年，"豊かな日本"といわれる一方で，相対的貧困に苦しむ子どもの比率が過去最高になった。近年の研究では，貧困と児童虐待に強い関連性が指摘されており，貧困状態のなかで虐待（とくにネグレクト）を受けているケースは決して少なくない。保育者は，子どもを取り巻く生活に関連するあらゆる事柄にアンテナを張り，広い視野をもって問題の根源を見極め，子ども・子育て支援に臨まなくてはならない。

参考文献
橋本真紀・山縣文治編著『よくわかる家庭支援論（第2版）』ミネルヴァ書房，2015年
新保育士養成講座編纂委員会編『新保育士養成講座第10巻　家庭支援論』全国社会福祉協議会，2015年
児童育成協会監修『基本保育シリーズ⑬　家庭支援論』中央法規，2016年
社会福祉の動向編集委員会編『社会福祉の動向2016』中央法規，2016年
成清美治・加納光子編『現代社会福祉用語の基礎知識　第12版』学文社，2015年
内閣府子ども・子育て本部資料「こども・子育て支援新制度について」2016年

プロムナード

2016年9月，東京都知事に就任した小池百合子氏が「イクボス宣言」を行いました。「イクボス」とは，「イクメン」の派生語で，育児休暇の取得を促すなど部下の育児参加を積極的に支援する経営者や上司のことです。最近では，企業のみならず，自治体の長も続々と「イクボス宣言」を出しています。

一方，2015年度の男性の育児休業取得率は「過去最高」といわれましたが，それでもたったの2.56％でした。ベネッセ教育総合研究所「乳幼児の父親についての調査（2014年版）」では，育児休業を利用しない理由として，回答が多い順に「忙しくてとれない」，「職場に迷惑がかかる」，「特にない（＝取得しないことが当然）」，「前例がない」，「取得しにくい雰囲気がある」などが挙げられました。このような中で男性が思い切って育児休業を取得しようとすると，「奥さんが取ればいいだろう」「取ると評価が下がるぞ」など，いわゆる「パタニティハラスメント（パタハラ）」被害に遭う例が少なくありません。どんなに女性に対する両立支援が充実しても，男性の家事・育児進出に対する支援が同様に充実しなければ，女性の社会での活躍はかないません。本章で触れたように，政府は今年，育児・介護休業法を改正し，その中にマタハラ・パタハラの防止措置を盛り込みました。「イクボス宣言」とともに，両立支援の大きな一歩となることを期待したいところです。

学びを深めるために

萩原久美子『迷走する両立支援』太郎次郎社エディタス，2006年
子育て中の当事者（親）への綿密な取材を経た上で，子育て支援をめぐる制度・政策がかかえるさまざまな課題を提示している書。子育て支援の制度・政策を，親の目線で捉え，学びを深めるのに役立ちます。

第 5 章

多様な支援の展開と
関係機関との連携

1 子育てサービスの概要

(1) 子育て支援サービスの体系

1) 現在の子育ての背景

皆さんは、「子育て」ときくと、どこでどのように行うものと考えるだろうか？ 第2次世界大戦以前は、子育ての担い手は主に家庭であった。図5-1をみてほしい。戦後間もない1953（昭和28）年の平均世帯人員は5.0人である。夫婦の他にも祖父母や複数の子ども（兄弟姉妹）という多人数で生活していたことがうかがわれる。一方、2015（平成27）年になると、2.49人となっている。家族構成の内訳は、単身（26.8％）、夫婦のみ（23.6％）、夫婦と子ども（29.4％）、そのほか（20.2％）となっている。子どもの数も1人（10.9％）が一番多い（図5-2）。社会の高度成長化、都市化などの変化が、家族構成にも大きな影響を与えたのである。このような家族構成の変化（家族の少数化）は、「子育て」の孤立化、「子育て」に対する不安感、負担感などを生み出している。

2) 現在までの子育て支援の経緯

このような状況を政府も放置していた訳ではない。1990年のいわゆる「1.57ショック」を契機に、「エンゼルプラン」（1994年）や「子ども・子育て支援法」（2012年）など、さまざまな取り組みを行っている（図4-1）。しかし、教育費の増加や女性の社会進出などと相まって、子育て支援に対する要求はさらに高まっていった。

> **エンゼルプラン**
> 急速に進行する少子化に対応するため1994年、文部・厚生・労働・（現厚生労働省）・建設（現国土交通省）4大臣合意による総合的な子育て支援のための計画

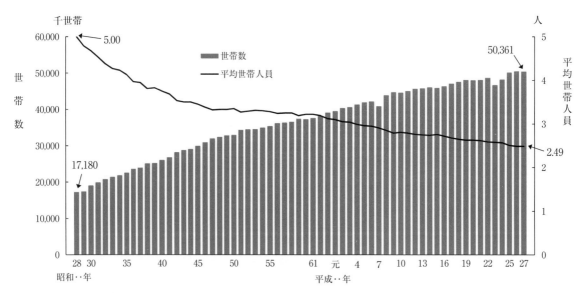

注1) 平成7年の数値は、兵庫県を除いたものである。
 2) 平成23年の数値は、岩手県、宮城県及び福島県を除いたものである。
 3) 平成24年の数値は、福島県を除いたものである。

図5-1　世帯数と平均世帯人員の年次推移

出所）厚生労働省「国民生活基礎調査の概況（平成27年）」

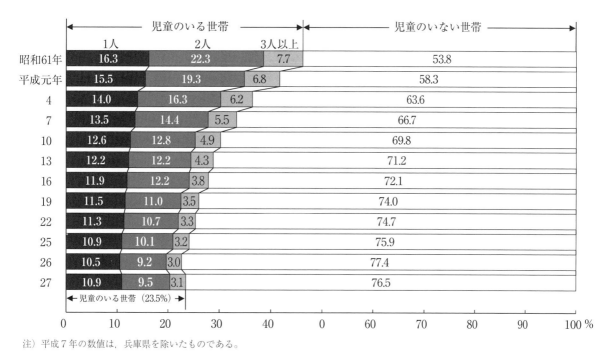

注）平成7年の数値は，兵庫県を除いたものである。

図5－2 児童の有（児童数）無の年次推移

出所）厚生労働省「国民生活基礎調査の概況（平成27年）」

3）子ども・子育て支援新制度の創設

　このような背景を受けて，政府が子育て支援の全体的見直しを行った。これが，平成27年4月から施行されている『子ども・子育て支援新制度』である。この制度は，「子ども・子育て支援法」，「認定こども園法の一部改正」及び「子ども・子育て支援法及び認定こども園法の一部改正法の施行に伴う関係法律の整備等に関する法律」という3法に基づく制度を指す。なお，この法律の主な目的は以下の通りである。

① 施設に対する給付を創設する

　⇒認定こども園・幼稚園・保育所には「施設型給付」，小規模保育所等には「地域型保育給付」を創設した。

② 認定こども園制度を改善する

　⇒幼保連携型認定こども園の改善等を行う

③ 地域の実情に応じた子ども・子育て支援を行う

　⇒利用者支援，地域子育て支援拠点，放課後児童クラブなどの「地域子ども・子育て支援事業」を実施する

　これらを実際に実施する実施主体は「市町村」である。市町村は，管轄の地域の実情を把握した上で，5年間を計画期間とする「市町村子ども・子育て支援事業計画」を策定する。なお，地方を統括する中央組織として，内閣府に「子ども・子育て本部」が設置された。「子ども・子育て本部」の役割は，地方

小規模保育所

保育所は，定員60人以上で認可されることが原則であるが，人口が減少している地方への配慮として，定員30人以上，60人未満の「小規模保育所」が認められた（1968年）。ただし，3歳未満児を定員の3割以上とするなどの一定の基準が設けられた。現在では"人口数，就学前児童数，就業構造等に係る数量的，地域的な現状及び動向，並びに延長保育等多様な保育サービスに対する需要などに係る地域の現状"などを踏まえて保育所を設置できることとなった。つまり，現在の「小規模保育所」は，「子どもの数が少ない」，「都心部の待機児童の解消」など地域の実情を解消するために，「0～3歳未満児を対象とした，定員が6人以上19人以下の少人数で行う」保育を行う保育所を指す。

に対してさまざまなアドバイスを行うことである。なお，どのようなアドバイスを行うかを協議するために，「子ども・子育て会議」が組織された。メンバーは，有識者，地方公共団体，事業主代表・労働者代表，子育て当事者，子育て支援当事者等である。なお，「子ども・子育て会議」は，市町村や都道府県という単位においても，同様の会議を開くことが努力義務とされている。

また，2016年度からは，民間の企業などが主体となって子育て支援を行った場合に助成を行う制度が創設された。企業主導型の保育事業（企業内に独自の小規模保育所を置く・一時預かり保育事業を行うなど）や，ベビーシッター利用者支援事業などがこれに該当する。現在，都心部などでは女性の就労希望の増加にともない，とくに0歳児～1歳児の「待機児童」が減少しづらい状況が続いている。しかし，「保育所」や「こども園」を新設するには都道府県知事の認可が必要であり，多くの時間を要する。一方，このような企業主体の保育事業は認可の必要がないことから，比較的早期に一時保育施設などを開設することができる。企業主体の保育施設では，子どもをわざわざ保育所に送迎する必要がない。主として子育てに携わっている者が病気や都合が悪い時に優先して預かってもらえるなどのメリットがある。また，保護者は授乳などが行え，近くに子どもがいるという安心感をもてる。このような観点から，政府は企業主体の「子育て支援」を推奨しているのである。

4）多様な場で必要とされる子育て支援

それでは，子育て支援は実際にどのような場で実施されているのであろう

保育ママ
両親の就労等のため保育を必要とし，かつ保育所に入所できない，主として3歳未満の乳幼児を対象とする。この乳幼児を保育士などの資格をもつ者が，5人未満を限度として居宅などで保育を取る自治体がある。この通所の施設，または保育者のことを通称して「保育ママ」とよぶ。

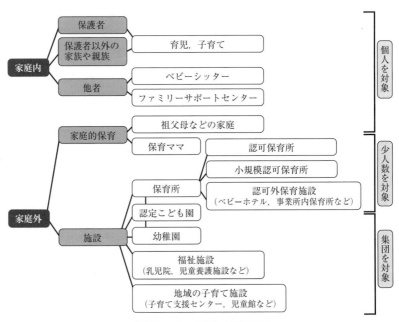

図5－3　多様な保育の場

出所）副島里美『保育原理の基礎と演習』わかば社，2016年，p.54 より一部改変

か？　これをまとめたものが図5－3である。これをみると，子育て支援は，家庭や保育所などの代表的な場所以外にも，多くの実践の場があることが理解できるだろう。

(2) 子育て支援と相談援助
1) 具体的な支援方法

子育て支援は，「全ての子育て中の家庭を対象に」，「地域の実情に応じたサービスを提供する」支援でなければならない。現在行われている支援は表5－1のようになる。

この表をみてもわかるように，現在，子育て支援に関する相談援助事業は，「市町村」などの自治体を中心に，「健診時（妊婦健康診査など）」に「各施設（保育所・幼稚園・乳児院・児童福祉施設・母子生活支援施設・児童館など）」，において行われる。前述したが，このような相談援助はひと昔前までは，家庭や地域で行われることが多かった。しかし，近年のような核家族化，少子化のなかでは，家庭や地域に子育ての先輩（祖父母や兄弟姉妹），友人などが少なくなり，相談も家庭外に求めることが多くなっている。一方，知りたい情報は，パソコンやスマートフォンなどで簡単に収集ができる時代である。しかし，このような情報は大変危険なものでもある。"誰が"，"いつ"，"どのような根拠を持って"発信されたのかが明確でないものが多いからである。そのような意味においても，子育ての専門家（保育者・行政・児童支援員など）が，"客観的で"，"信頼できる"情報を"対面"で"対話"とともに伝えることは大きな意味がある。

近年では，支援の輪も「ファミリーサポート」のように子育て中の親同士や地域の人が一体となって行う支援，企業内保育所のように，企業自体が主となって行うものに広がっている。しかし，このような支援は，手続きが面倒であったり，事前に予約が必要である場合も多い。相談者が，"困ったときに""即時に"相談対応してくれるシステムの構築が直近の課題といえるだろう。

> **保育における「対話」**
> 子どもが能動的に世界にかかわろうとしている力に，まずは耳を傾けること。そうやって子どもが自ら「自分づくり」の闘いに挑んでいる姿に，共感的・応答的にかかわる。そのような形で子どものなかに生成する活動を尊重し，それを丁寧に「受け止めて，切り返す」関係。

2　保育所入所児童の家庭への支援

(1) 保育所の役割と機能

保育所は児童福祉法に定められた児童福祉施設のひとつであり，児童福祉法の執行に必要な「児童福祉法施行令」，「児童福祉法施行規則」及び「児童福祉施設最低基準」によって規定されている。管轄は厚生労働省である。

保育所の目的は，児童福祉法第39条に規定されている。

第5章　多様な支援の展開と関係機関との連携

表5－1　国や地方公共団体が行っている具体的支援

	相談業務	主体（援助者）	事業名など	内　容
市町村の役所・定めた施設・個別訪問など	○	行政窓口	利用者の子育て相談	利用者のニーズに応じて必要なサービスを紹介する。
	○	公共施設，保育所，児童館など	地域子育て相談支援拠点事業	乳幼児を養育中の親子の交流，育児相談，情報提供などを行う。
	○	保健所・病院など担当者	妊婦健康診査	妊娠期に応じて，妊婦の健康状態の把握のために，定期的に行う。内容は，①検査計量，②保健指導（不安や悩みの相談）などである。
	○	保健所・病院など担当者	乳幼児健康診査	母子保健法第12条及び第13条の規定により市町村が乳幼児に対して行う健康診査。乳幼児の病気の予防と早期発見，および健康の保持・健康の増進を目的とする。
	○	保健師や児童委員など	乳児家庭全戸訪問事業（こんにちは赤ちゃん事業）	生後4ヵ月までの乳児がいる家庭を訪問し，個々に求められるサービスの紹介や養育環境の把握を行う。
	○	保健師・助産師・保育士等	養育支援訪問事業	養育支援を必要としている家庭を訪問し，指導助言などを行うことで健全な養育体制を築くことを目指す。
定められた施設・保育所・病院など	○	児童養護施設・母子生活支援施設等	子育て短期支援事業 ※短期入所生活援助（ショートステイ）・夜間養護等事業（トワイライトステイ）	保護者が疾病，疲労などの身体的精神的に養育が困難になったとき，あるいは仕事などで夜間や休日に養育が困難になった，などの緊急の場合に，施設において一時的に養育保護を行う。
	○	幼稚園・保育所・認定こども園など	一時預かり事業	家庭において保育を受けることが一時的に困難になった乳幼児について，主として昼間において保育所，認定こども園，幼稚園，地域子育て支援拠点，そのほかの場所において，一時的に預かり，必要な保護を行う。保護者のリフレッシュなどの理由でも預けることは可能。
	○	保育所・病院など	病児保育事業	乳幼児が病気の状態で集団保育等が困難なとき，病院や保育所などの指定された施設に付設されたスペースで一時的に預かることにより，保護者の子育てと就労の両立を支援する。※自治体によっては，①保育中の乳幼児が体調不良になった場合の預かり，②保育中に体調不良になった乳幼児を看護師などが送迎し，病児保育施設で預かる，などのサービスを実施する地域もある。
家庭・地域	○	一般家庭・地域	子育て援助活動支援事業（ファミリー・サポート・センター事業）	乳幼児や小学生等の児童を有する子育て中の労働者や主婦等を会員として，児童の預かりの援助を受けることを希望する者（子育て中の家庭）とその援助を行うことを希望する者（地域の人々）との相互援助活動である。なお，相互援助の連絡，調整はファミリー・サポート・センターが行う。（例：保育園などへの送り迎えの代替・保護者の病気や急な残業や用事の時に病気の子どもを預かる）
小学校・児童館	○	小学校・児童館・児童福祉施設など	放課後児童健全育成事業（放課後児童クラブ）	保護者が労働等により昼間家庭にいない小学校に就学している児童に対し，授業の終了後等に小学校の余裕教室や児童館等を利用して適切な遊び及び生活の場を与えて，その健全な育成を図る。
企業（独立行政法人や社会福祉法人など）	△	企業内保育施設	企業主導型保育事業	企業主導型の事業所内保育事業を主軸として，多様な就労形態に対応する保育サービスの拡大を行い，仕事と子育てとの両立に資する。（複数の企業での共同設置や地域との共同設置も可能。時間外・休日・一時・夜間などの保育を柔軟に行う）
	△	企業	企業主導型ベビーシッター利用者支援事業	多様な働き方をしている労働者がベビーシッター派遣サービスを利用した場合に，その利用金額の一部，または全部を助成することにより仕事と子育てとの両立に資する。

> 児童福祉法　第39条
>
> 1. 保育所は，保育を必要とする乳児・幼児を日々保護者の下から通わせて保育を行うことを目的とする施設（利用定員が20人以上であるものに限り，幼保連携型認定こども園を除く。）とする。
>
> 2. 保育所は，前項の規定にかかわらず，特に必要があるときは，保育を必要とするその他の児童を日々保護者の下から通わせて保育することができる。

　なお，保育所は「児童福祉施設」であるので，誰でも入所できるわけではない。保護者が何らかの事情で「保育ができない」状態となったために，子どもが「保育を必要としている」状態であると市町村が認定したときに入所することができる。それでは，どのような子どもが「保育を必要としている」と認定されるのだろうか。それは，子どもを養護している保護者が，以下のような状態になっている場合を指す（子ども・子育て支援法施行規則　第1条）[1]。

① 就労（フルタイムのほか，パートタイム，夜間，居宅内の労働など）

② 妊娠，出産

③ 保護者の疾病，障害

④ 同居又は長期入院等している親族の介護・看護

⑤ 災害復旧

⑥ 求職活動（起業準備を含む）

⑦ 就学（職業訓練校等における職業訓練を含む）

⑧ 虐待やDVのおそれがあること

⑨ 育児休業取得中に，既に保育を利用している子どもがいて継続利用が必要であること

⑩ その他，上記に類する状態として市町村が認める場合

　2015年4月から施行されている「子ども・子育て新制度」にともない，保育所に預けることができる要件として，網掛けをしている部分が新たに追加された。これまで，「実際に仕事や介護などで育児ができない状態である」ことが預けることができる要件であった。今回の改正では，仕事を探している，（仕事に就くために）大学や専門学校などで学んでいる，などの状態も認定されるように改正された。また，扶養者からの虐待が疑われる場合など，子どもに対するより一層手厚い保育と保護者を含めた支援が目指されるようになった。

　なお，保育所や認定こども園への入所，及び幼稚園への入園を希望する子どもは，認定の手続きを踏むことになった。子どもは，図5-4の流れにそって，1号認定，2号認定，そして3号認定，という3つに分けて区分される。なお，区分の詳細は表5-2のとおりである。

　2014年10月現在の保育所数は22,992施設，在所児は2,230,552人であり，

第5章 多様な支援の展開と関係機関との連携

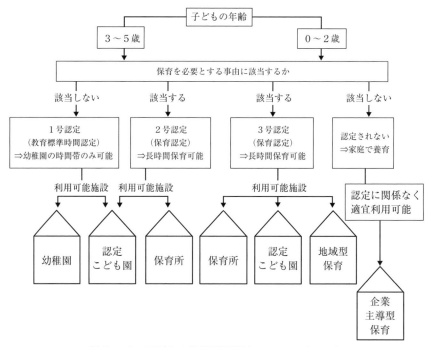

図 5 − 4　子どもの施設利用認定のフローチャート

出所) 内閣府リーフレット「なるほどBOOK」を参考に一部改変

定員に対する在所児の割合は 101.6％ となっている[2]。前年度 (2013 年) の保育所数が 22,584 園であったことと比較すると，若干だが増加している (101.8％)。しかし，現在でも"保育所に預かってほしくても入所できない子ども"が問題となっている。いわゆる「待機児童」といわれている子どもたちである。これらの子どもたちは，国から認可を受けている保育所以外の施設 (認可外保育所

表 5 − 2　施設型給付費等の支給を受ける子どもの認定区分の詳細

認定区分	給付の内容	利用定員を設定し，給付を受けることとなる施設・事業
満3歳以上の小学校就学前の子どもであって，2号認定子ども以外のもの (1号認定子ども) (子ども・子育て支援法第19条第1項第1号)	教育標準時間 (※) 教育標準時間外の利用については，一時預かり事業 (幼稚園型) 等の対象となる	幼稚園 認定こども園
満3歳以上の小学校就学前の子どもであって，保護者の労働又は疾病その他の内閣府令で定める事由により家庭において必要な保育を受けることが困難であるもの (2号認定子ども) (子ども・子育て支援法第19条第1項第2号)	保育短時間 保育標準時間	保育所 認定こども園
満3歳未満の小学校就学前の子どもであって，保護者の労働又は疾病その他の内閣府令で定める事由により家庭において必要な保育を受けることが困難であるもの (3号認定子ども) (子ども・子育て支援法第19条第1項第3号)	保育短時間 保育標準時間	保育所 認定こども園 小規模保育等

出所) 内閣府「子ども・子育て支援新制度について」より抜粋，2016 年

2. 保育所入所児童の家庭への支援

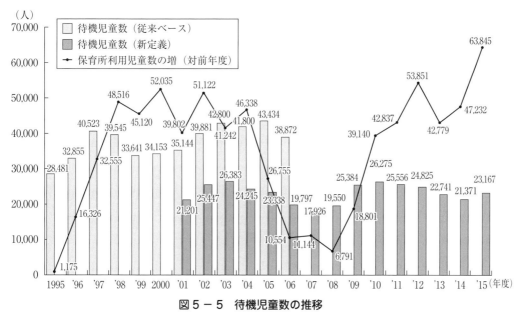

図5-5　待機児童数の推移

出所）森上史朗監修『最新保育資料集』ミネルヴァ書房，2016年

やベビーホテルなど）に預けられることになる。しかし，住まいの近隣に認可外の施設すらない場合もある。また，認可外施設は多くの問題も指摘されている。たとえば，①保育士の数が認可施設よりも少ない体制である，②子どもが過ごせるスペースが狭い，③保育料が割高になる，などである。結果，認可外施設には預けず，家庭で育児を行うことを選択する場合も見受けられる。このような場合，保護者は仕事を辞めなければならない。2012年の待機児童数は24,825人であり，その80％が0～2歳児である[3]。政府はこのような現状を打破しようと，3歳未満児のみを対象とする小規模保育所の設置，幼稚園の幼保連携型認定こども園への移行などを推進しているが，大幅な改善には至っていないのが現状である（図5-5）。

（2）保育所支援の目的と方法

1）保育所保育指針における「子育て支援」

2008年に施行された現在の保育所保育指針には，新しく「保護者に対する支援」が設けられた（第6章）。その筆頭には次のような一文が記載されている。

> 保育所における保護者への支援は，保育者等の業務であり，その専門性を生かした子育て支援の役割は，特に重要なものである。保育所は第1章（総則）に示されているように，その特性を生かし，保育所に入所する保護者に対する支援及び地域の子育て家族への支援について，職員間で連携を図りながら，次の事項に留意して，積極的に取り組むことが求められる。

それではなぜ，このような「保護者に対する支援」が加えられることになっ

たのだろうか？　それは，保護者に対する支援は，子どもに対する支援につながっているからである。たとえば，保護者が子育てに不安を抱き，悩んでいた場合，どのような現象が起こる可能性があるだろうか？　思い通りにならない苛立ちがことばや行動に移行する場合（虐待）や，保護者自身の心理精神的状態の悪化（鬱的状況や心身症など）なども考えられる。保護者がそのような状態になったとき，一番に被害を受けるのは幼い子どもたちである。保護者の支援を行うことは，保護者の精神的なサポート，仕事との両立支援が主たる目的ととらえられることが多いが，実際には子どもの「最善の利益」を保障する行動と大きく関わっているのである。

2）保育所における保護者に対する支援の基本

保育所における保護者支援の基本は以下の7つである。

① 子どもの最善の利益を考慮する

保護者支援の基本には，「どうすれば子どもが幸せになれるか」という視点が含まれていなければならない。保護者への支援だけで終わり，子どもが不利益を被らないように，常に両者（子どもと保護者）の立場を含めて考えていくことが必要である。

② 保護者と喜びを共有する

子育てに関する辛さや喜びに寄り添い，共感することで，保護者は，「子どもや自分のことを理解してくれる人がいる」ことに気付くことができる。このような経験は保護者の気持を前向きにし，意欲や自信につながっていく。また，共に子どもの成長を伝えあい，成長を理解することで，子育ての楽しさが実感できるようになる。

③ 保育士の専門性や保育所の特性を生かす

保育所は地域でもっとも身近な子育て支援に関する施設である。そこには(1) 保育に関する専門的知識技術をもった職員（保育者），(2) 離乳や栄養などの専門的知識をもった職員（栄養士など），(3) 発達や健康などの専門的知識を持った職員（看護師など）が存在する。これらの職員が一体となって保護者支援を行うことでより一層の効果を生み出すことが期待できる。

また，保育所は同じ年頃の子どもが「集団」で生活を共にする場である。このようななかで，子どもは他者に対する関係性について学んでいく。同時に保護者も，保護者同士の交流，相互支援の輪，自主的活動などが広がり，よりよい子育て環境が生み出されることが期待できる。保育者はこのような環境を整えることも重要な責務である。

④ 保護者に状況に応じた支援

保護者は，さまざまなニーズ（困りごと）をもっている。それは生活のスタイルによって異なる個別的なものである。たとえば子育てのこと，経済的なこと，家族のこと，などである。保育者は常に保護者の立場にたって，保護者が

心身症

心理的，社会的な要因あるいは環境に対する不適応から精神的なストレスが増加し，それが原因となっておこるさまざまな身体の疾患を指す。代表的な疾患としては過敏性腸症候群，胃潰瘍，月経不順などがある。

どのようなニーズをもっているかを適切にとらえ，支援していくことが必要である。

しかし，保育者はあくまでも「子育て」の専門家であり，保護者のすべてのニーズに応えられるとは限らない。保育者に求められることは，保護者のどのようなニーズに対しても，耳を傾け（傾聴），共感し，受容していくことである。その上で，保育者の専門としてのニーズであるならば，保護者と共に考えていく。一方，自分の専門外の事柄については，連携の機関につなげていくことが大切である。

保育者の職務は「保護者を支援すること」である。たとえば「障がいがあるなど，特別な支援を必要としている子ども」の支援を保護者が望んでいる場合，"障がいがあってもよりよく生活できる方法"を共に考えていく。決して，"障がいを治療すること"が保育者の支援の目的ではない。子どもがよりよい生活を送ることが，保護者のよりよい生活につながっているのである。

⑤ 保護者の自己決定を尊重する

人はそれぞれ異なった「価値観」をもっている。保護者の役割は，保護者が個々にもつ価値観を変えることでも自分の価値観を押し付けることでもない。また，「他の保護者はこうだった」という他者の事例や，「一般的には○○である」というような一般論を述べることでもない。

保育者の役割は，「カウンセリングマインド」の心をもって保護者に寄り添うことである。つまり，保護者のニーズを理解し，共に考えていくなかで，保護者自身が自分の考えの方向性を見直し，修正できるように支援していくことである。このとき保育者は，保護者が安心して自分の考えを表現できるような雰囲気を作ることが必要である。決して指示的になったり誘導的であってはならない。保護者が自己決定した事柄を支持し，尊重していくという姿勢を伝えることが大切なのである。その上で保育者は，保護者が自分で決めた（自己決定した）支援を行うにはどのような方法や内容があるかを共に考えていきたい。

⑥ 秘密保持・プライバシーの尊重

保育所は児童福祉施設として，子どもや保護者に関するたくさんのプライベートな情報が管理されている。氏名や住所はもちろん，入所の際に必要な，保護者の収入や職場の情報なども集約されている。

このような情報を守秘するために，児童福祉法第18条の22項では，「保育士は，正当な理由がなく，その業務に関して知り得た人の秘密を漏らしてはならない。保育士でなくなった後においても，同様とする。」と厳しく定められている。また，第61条の2項では，違反した場合の罰則も定められている。

保護者支援における相談・助言では，子どもや保護者の重要な個人情報を取り扱う機会も多い。保育者は倫理観をもって，これらの情報の取り扱いに十分な配慮を行う必要がある。

傾聴

アメリカの心理学者C.ロジャーズが提唱した心理療法の技法のひとつ。相手の話を積極的に関心をもって注意深く聞く技術。従来の指示的な療法とは異なり，相手の感情をそのまま受け止める。

カウンセリングマインド

カウンセリングを行うときに大切にされている「考え方」をいい，またその考え方を日常的な人間関係のなかで生かそうとすることをいう。カウンセリング関係では，目的のために，日常的な人間関係とは異なる関係をクライエントとの間で意識的にもつことになる。温かい信頼関係に満ちた必要かつ望ましい「姿勢，態度，心構え」に基づいた関係であり，その中核をなすのは「受容的で，共感的な理解的態度」である。その態度は人間関係を成立させ，相手とともに歩むための必須条件といえる。カウンセリングマインドは，カウンセリングだけでなく，保育・教育・医療・福祉などの現場においても，広く重視されるようになってきている。

しかし，虐待の疑いがあるなど"子どもの最善の利益"に反する可能性がある場合は，児童相談所などに「通告する義務」がある。つまり，生命をおびやかす行為をはじめとして，個人情報よりも上位に優先される事由も存在するのである。よって，保育者一人ひとりが研修などの自己研さんのなかで「情報の取り扱い」に対する意識を高めるとともに，園内での「マニュアル」を徹底し，すべての教職員が共通した認識をもつことが求められる。

⑦ 地域との連携・協力

園は，子育て支援の一番身近な施設であり，その中核を担っている。しかし，保育者の役割は，強制的に保護者の行動を変化させることや治療を行うことではない。カウンセリングマインドに即した支援を行うことが必要なのである。そのためには，保育者は，保護者の現在の状態を受け入れ，把握することが必要となる。

一方，保護者との関係性が親密になるにともない，保護者が発する相談内容には，さらに専門的な対応が必要なものが含まれるようになる。このようなときは，保育者は「自分だけ」あるいは「自分の園だけ」で解決しようとしてはならない。地域の適切な機関（施設）に"つなげる"ことが重要なのである。この意味からも，保育者には地域の関係機関の役割や機能をよく理解し，連携や協力体制を整えるという役割がある。

たとえば虐待に対しては児童相談所，発達に関しては保健センターや発達センターなどがあげれる。そのほかにも，福祉事務所，市町村相談窓口，市町村保育担当部局，児童委員・主任児童委員，教育委員会等とチームを組んだ保護者支援が大切なのである。

（3）保育所支援の基本と特徴

次に，実際の保育所における支援をどのように行っていくべきなのかを考えていく。

1）気軽に相談できる環境を整備する

近年は，PCやスマートフォンなどの普及にともない，さまざまな情報に溢れている。私たちが何かを調べたいときに，まず行う方法もこのような情報機器を使った「検索」ではないだろうか。しかし，調べた内容は，すべてが「正解」とは限らない。また，子どもの発達に関するような個人差が大きい事柄に関しては，「書いてあることは正しいが，この子には当てはまらない」ことも多い。しかし，近隣に子育ての心配事を相談できる人がいない保護者は，このような間違った情報に振り回されることが多く，結果，「子育て不安」に陥ることも多い。保育者は，子育てに困難を感じている，悩んでいる，などの保護者に対して，専門性を生かした相談，助言，保育指導を行うことが大切である。そのためには，保護者が気軽に相談できる環境を作ることが必要である。近年

保育指導

保育の専門性を有する保育士が，保育に関する専門的知識・技術を背景としながら，保護者が支援を求めている子育ての問題や課題に対して，保護者の気持ちを受け止めつつ，安定した親子関係や養育力の向上をめざして行う指導を指す。つまり，子どもの養育（保育）に関する相談，助言，行動見本の提示その他の援助業務の総体である。

では，一定の時間内，園を開放し，親子が自由に保育所内の遊具や絵本などで遊べる場を設けている園も増えている。また，オープンカフェ的な雰囲気のなかで，保護者同士，あるいは保護者と保育者が「語り合えるスペース」を設置している園もある。このような取り組みを行うことで，保護者のなかに，"園は悩みをいつでも相談できる場である"という意識が芽生えてくる。まずは，「相談」のハードルを下げる工夫を行うことが大切である。

2）保護者の相談に寄り添い，誠実に対応する

誰かに「相談」を行うことは，勇気が必要である。"こんなこと聞いてもいいのだろうか？"，"こんなこともわからないのかと笑われないだろうか"など相談する者は思うものである。保育者はそのような保護者の心に寄り添い，どのような小さな相談事にも誠意をもって聞き，受け止め，答えていくことが大切である。とくに相談の初回は重要である。相談が保護者の納得がいく結果で終われば，"また相談しよう"という気持ちになる。そして，このような，"相談してよかった"という気持ちは，他の保護者にも波及していくことが考えられる。

3）園で対応がむずかしいときは他連携機関につなげていく

前述したように，保護者の相談のなかには，特別な専門性を必要とする内容が含まれる時がある。そのような場合は，個人や園内だけで解決しようとせずに，地域の連携機関（施設）を紹介することも必要である。しかし，場所が遠方になった，新しい担当者と相性が合わない，などの理由で継続して相談を受けることがむずかしい事象も生じることがある。保育者は，紹介をしたことで終わらず，その後のアフターフォローを含めて見守っていく姿勢をもつことが必要であろう。

（4）保育所における家庭支援の具体的技術

次に実際に相談を受けた時の保育者の基本的な姿勢を示す。

1）非言語的コミュニケーションに関して

・笑顔と表情⇒「待っていました」「なんでも話してください」という雰囲気を伝える。

・視線とうなずき⇒相手が嫌がらない程度に視線を送り，話の間にはうなずきなどを入れることによって，「聞いています」という態度を示す。

・姿勢⇒相手の方に体を向ける。なお，目の前にいると，緊張度が増し，話しにくくなる場合がある。そのような時は，斜め前に場所を移す。

・聞く態度⇒最後まで聞く（話の腰を折らない）。

2) 言語的コミュニケーションに関して

・ことばの「抑揚」,「言い回し」,「強弱」,「早さ」などに気を付け,相手が聞きやすい雰囲気を作る。
・敬語を正確に使う。
・保護者の言いたいことを客観的に分析し,「○○ということでしょうか？」などと相手に確認する。
・文章で伝えるときは,「簡潔に」,「具体的に」,「相手の立場に立って」。
・保護者自身の話にまとまりがないときは,適切な時に適切な「質問」を行うことで,保護者自身が「自分の気持ち」に気付けるようにする。とくにクレームなどの時は,"怒り"などの感情が先にたってしまう場合がある。ゆったりとした雰囲気のなかで相手のことばを受け止め,「何を」「どうしたいのか」,また「どうしてほしいのか」を整理できるように促す。

(5) 保育所における家庭支援の事例

1) 3歳になっても「オムツ」が取れないA男君（3歳児／5月）

> A男君は1歳児から入園している。家庭では2歳半になったころからトイレット・トレーニングを始めているとのことであった。しかし,3歳児クラスになっても「オムツ」が取れず,無理に「パンツ」にすると時々おもらしをしてしまうことがある。他児の多くがすでに「パンツ」になっていることから,発達に問題があるのではないかと保護者から相談を受けた。

トイレット・トレーニングは,「継続性」と「感情」がキーワードである。このことを保護者に伝え,家庭でできる方法を一緒に考えていく必要がある。保護者に対しては,以下のような提案が考えられる。

・排尿をしたいような態度がみられたら,トイレに誘うことを試みる（夢中になっている時など,トイレに行くタイミングが理解できていない）。
・"トイレは怖いところではない"ことを子どもが感じ,楽しんで行ける工夫を考える（子どもが好きな絵を貼るなど）。
・トイレが成功したときは,思い切りほめる（成功体験の積み重ね）。

しかし,仕事などで多忙な保護者は,トイレット・トレーニングを継続的にできないことも考えられる。そのような時は,"できる時だけでいいこと",
"一緒に続けていきたい"ことを伝えていくことが必要である。

園では,できるだけ"膀胱に尿が溜まっているとおもわれるとき"をねらってトイレに行く声掛けをしていく。また,他児が排尿している姿をみることによって"トイレでするコツ"を見て学べることも園のメリットである。なお,ある程度の尿意の感覚が芽生えてきたときには,失敗を恐れずにパンツに切り替えていくことも必要である。保護者には,排尿の成功体験や失敗体験の繰り

返しによって，自立できるようになっていくことを伝える。

　オムツからパンツへの切り替えは，保護者にとってはナーバスになる事柄のひとつである。しかし，決まった時間にトイレに座らせる，失敗したときに叱る，などの行為は，子どもに恐怖心を与えるだけで，トイレの自立にはつながらない。しかし，一定の時間にトイレに座らせた時には排尿できなかったのに，その後すぐにおもらしをしてしまうなどの状態が続くと，保護者の苛立ちはつのるばかりである。そしてこのような，保護者の苛立つ気持ちは子どもに伝わるため，子どもが排尿に強迫的な感情を抱くことも少なくない。

　保育者は，"そんなに心配することはない"，しかし"じっくりと取り組んでいきたい"ことを伝えるとともに，園ばかりに任せるのではなく，無理のない範囲で"家庭でも連携してほしい"という「共に育む」姿勢が大切であることを根気強く伝えていきたい。保護者には，常に気持ちに寄り添ってくれるという安心感のなかで子育てができる環境が必要なのである。

2）いつもひとりで遊んでいるＢ子ちゃん（5歳児／4月）

> 　園でいつも絵本を読むなど静かに遊んでいるＢ子ちゃん。
> 保護者から，「公園などに行った時に他児と一緒に遊ぼうとせず，ひとりで遊んでいることが多い。園ではどうでしょうか？なぜお友だちと遊ぼうとしないのでしょうか？」と相談を受けた。

　遊びは成長によって変化していく。最初は，周囲の友だちを①「傍観」することから始まり，②「友だちの近くで遊ぶ」，③「友だちを真似る」，④「友だちと一緒に遊んでいるようで，実際は自分がしたいことをひとりで遊んでいる」などの経験を経て，初めて⑤「友だちの気持ちを理解しながら遊ぶ」ことができるようになる。5歳児の最初であれば，④あるいは⑤の初期の段階であることも考えられる。まだまだ「友だちの気持ちを思いやって」遊ぶことはむずかしい。しかし，このころには，「友だち」と一緒に遊びたいという欲求を多くの子どもがもっている。それではどうして遊ぼうとしないのだろうか？　このようなときは，まずは家庭での状況を確認したい。

　確認したい事柄は3点である。第一は，「睡眠」や「食事」などの生活習慣のリズムの状態である。睡眠や食事などのリズムが崩れている場合は，「遊び」に対しても意欲が低下していることが考えられる。また，体力的低下も考えられる。このような場合は，まずは正しい生活習慣を確立することを助言としてあげたい。第二に家庭ではどのような遊びを行っているのか，何に興味をもっているのか，を把握することである。いつも家のなかでひとりで，あるいはゲームなどで遊んでいる場合は，外でどのように遊んだらいいのかを理解していない，外に興味がある遊びがない，などの状態であるかもしれない。このような場合は，「友だち」に興味がないというよりは，「遊び」に興味がないとい

える。このような時は，"友だちと一緒にいることの心地よさ"が体感できるような環境（場）の構成を考えていきたい。第三としては，「友だち」に興味はあるが，「どのように遊び（仲間）に入っていいのかがわからない」状態ではないのか？という事柄である。このような場合は，園で「遊ぶ」体験を多くするなかで，「遊ぶ」楽しさ，そして「友だちと遊ぶ」面白さを感じることができる機会を構成していきたい。面白さを実感できれば友だちと関わる機会も増えていくことが期待できる。保護者には，"経験を積むこと"の大切さを伝え，見守っていくことも提案したい。

　一方，「ひとりで遊ぶこと」にこだわりをもつ子どもも存在する。本事例のBちゃんも「絵本」が大好きである。しかし，それが過度のこだわりである場合や，そのほかの生活の場面で「こだわり」や「パニック」などの行動がみられる場合は，「自閉症スペクトラム」などの障がいも考えられる。保育者は園内外の生活に注視し，注意深く見守ることが必要である。また，家庭の生活においても，発達の凹凸が見られる場合は，園内で協議のうえ，専門の機関を紹介するなどの配慮が必要な場合もあるだろう。

自閉症スペクトラム

　2015年に改訂された，DSM-5においては，以下のような特徴的な症状をもつ障がいであるとされている。①社会的コミュニケーションおよび相互関係における持続的障害（他者と良好なコミュニケーションがとれない），②限定された反復する様式の行動，興味，活動（著しい固執・こだわり，衝動性，多動，あるいは感覚過敏など）。

　原因は脳の器質的な損傷が考えられている。このような特徴を持った子どもは，失敗体験の繰り返しから，自尊感情も低くなりがちである。また，保護者は「障がい受容ができない」，「子育てにくさを感じている」場合も見受けられる。保育所は，「保護者に共感的に寄り添う」中で信頼関係を築き，共に子どもを育んでいこうとする態度で接することが求められる。

---

3 地域の子育て家庭への支援

（1）地域における子育て支援の意義と役割

1）保育所における在園児以外を対象にした子育て支援

　「保育所保育指針」では，第6章の3において，「地域における子育て支援」を次のように規定しています。

---

(1) 保育所は，児童福祉法第48条の3の規定に基づき，その行う保育に支障がない限りにおいて，地域の実情や当該保育所の体制等を踏まえ，次に掲げるような地域の保護者等に対する子育て支援を積極的に行うよう努めること。

　ア 地域の子育ての拠点としての機能
　　（ア）子育て家庭への保育所機能の開放（施設及び設備の開放，体験保育等）
　　（イ）子育て等に関する相談や援助の実施
　　（ウ）子育て家庭の交流の場の提供及び交流の促進
　　（エ）地域の子育て支援に関する情報の提供
　イ 一時保育

(2) 市町村の支援を得て，地域の関係機関，団体等との積極的な連携及び協力を図るとともに，子育て支援に関わる地域の人材の積極的な活用を図るよう努めること。

(3) 地域の要保護児童への対応など，地域の子どもをめぐる諸課題に対し，要保護児童対策地域協議会など関係機関等と連携，協力して取り組むよう努めること。

園は，地域において子育ての専門家が常に在勤する，もっとも「安全・安心な場」である。つまり，地域の中核的な子育て支援施設としての意味をもつ。この意味からも，在園児のみならず，地域の保護者に対する支援を行うことが義務づけられており，以下のような活動が行われている。

（2）地域における子育て支援事業の内容

1）地域子育ての拠点活動

① 施設の開放（遊び場の提供），② 子育てに対する相談援助活動，③ 子育て中の保護者の交流促進，④ 子育て支援に対する情報提供，などの活動を行う。たとえば，施設を開放して施設内の絵本や遊具を自由に遊べる機会を設定する，園長や専門家による「子育てに関する講習会や講演会」（ベビーマッサージ・親子のふれあい遊び・離乳食講座など）を実施し，親子のふれあいを通じて子育て不安の軽減や虐待の防止を図る，「子育てカフェ」などで，子育て中の保護者が自由に交流できる場を設定し，悩みの共有を図る，などの試みが行われている。

2）一時預かり

一時預かりとは，「日常生活上の突発的な事情や社会参加などにより，一時的に家庭での保育が困難となった乳幼児を保育所等で一時的に預かる」ことを指す。詳細は表5－3の通りである。一時預かりで子どもを預けられるかどうかの可否は，いわゆる「保護者の認定基準」に沿うものではない。保護者の急な出張や残業，学業や病気などの事象はもちろん，リフレッシュ（美容院に行きたい・趣味に時間を費やしたい）などの理由でも預けることができる。

3）保育所以外での子育て支援活動

① 「地域子育て支援拠点事業」

乳幼児の育ちは，家庭生活を基盤にしながら，同世代同士の子どもたちの関わりはもちろん，さまざまな世代間や人びととの交流を通して形成されていく。この目的を実現するために，2009年から「地域子育て支援拠点事業」が展開されている。2016年に厚生労働省が発表した「平成27年度 地域子育て支援拠点事業実施状況」においては，一般型 6,134ヵ所，連携型 684ヵ所，合計 6,818ヵ所において事業が実施されている。

② 「地域子育て支援拠点事業」の機能と役割

地域における子育て支援は，ただ単に「場所」を提供するだけでは成り立たない。実施主体者が親子に寄り添い，以下に準じた質の高い実践を行うことが求められる。

ベビーマッサージ

首がすわりはじめた乳幼児に行うマッサージの総称。筋肉の発達や関節の柔軟性により，均整の取れた姿勢が作られることで，身体のストレスの解放につながるとされている。また，こどもとその扶養者の愛情の促進，皮膚を刺激することで免疫が高まり，病気への抵抗力がつく，などの効果もあるとされている。

親子の学びの場	分け隔てなく支援する	親子の力を引き出す
支援者は利用者が気兼ねなく利用できる関係を構築するとともに、情報提供や地域の人びととの交流を促す。このような機会を通じて親子が共に成長できる学びの場であることを保障する。	誰にとっても身近な相談相手であり、理解者であるように努める。また、利用者同士、世代や立場を超えたさまざまな人びととの交流や支援を促すことで、地域全体での支援を目指す。	親子の「成長する力」を信じる。そのためには、とくに親が自己肯定感を高め、子どもや子育てに向き合う余裕を回復する過程を重視する。また、さまざまな活動のなかで親子が成長する機会を提供する。

リトミック

スイスの作曲家・音楽教育家であるエミール・ジャック＝ダルクローズによって考案された音楽教育方法。身体活動を通じて音楽や運動のリズムを感じとることを基本としている。リズム運動、ソルフェージュ、即興演奏の3つのカリキュラムを相互に関連させながら行うことで、音楽的能力の発達のみならず、人間の心身の調和を目指した。日本には大正初期に導入され、現代の幼児教育の現場でも広く実践されている。

③ 「地域子育て支援拠点事業」の概要

地域子育て支援事業は、「一般型」と「連携型」に大別する。詳細は表5-4の通りである。

④ 「地域子育て支援拠点事業」の実施内容

地域子育て支援事業は、公共施設や学校、保育所、児童館などで実施されている。利用者同士の語り合い、講師を招いてリトミックやベビーマッサージを行う、親子のふれあい遊びの実施、地域のお年寄りを招いて伝統遊びに興じる、自然を感じる活動、などさまざまな実践が行われている。

表5-3　一時保育の分類

型	一般型	幼稚園型	余裕活用型	居宅訪問型	地域密着型Ⅱ型
対象児童	主として保育所、幼稚園、認定こども園等に通っていない、又は在籍していない<u>乳幼児</u>	主として幼稚園等に在籍する満3歳以上の幼児で、教育時間の前後又は長期休業日等に当該幼稚園等において一時的に保護を受ける者	主として保育所、幼稚園、認定こども園等に通っていない、又は在籍していない<u>乳幼児</u>	以下の要件に該当する者 ▼障害、疾病等の程度を勘案して集団保育が著しく困難であると認められる場合 ▼ひとり親家庭等で、保護者が一時的に夜間及び深夜の就労等を行う場合 ▼離島その他の地域において、保護者が一時的に就労等を行う場合	乳幼児
実施場所	保育所、幼稚園、認定こども園、地域子育て支援拠点又は駅周辺等利便性の高い場所など	幼稚園又は認定こども園	保育所、認定こども園、家庭的保育事業所、小規模保育事業所、事業所内保育事業所において、利用児童数が定員に満たない場合	利用児童の居宅	地域子育て支援拠点や駅周辺等利便性の高い場所など
設備基準	「児童福祉施設の設備及び運営に関する基準」に定める保育所の基準に準じて行う。			—	「児童福祉施設の設備及び運営に関する基準」に定める保育所の基準に準じて行う。
職員配置	乳幼児の年齢及び人数に応じて保育従事者等を配置し、そのうち保育士等を1/2以上。保育士等以外の保育従事者等は研修を修了した者。保育従事者等の数は2名を下ることはできないが、保育所等と一体的に実施し、当該保育所等の職員による支援を受けられる場合には、保育士等1人とすることができる。※一般型については、1日当たり平均利用児童数が3人以下の場合には、家庭的保育者を保育士とみなすことができる。 ※幼稚園型については当分の間保育士等の配置の割合、保育士等以外の教育・保育従事者の資格について緩和措置あり。			研修を修了した保育士、家庭的保育者又はこれらの者と同等以上と認められる者。ただし、家庭的保育者1人が保育することができる児童の数は1人とする。	担当者のうち、保育について経験豊富な保育士を1名以上配置。担当者は2人を下ることはできない。保育士以外の担当者は、市町村が実施する研修を修了していること。
基幹型加算	休日等の開所、及び1日9時間以上の開所を行う施設に加算。				

出所）内閣府「子ども・子育て支援新制度について『一時預かり事業について』」2016年4月より抜粋。一部筆者改変（下線は筆者による）

表5－4　地域子育て支援拠点事業の概要

	一　般　型	連　携　型
機能	常設の地域の子育て拠点を設け，地域の子育て支援機能の充実を図る取組を実施	児童館等の児童福祉施設等多様な子育て支援に関する施設に親子が集う場を設け，子育て支援のための取組を実施
実施主体	市町村（特別区を含む）・社会福祉法人，NPO法人，民間事業者等への委託等も可	
基本事業	①子育て親子の交流の場の提供と交流の促進 ②子育て等に関する相談・援助の実施 ③地域の子育て関連情報の提供 ④子育て及び子育て支援に関する講習等の実施	
	①～④の事業を子育て親子が集い，うち解けた雰囲気の中で語り合い，相互に交流を図る常設の場を設けて実施	①～④の事業を児童館等の児童福祉施設等で従事する子育て中の当事者や経験者をスタッフに交えて実施
実施形態	・地域の子育て拠点として地域の子育て支援活動の展開を図るための取組（加算）一時預かり事業や放課後児童クラブなど多様な子育て支援活動を拠点施設で一体的に実施し，関係機関等とネットワーク化を図り，よりきめ細かな支援を実施する場合に，「地域子育て支援拠点事業」本体事業に対して，別途加算を行う ・出張ひろばの実施（加算）常設の拠点施設を開設している主体が，週1～2回，1日5時間以上，親子が集う場を常設することが困難な地域に出向き，出張ひろばを開設 ・地域支援の取組の実施 （加算）①地域の多様な世代との連携を継続的に実施する取組 ②地域の団体と協働して伝統文化や習慣・行事を実施し，親子の育ちを継続的に支援する取組 ③地域ボランティアの育成，町内会，子育てサークルとの協働による地域団体の活性化等地域の子育て資源の発掘・育成を継続的に行う取組 ④家庭に対して訪問支援等を行うことで地域とのつながりを継続的に持たせる取組利用者支援事業を併せて実施する場合は加算しない	・地域の子育て力を高める取組の実施 （加算）拠点施設における中・高校生や大学生等ボランティアの日常的な受入・養成の実施
従事者	子育て支援に関して意欲があり，子育てに関する知識・経験を有する者（2名以上）	子育て支援に関して意欲があり，子育てに関する知識・経験を有する者（1名以上）に児童福祉施設等の職員が協力して実施
実施場所	公共施設空きスペース，商店街空き店舗，民家，マンション・アパートの一室，保育所，幼稚園，認定こども園等を活用	児童館等の児童福祉施設等
開設日数等	週3～4日，週5日，週6～7日／1日5時間以上	週3～4日，週5～7日／1日3時間以上

出所）厚生労働省「地域子育て支援拠点事業」より筆者一部改変

4　要保護児童及びその家庭に対する支援

（1）要保護児童とは

　要保護児童とは，児童福祉法に基づき保護を要すると定められた児童のことである。

　2004年の児童福祉法改正で，児童虐待の早期発見と早期支援を目的とした要保護児童対策地域協議会の設置が努力義務化されたが，現在ほとんどの市町村で設置されている。改正により，児童相談所に集中している相談業務が各市町村に移行され，児童相談所は主に要保護性の高い困難事例を中心に扱うこととなった。これまでの児童虐待防止対策は，児童相談所のみで対応していたが，児童虐待防止法及び児童福祉法の改正で，市町村も虐待の通告先となり，市町村と児童相談所との二層構造で対応する仕組みとなっている。

　児童虐待の早期発見と早期支援，再発予防のためには，子どもとその家族に関わるすべての機関や関係者が協働して対応することが必要で，そのために要

第5章　多様な支援の展開と関係機関との連携

要保護児童対策
地域協議会

　児童虐待の早期発見や防止のため，虐待を受けた子どもをはじめとする要保護児童等に関する情報の交換や支援内容の協議を地域ごとに行うためのもの。構成員は児童相談所や市町村の児童福祉関係者，医療機関や保健医療関係者，警察や司法関係者，人権擁護委員等と多岐にわたっている。

保護児童対策地域協議会を活用した取り組みが重要となっている。

　児童福祉法第1条に示されているように，すべての子どもは心身ともに健やかに生まれ，等しく生活を保障され，愛情のなかで育つ権利を有している。このように児童福祉法では，子どもは保護者と社会が連携して育成していく責任を負うことが謳われている。つまり，子どもは地域や学校，行政等と家庭との連携のなかで，保護者から愛護を受けて育つことが保障されている。しかし，実際は，さまざまな事情により家庭からの適切な養護を受けられずにいる子どもも多い。

　児童福祉法第6条の3第8項では，保護者，または現に監護している者がいない，もしくは環境上虐待等の理由により保護者に監護させることが不適当であると認められる児童を要保護児童としている。

　具体的には，①保護者がいない，②保護者から虐待を受けている，③保護者の経済的困難，身体及び精神の疾病，母親の出産等で適切な養育が受けられない，④心身の発達に障害がある，⑤社会適応行動に問題のある等の子どもを要保護児童としている。

（2）要保護児童並びにその家庭に対する支援の事例

1）保育所における家庭支援

　保育所保育指針解説では，「保育現場は子どもの心身の状態や家庭での生活，養育の状態等が把握できる機会があるだけでなく，保護者の状況等も把握することが可能である。保護者からの相談を受け，支援を行うことにより，虐待発生の予防的機能も可能にする」[4]とし，子どもと多くの時間関わる保育士が，要保護児童にあたる子どもを発見し家庭に対する支援の重要性を強調している。

　子どもの保護者に対する支援は，要保護児童とその家庭に限らず，保育所や幼稚園の日々のコミュニケーションでも行われている。たとえば，朝夕に笑顔で挨拶することや保育所での子どもの様子を伝えること，たわいのないおしゃべりなども保護者の疲れを癒すものである。もちろん，家庭内に大きな問題を抱えている人の場合，簡単にはいかないかもしれない。それでも，保育者と子どもが保護者を笑顔で迎えることができれば，ほんの少しでも安堵を与えることになる。保育現場で保育に携わる者は，日々の何気ないコミュニケーションが保護者への支援となることを忘れてはならない。

2）事例からみる家庭支援のあり方

　ここでは，事例を紹介しながら家庭支援のあり方を検討する。

> 「お父ちゃんがお母ちゃんをぶった」　　　3歳児　M子
>
> 　M子は，2歳で入園してきました。入園してきたころから母親とのひとり親家庭でしたが，M子が「お父ちゃん」とよぶ男性の存在がありました。この男性はM子の実父ではないようですが，2人と同居している様子がうかがえます。しかし，母親に尋ねても「結婚はしてません」と，あくまでも"ひとり親家庭"ということを通すためか，それ以上のことは聞くことができませんでした。
>
> 　ある暑い夏の日，プール遊びをするために子どもたちが水着に着替えているとき，担任保育士がM子の背中に青いあざを見つけ，M子に「どうしたの？」と聞くと「お父ちゃんがぶった。お父ちゃん，お母ちゃんのこといつもぶつ」と教えてくれました。M子にこのようなあざができたのは，これまでの園生活のなかで，おそらく初めてのことでしたが，「お父ちゃん」が母親に暴力を振るうことは以前からあったように感じられました。

　M子の事例では，不自然なところに青あざができていたり，「お父ちゃんがお母ちゃんをぶった」とM子から訴えてきたりしていることから，同居していると思われる男性が暴力を振るっている可能性が非常に高いといえる（虐待を受けている子どもの特徴については，表5-5を参照[5]）。しかし，母親にそれとなくM子の青あざについて聞いても，「どこかでぶつけたんでしょう」とさらっとかわされてしまう状態であった。「困っていることがあったら相談してね」「M子ちゃん，お父ちゃんと遊んだって教えてくれたよ」などと切り出しても「そうなんですかあ」と，それ以上のことはまったく話そうとせず，家庭内のことには触れて欲しくないという様子がはっきりしていた。しかし，放置していれば，M子や母親の生命の危険や心身の障害の発生にもつながる恐れもあるので，保育所全体で踏み込んででも親子を支援しなければならない。まさしくM子は要保護児童で，緊急な対応が迫られる事例といえる。この事例では，まず，母親と所長，担任保育士とで面談を数回行い，家庭内の様子を聞いて虐待の疑いをもった保育所が，市町村に通告し適切な対応を取った。M子に対しては，着替えを手伝うなどしてケガ等の有無をさりげなく確認した。

　児童虐待等の要保護児童に関して保育所側ができる支援として，以下が考えられる。

①　虐待を受けているか，その疑いがある子どもに気づく（早期発見）

②　虐待を受けているか，その疑いがある場合は，必ず記録を取る

③　市町村や児童相談所へ通告する

④　緊急性のある場合か適切に判断する

⑤　必要な関係機関（児童相談所・保健センター・子ども家庭支援センター等）につなげる

　この他，保育所が子どもや保護者に対して直接的に行える支援もある。たと

表5-5 保育所でみる虐待されている子どもの特徴

身体的な特徴	・体重の増加がない。 ・不自然な外傷（打撲，あざ，火傷）が常時，あるいは時々見られる。 ・お尻がいつもただれていて，同じ服装で何日も過ごすなど清潔感がない。また，季節にそぐわない服や薄汚れた服を着たり，他の兄弟の服と極端に違ったりする。
行動上の特徴	・語りかけられても表情が乏しく，笑わない，視線が合わない。 ・給食の時，食欲がなかったり，何回もおかわりを要求したりすることがある。（過食） ・おびえたような泣き方で，抱かれると離れたがらず不安定な状態が続く。 ・ささいなことに反応し，感情の起伏が激しく，パニックを起こしやすい。 ・嘘をつきとおそうとし，自分を守ろうとする。 ・物に執着する。 ・おもちゃなど集めて人にかさない。また，友だちや保育所の物を隠したり，かばんに入れたりする。
対人関係における特徴	・用がなくても保育士のそばを離れたがらずべたべたと甘えてくる。 ・親が迎えに来ても，無視して帰りたがらない。 ・わざわざ怒らせるようなふるまいをする。（叱られてもコミュニケーションをとろうとする） ・イライラ感，不安感がありいつも情緒が不安定である。 ・自分に対して自信がなく，いつもオドオドしている。 ・家庭で虐待されているストレスから，弱い者へ暴力をふるう。 ・人なつっこい，抱っこをもとめるとやまない。（底なしの愛情要求） ・こだわりが強い。

出所）保育と虐待対応事例研究会編『子ども虐待と保育園―事例研究と対応のポイント』ひとなる書房，2004年

えば，子育ての負担軽減のために子育ての方法や技術を伝えながら，その際に保護者の悩みを聞く。また，悩みに応じて専門機関の活用の仕方を知らせるなど，日頃から保護者とコミュニケーションを取り信頼関係を築くことが必要となる。保護者支援は，子どもの最善の利益を考慮し，子どもの福祉を重視した支援でなければならない。

（3）児童虐待とその防止策

1）児童虐待とは

2000年に「児童虐待の防止等に関する法律」が制定されてから15年以上が経過している。その間，改正が行われたが，2011年には民法，児童福祉法が改正され，それぞれ2012年から施行された。児童虐待防止法第2条において，「『児童虐待』とは，保護者（親権を行う者，未成年後見人その他の者で，児童を現に監護するもの）がその監護する児童（18歳に満たない者）について行う行為」と規定し以下の4つに分類している[6]。

1. 身体的虐待：殴る，蹴る，投げ落とす，激しく揺さぶる，やけどを負わせる，溺れさせる，首を絞める，縄等により一室に拘束する等
2. 性的虐待：子どもへの性的行為，性的行為を見せる，性器を触る又は触らせる，ポルノグラフィの被写体にする等
3. ネグレクト：家に閉じ込める，食事を与えない，ひどく不潔にする，自動車のなかに放置する，重い病気になっても病院に連れて行かない等

4. 心理的虐待：言葉による脅し，無視，きょうだい間での差別的扱い，子どもの目の前で家族に対して暴力をふるう（ドメスティック・バイオレンス：DV）等

2）児童虐待の防止策

　児童相談所は，虐待を受けた子どもを一時的に保護する機能をもつが，虐待の発見や疑いを発見した保育所，教育機関等，地域住民等から通報や相談を受ける場でもある。児童相談所に寄せられた相談件数は，2014（平成26）年で88,931件と統計を取り始めた1990（平成2）年から一貫して増加し続けている（図5－6）[7]。子どもの権利条約にも示されているように，国は子どもが両親や保護者からあらゆる形で身体的もしくは精神的な暴力，傷害，虐待，放置，怠慢な扱い，不当な扱いまたは搾取（性的虐待を含む）からその子どもを保護するために適当な措置を取らなければならない。しかし，各市町村においても，100％に近い実施状況で対策所を設置しているにもかかわらず，虐待件数は増加傾向にある。

　この増加の原因として，第一に家庭での養育力低下と地域住民同士の関係の希薄化があげられる。核家族化が進み，地域での人と人とのつながりが失われつつあることにより，子どもを育てることがむずかしい社会になってきたといわれている。以前は，祖父母や親戚が身近にいる大家族のなかで，隣近所の住民らと互いに協力し合いながら子育てをするのが一般的だった。また，兄弟の数も多く，兄や姉が弟妹の世話をすることが当たり前であった。ところが，1980年代以降，産業構造の変化とともに，核家族化が進み，子育てを夫婦だけで抱え込むなどして孤立しやすい状況が生まれてきた。

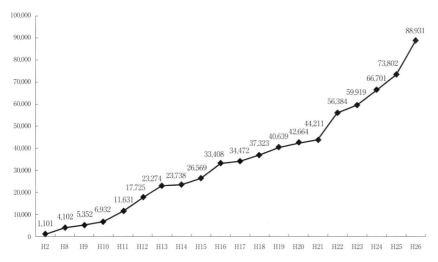

注）平成22年度は，東日本大震災の影響により，福島県を除いて集計した数値である。

図5－6　児童相談所での児童虐待相談対応件数

出所）平成26年度　福祉行政報告例の概況を参考に筆者が作成

第二に，制度改正や児童虐待を防止する広報活動，児童虐待に関する悲惨な事件の報道により，国民の多くが児童虐待を認識するようになり，「もしかしたら」と疑いをもつ地域住民が増え，児童相談所への相談件数が上昇したものと考えられる。

児童虐待の増加にともない制度改正による対策も強化されてきた。

2000年に児童虐待防止法が制定されたが，その主な目的は児童虐待の予防と早期対応であった。またそこで，児童虐待の定義が明確化され，教育・保育に携わる者だけでなく地域住民にも虐待発見の通告義務が公示されたことで，児童虐待に対する知識や認識が広まってきた。しかし，法制定後も児童虐待の発生件数は減少しなかったため，2004年に改正され，児童虐待の定義の明確化（DVによる心理的外傷を含む），通告義務の範囲の拡大，虐待児童に対する自立支援の明確化等が規定された。それでもなお，虐待件数は減少に向かわなかったため，再度，2007年に児童虐待防止法と児童福祉法の一部が改正された。この改正で，児童の安全確認のための強制立ち入り調査の権限と行政の役割が強化（保護者に対する児童の面会の制限等）された。さらに，2009年の児童福祉法改正により，乳児家庭全戸訪問事業や養育支援訪問事業で市町村の子育て支援事業も強化された。また，虐待を受けた児童を保護するための里親制度の拡充等，虐待の予防を含むさまざまな方策が展開されている。

以上のように児童虐待を防止するための対策は取られてきた。しかし，これまでの制度改正では児童相談所の機能や市町村が行う子育て支援の強化等，行政側の対応に力を入れていた。行政側が虐待をする親から子どもを守ろうとしても，親は親権者のままであるため，親権を盾に児童相談所の介入を拒否したり，保護した子どもを里親や児童養護施設に預けたとしても，子どもの引き取りを強く要求してきたりするという問題があった。そこで，児童虐待から子どもを守るため親権制度の見直しが行われ，従来の民法の「親権喪失」に加え「親権停止制度」が創設され，2012年4月1日から施行されている[8]。

親権喪失
子どもを虐待したり，不道徳な振る舞いが多く，子どもの福祉が著しく阻害されている場合には家庭裁判所の審判によって親権を無期限に失わせる制度。

親権停止制度
2012年から施行。親権の喪失を，2年を上限として家庭裁判所の審判によって一時的に停める制度。親権が停止された期間に親や家庭環境の改善を図り，その効果を勘案して再び親権を停止や喪失させるか，あるいは親に親権を戻すかという選択ができる。

5　子育て支援における子ども支援の意義と役割

（1）地域における子ども支援の意義と役割

1947年に制定された「児童福祉法」は児童の福祉に関する基本法で，児童の福祉を保障するため「すべての国民は児童が心身ともに健やかに生まれ，かつ育成されるよう努めなければならない」こと及び「国及び地方公共団体は児童の保護者とともにその責任を負う」ことを明示した。当初は，戦後困窮する子どもを保護し救済するとともに，子どもの健全育成を図るために定められた。

戦後から70年が経った現在までに，少子化，児童虐待，子育て家庭の孤立等，社会全体で取り組むべき問題に対処するためさまざまな政策が打ち出され

実施されてきた。しかし，子どもを取り巻く問題は，いじめ，地域社会での子ども教育力の低下，学力低下，コミュニケーション力の低下，子どもの貧困化等，深刻化していく一方である。ここでは，地域における子ども支援に目を向け，それらの動向を概観していく。

1）子ども・子育てビジョン

2010年に閣議決定された「子ども・子育てビジョン」は，親や家族等，個人にかかる子育ての過重な負担を解消し，社会全体で子育てを支える世のなかの実現を目指すものである。

「子ども・子育てビジョン」では，4本柱のもとに12の主要施策が盛り込まれている。ひとつ目の柱のテーマは，「子どもの育ちを支え，若者が安心して成長できる社会へ」で，その主要施策は，子ども手当の創設，高校の実質無償化，地域ぐるみで子どもの教育に取り組むための環境整備等である。2つ目は「妊娠，出産，子育ての希望が実現できる社会へ」で，安心して妊娠・出産ができるように早期の妊娠届出の勧奨や妊婦健診の公費負担の拡充，誰もが希望する幼児教育と保育サービスが受けられるように潜在的な保育ニーズの充足を視野に入れた保育所待機児童の解消等が施策として盛り込まれている。3つ目は「多様なネットワークで子育て力のある地域社会へ」で，子育て支援の拠点やネットワークの充実を図るため，乳児家庭全戸訪問事業（こんにちは赤ちゃん事業）や地域子育て支援拠点の設置促進等の施策を実施。最後に，「男性も女性も仕事と生活が調和する社会へ（ワーク・ライフ・バランスの実現）」をテーマに，仕事と家庭が両立できる職場環境の実現を目指し，育児休業や短時間勤務等の両立支援制度の定着化，一般事業主行動計画（次世代育成支援対策推進法）の策定・公表の促進等をあげている。

2）子ども・子育て支援法

「子ども・子育て支援法」（2012年）は，急速に進む少子化と家庭及び地域を取り巻く環境の変化に対応するために，児童福祉法を始めとする子どもに関する法律・施策と併せて，子ども及び子どもを養育している者に必要な給付や支援を行い，一人ひとりの子どもが健やかに成長することができる社会の実現に寄与することを目的としている。

基本理念は「子ども・子育て支援は，父母その他の保護者が子育てについての第一義的責任を有するという基本的認識の下に，社会全体で行う」とされている。この法律に基づき，市町村は① 子ども・子育て支援給付，② 地域子ども・子育て支援事業等を総合的に行うことを責務としている。

3）子育て世代包括支援センター

子育て世代包括支援センター（2015年「少子化社会対策大綱」において閣議決定）は，「妊娠期」「出産期」「子育て期」の各ステージを通して地域の関係機関が連携し切れ目のない支援を実施できるよう必要な情報の共有，支援や関係

> **乳児家庭全戸訪問事業（こんにちは赤ちゃん事業）**
> すべての生後4ヵ月までの乳児のいる家庭を訪問することで乳児家庭の孤立化を防ぎ，乳児の健全な育成と母親の育児を支援する。母親から育児の不安や悩みを聞き，親子の心身の状況や養育環境等の把握や助言を行い，支援が必要な家庭に対しては適切なサービス提供につなげる。実施主体は市町村。訪問者は保健師，助産師，看護師等。

機関のコーディネートを行うことを目的としている。

　そこでは，① 妊娠期から子育て期にわたるまで，地域の特性に応じ，「専門的な知見」と「当事者目線」の両方の視点を活かし必要な情報を共有して，切れ目なく支援すること，② 相談窓口において，妊産婦，子育て家庭の個別ニーズを把握した上で，情報提供，相談支援を行い必要なサービスを円滑に利用できるようきめ細かく支援すること，③ 地域のさまざまな関係機関とのネットワークを構築し，必要に応じ社会資源の開発等を行うことを重視している[9]。

(2) 地域における子ども支援機関

1) 地域における子どもと家庭を支える支援機関

　地域における子どもと家庭を支える支援機関は，自治体が設置主体である機関と，自治体と民間の双方が設置可能な機関に分けられる。自治体のみが実施している機関には，児童相談所，保健センター，福祉事務所，家庭児童相談室等がある。公・民間機関に保育所，幼稚園，児童福祉施設，放課後児童クラブ等がある。それぞれの機関で，子どもと家庭を支えるための支援活動が実施されている。たとえば，児童相談所では児童福祉司，心理判定員，医師等専門職が配置され，児童に関するさまざまな問題に対応している。また，児童虐待防止法により，被虐待児を保護者や児童の同意なく，裁判所や警察の判断を待たずに子どもを保護することが可能となっている。

　保育所では地域における子育て支援として，一時預かりや延長保育，地域に住む親子のための園庭開放，子育てサークルの開催等を行っている。

　※他の子ども・子育て支援機関については表5−6参照。

表5−6　子どもと家庭を支える地域の支援機関

	子ども・子育て支援機関
自治体機関	児童相談所
	市町村保健センター
	福祉事務所（家庭児童相談室）
自治体・民間機関	保育所
	幼稚園
	認定こども園
	子育て世代包括支援センター
	ファミリー・サポート・センター
	児童家庭支援センター
	児童自立支援施設
	児童発達支援センター
	放課後児童クラブ
	児童館

6. 子育て支援サービスの課題

6 子育て支援サービスの課題

(1) 希望がもてる子育て支援

日本人の子育ては，従来，三世代同居という大家族のなかで行われてきた。しかし，1980年代以降になると，産業構造の変容とともに，家族のあり方も変わってきた。また，主要都市部に人口が集中する一方で，地方では過疎化が進み，地域社会や家庭の形態も多様化している。

さらに，少子高齢化が社会問題として認識され，乳幼児の育児不安や児童虐待等といった子どもを取り巻く問題も顕在化し始め，国家的な対策の必要性が論じられるようになった。これまで実施されてきた子育て支援策を取り上げる。

1) 地域子育て支援拠点事業

子育て支援対策のひとつとして地域子育て支援拠点事業があるが，その目的は「少子化や核家族化の進行，地域社会の変化等，子どもや子育てをめぐる環境が大きく変化するなかで，家庭や地域における子育て機能の低下や子育て中の親の孤独感や不安感の増大等に対応するため，地域において子育て親子の交流等を促進する子育て支援拠点の設置を推進することにより，地域の子育て支援機能の充実を図り，子育ての不安感等を緩和し，子どもの健やかな育ちを支援すること」[10]にある。つまり，子育て家庭の親子が気軽に歩いて行ける身近な場所を作り，そこでたわいのないおしゃべりや子育て相談，同世代親子との交流ができる機会を設けるのである。子どもたちが自由に遊び，関わり合い，育ち合う。また，親同士の支え合いだけでなく，地域の人の温かい見守りも子育て・子育ち支援に必要不可欠である。

地域子育て支援拠点事業は主に，一般型・連携型があるが，乳幼児のいる子育て中の親子の交流や育児相談，情報提供等を実施している。また，NPO等多様な主体の参画，子育て中の当事者による支え合いにより，地域の子育て力の向上を図っている。

地域の子育て支援の場で，同年代の親に悩みを打ち明けることにより「私のやり方は間違っていなかった」と自信をもったり，「こういう方法もある」と情報交換をしたりすることで子育て中の不安を解消することもできる。また，同年代の子ども同士が触れ合うことで，その年代に必要とされる人との関わり方を遊びのなかで学び，子育て支援につなげていくこともできる。

2) これからの子ども・子育て支援

昔の子どもは，地域のなかで家族以外のさまざまな人と関わり，自由に子ども同士で遊ぶところを見守られ，ときには手をかけてもらいながら育っていた。親も子育ての方法などに悩みがあると，深刻化する前に気軽に相談できる人がいた。現代は，地域から孤立化している子育て世帯がみられ，同年代や年配の人たちとの関わりが希薄な子どもも増え，コミュニケーション力の低下にも関

第5章　多様な支援の展開と関係機関との連携

連しているといわれている。

　また，親も子育ての悩みを気軽に相談することもできず，自分たちだけで問題を抱えて育児不安を感じ，育児うつになるというケースも少なくない。しかし，子どもを育てることは親だけの責任ではなく，地域の人びとを含めた社会全体が行うことだという意識が必要で，そういった環境ができて初めて子どもが健全に育成されていく。

　子ども・子育て支援対策に関して課題が山積みされているが，これまでの子ども・子育て支援対策が家庭と子どもの支えとなってきたことも事実である。また，子どもが社会から大切な存在であると認められることも，子どもや親の自己肯定感につながっている。

　しかし，原点に返り，地域社会が子どもの成長を支えていた時代の良さを再認識し取り入れながら，現代に即した子育て支援を創生していくことも，今日，必要であろう。

> **育児不安**
> 　子どもをかわいく思えない，子育てがつらい，子育てに自信がもてないという母親が増加している。その背景には，核家族化・地域社会の崩壊・父親不在などにより，母親が誰からの手助けもなく育児の責任を1人で担い，しかも氾濫する育児情報に翻弄され，相談相手もなく孤立して育児をしているという実態がある。

（2）子育て支援対策の推進

　1989年のわが国の合計特殊出生率は1.57であった。「1.57ショック」といわれ戦後それまでの最低を示したが，その後も下がり続け2005年には最低の1.26となった。2015年は1.46と近年上昇傾向にあるが，さらに子育て支援を推進すべくさまざまな施策を打ち出す必要がある。

1）エンゼルプランから新エンゼルプランへ

　1994年に，出生率低下に歯止めをかけるため「今後の子育て支援のための施策の基本的方向について」（エンゼルプラン）の計画が策定された。2004年までの10年間を策定期間とし，これからの子育ては家族だけの問題とするのではなく，社会全体で支援していこうというのが要旨であった。

　その後，エンゼルプランは「少子化対策推進基本方針」に引き継がれ，具体的な実施計画「重点的に推進すべき少子化対策の具体的実施計画について」（新エンゼルプラン）として，2000年から2004年まで実施された。新エンゼルプランでは，保育関連事業の充実，仕事と子育ての両立のための雇用環境の整備，働き方についての固定的な性別役割の分業，職場優先の企業風土の是正等が盛り込まれたが，出生率は急速に低下し少子化はさらに進んだ。

　エンゼルプランと新エンゼルプランでは保育関連事業が中心であったが，それだけでは急速に進む少子化を食い止めることはできないとして，国全体で「子どもを生み，育てることに喜びを感じることのできる社会」への転換を目指した。

> **少子化社会対策大綱**
> 　少子化社会対策基本法に基づく総合的かつ長期的な少子化に対処するための施策の指針。2015年に新しく策定され，今回は「子育て支援施策の一層の充実」「若い年齢での結婚・出産の希望の実現」「男女の働き方改革」などの5つの重点課題

2）子ども・子育て応援プラン

　政府は「少子化社会対策基本法」（2003年）に基づき「少子化社会対策大綱」（2004年）[11]を策定した。それを受けて同年に「少子化社会対策大綱に基づく

重点施策の具体的実施計画について」(子ども・子育て応援プラン)が策定された。このプランでは，①若者の自立とたくましい子どもの育ち，②仕事と家庭の両立支援と働き方の見直し，③生命の大切さ，家庭の役割等についての理解，④子育ての新たな支え合いと連帯が重点課題とされている。

3) 次世代育成支援対策推進法

子ども・子育て応援プランの具体的な施策やその数値目標の多くは，「次世代育成支援対策推進法」(以下「次世代法」)に基づく都道府県行動計画及び市町村行動計画を基礎にしている。次世代法は急速な少子化の進行等を踏まえ，次代の社会を担う子どもが健やかに生まれかつ育成される環境の整備を社会全体で進めるとともに，国，地方公共団体，企業，国民が担う責務を明らかにするために制定された法律である。次世代法は，2003年に制定された2015年までの期間限定の法律であったが，2014年に改正され2025(平成37)年まで10年間延長された。この法律は基本理念を，「次世代育成支援対策は，保護者が子育てについての第一義的な責任を有するという基本的認識の下に，家庭その他の場において，子育ての意義についての理解が深められ，かつ，子育てに伴う喜びが実感されるように配慮して行われなければならないこととする」としている。この基本理念に基づき，企業は従業員の仕事と子育ての両立のために「一般事業主行動計画」の策定等が義務付けられた(ただし，従業員100人以下の事業主にあっては策定努力義務となっている)。次世代法に基づき一般事業主行動計画を策定した企業のうち，計画に定めた目標を達成し一定の基準を満たした企業は，申請を行うことによって「子育てサポート企業」として厚生労働大臣の認定(くるみん認定)を受けることができる。この認定を受けた企業の証が「くるみんマーク」(図5-7)で，平成28年6月末時点で2,570社が認定されている。

次世代法に基づく具体的な実践例として，妊娠中から子どもが小学校3年の

図5-7 くるみんマーク

出所) 厚生労働省

年度末になるまで取得可能な短時間勤務制度，妻出産後の夫の育児休暇（5日間）取得，配偶者の転居転勤時に帯同して転居先で勤務を続けることができる「Iターン制度」，企業内託児所の設置等があるが，こうした取り組みを実施しているのはほんの一部の企業であり，今後も子育て家庭に配慮した支援を目指していかなければならない。職場ぐるみで子育てをサポートし，仕事と子育てを両立できる会社を目指すことは，少子高齢化社会の問題解決にも資するであろう。

4）子ども・子育てビジョン

子ども・子育て応援プランに次ぐ計画として，2010年に「子ども・子育てビジョン」が閣議決定された。この計画の概要は，子どもと子育てを応援する社会を目指し，① 社会全体で子育てを支え，② 希望（生活，仕事，子育て等）がかなえられることを基本的な考え方としている。計画期間の2010年から2014年までの5年間に，潜在的保育ニーズを視野に入れた保育所待機児童の解消，認定こども園の設置，放課後児童クラブの充実等を目指した。

5）子ども・子育て支援新制度

2015年にスタートした「子ども・子育て支援新制度」は，2012年に成立した「子ども・子育て支援法」「認定こども園法の一部改正」「子ども・子育て支援法及び認定こども園法の一部改正法の施行に伴う関係法律の整備等に関する法律」の子ども・子育て関連3法に基づく制度のことをいう。この制度は，「すべての子どもたちが，笑顔で成長していくために。すべての家庭が安心して子育てでき，育てる喜びを感じられるために」という考え方に基づき設けられた。

必要とするすべての家庭が利用できるように支援の量を拡充するとともにその質を向上させ，子どもたちがより豊かに育つための支援を目指した制度である。また，深刻化する待機児童問題や急激に進行する少子化問題，子育て家庭の不安や孤立化等課題も多い。そのようななかで，子どもに関わる仕事に従事する者や，保護者自身が，自分の存在や価値観を肯定する感覚・感情をもちながら子どもに向き合える環境を整え，親としての成長も支援し，子育てや子どもの成長に喜びや生きがいを感じることができるような支援をしていくことを目指している。

（3）子育て支援とサービスと財源

2015年よりスタートした子ども・子育て支援新制度（以下「新制度」）は，2012年（8月）に消費税増税法案とともに成立した。新制度は，当初消費税の引き上げにより0.7兆円の財源を確保するとし，そのうち約0.4兆円が保育等の量の拡充に，約0.3兆円が保育等の職員配置基準の改善をはじめとする保育等の改善に充てられ，すべての子ども・子育て家庭を対象に，幼児教育，保育，

地域の子ども・子育て支援の質・量の拡充を図るとしていた。増税は先送りとなったが，子ども・子育て支援の充実は優先的に取り組む施策として，別途財源を確保し対応している。

国は，2016（平成28）年度の保育対策関係予算として，9,294億円を計上している。主な内容は，待機児童解消等の推進に向けた取り組み，保育の量拡大を支える保育士の確保，事業所内保育など企業主導の保育所の整備・運営等の推進，子ども・子育て支援新制度の実施，認可外保育施設への支援，その他の保育の推進などである[12]。

注

1) この認定の基準は，「児童福祉法施行令第27条」に記されていたが，平成27年から施行されている「子ども・子育て関連3法」（①子ども・子育て支援法・②就学前の子どもに関する教育，保育等の総合的な提供の推進に関する法律の一部を改正する法律・③子ども・子育て支援法及び就学前の子どもに関する教育，保育等の総合的な提供の推進に関する法律の一部を改正する法律の施行に伴う関係法律の整備等に関する法律）の実施に伴い，改正された。
2) 厚生労働省「社会福祉施設等調査」2015年
3) 内閣府規制改革推進室「保育の現状」2012年
4) 厚生労働省『保育所保育指針解説』フレーベル館，2008年，p.157
5) 保育と虐待対応事例研究会編『子ども虐待と保育園―事例研究と対応のポイント』ひとなる書房，2004年
6) 厚生労働省「児童虐待の定義と現状」
   http://www.mhlw.go.jp/stf/seisakunitsuite/bunya/kodomo/kodomo_kosodate/dv/about.html
7) 平成26年度　福祉行政報告例の概況
   http://www.mhlw.go.jp/toukei/saikin/hw/gyousei/14/
8) 厚生労働省「児童虐待関係の最新の法律改正について」
   http://www.mhlw.go.jp/seisaku/2011/07/02.html
9) 厚生労働省「平成27年度子育て世代包括支援センター事例集」
   http://www.mhlw.go.jp/stf/seisakunitsuite/bunya/0000123792.html
10) 厚生労働省「地域子育て支援拠点事業実施要項」
    http://www.mhlw.go.jp/stf/seisakunitsuite/bunya/kodomo/kodomo_kosodate/kosodate/
11) 厚生労働省「少子化社会対策大綱」
    http://www8.cao.go.jp/shoushi/shoushika/law/taikou2.html
12) 首相官邸　保育対策関係予算（平成28年度予算等）
    http://www.kantei.go.jp/jp/headline/taikijido/28yosan.html

参考文献

柴崎正行編著『保育原理の基礎と演習』わかば社，2016年
永野典詞・岸本元気『保育士・幼稚園教諭のための保護者支援』風鳴舎，2016年
厚生労働省『保育所保育指針解説』2008年
内閣府「子ども・子育て新制度　なるほどBOOK（平成28年度4月改訂版）」

プロムナード

この，オレンジ色のリボンを目にしたことはありませんか？
オレンジリボンは，「子ども虐待のない社会の実現」を目指して作られたシンボルマークです。オレンジ色は子どもたちの明るい未来を表しています。

2000年11月に「児童虐待防止法」が施行されました。厚生労働省は，児童虐待防止法が施行された11月を「児童虐待防止推進月間」と定め，民間団体や地方自治体などの多くの関係者に参加を求め，児童虐待を防ぐための取り組みを推進しています。その取り組みのひとつが「オレンジリボン運動」です。厚生労働省は2012年に全国の大学にも児童虐待防止の啓発運動である「オレンジリボン運動」の参加を呼びかけ，2013年度より，多くの大学で実施されました。2015年度からはより多くの大学に参加してもらうという観点から"NPO（非特定営利団体）法人児童虐待防止全国ネットワーク"が実施しています。各大学が創意工夫して「児童虐待防止」の啓蒙活動を行い，大学祭や近隣の駅前などでオレンジリボンやチラシを配布し「児童虐待防止法」について多くの人に知ってもらおうと呼びかけています。また，里親制度や児童虐待についての研究会を行う等，活動は多岐にわたっています。

学びを深めるために

保育と虐待対応事例研究会 『続・子ども虐待と保育園―事例で学ぶ対応の基本』ひとなる書房，2009年

　　保育園での児童虐待問題についての事例を紹介し，被虐待児の虐待の背景や家族構成等も明示し，虐待の発見の方法とその対応を具体的に示しています。とくに，問題を抱えている親子を一体的に受け止め，日常の保育のなかで支援していくことを重視しています。保育園等での虐待への対応や支援の方法を詳細に学ぶことができます。

第２部
保育相談支援

第 6 章

保育相談支援の
意義と原則

1 保護者に対する保育相談支援の意義

(1) 保育相談支援とは何か

　近年，女性の社会進出や結婚出産後も働き続ける共働き家庭が増えてきている（図6-1, 6-2）なか，地域社会の希薄化や核家族化などを原因とした孤立した子育ての実態があげられている。子育て機能の低下により親の孤立感や育児不安が生まれ，児童虐待なども年々増加しており（図6-3），子育てを家庭だけで担うことがむずかしい状況となっている。このような子育て家庭を取り巻くさまざまな問題を社会全体で見守り保護者の養育能力の向上のためにさまざまな角度から支えていく保護者支援が求められている。

　保育所はその先頭に立ち，地域社会における社会的役割と責任を担う専門機関として位置づけられている。認可保育所のミニマムスタンダードである保育所保育指針において，保育士の専門性を活かした保護者支援の必要性が明記され，その業務は保育指導と規定されている。保育指導とは，「子どもの保育の専門性を有する保育士が，保育に関する専門的知識・技術を背景としながら，保護者が支援を求めている子育ての問題や課題に対して，保護者の気持ちを受け止めつつ，安定した親子関係や養育力の向上を目指して行う子どもの養育（保育）に関する相談，助言，行動見本の提示，その他の援助業務の総体」[1)]である。保育相談支援とは，保育の特性と保育士の専門性を生かして保護者が必

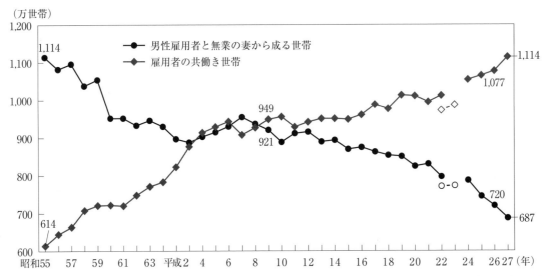

備考 1) 昭和55年から平成13年までは総務庁「労働力調査特別調査」（各年2月。ただし，昭和55年から57年は各年3月），平成14年以降は総務省「労働力調査（詳細集計）」より作成。「労働力調査特別調査」と「労働力調査（詳細集計）」とでは，調査方法，調査月等が相違することから，時系列比較には注意を要する。
2)「男性雇用者と無業の妻から成る世帯」とは，夫が非農林業雇用者で，妻が非就業者（非労働力人口及び完全失業者）の世帯。
3)「雇用者の共働き世帯」とは，夫婦共に非農林業雇用者（非正規の職員・従業員を含む。）の世帯。
4) 平成22年及び23年の値（白抜き表示）は，岩手県，宮城県及び福島県を除く全国の結果。

図6-1　共働き等世帯数の推移

出所）内閣府男女共同参画局『男女共同参画白書（平成28年版）』

1. 保護者に対する保育相談支援の意義

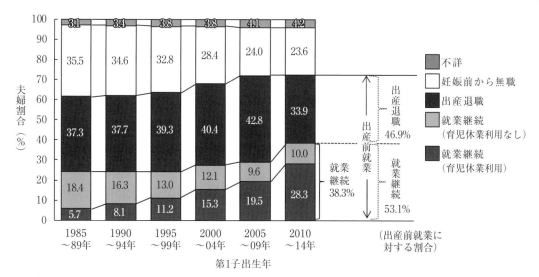

注）対象は第1子が1歳上15歳未満の初婚どうしの夫婦。第12回～第15回調査の夫婦を合わせて集計した（客体数12,719）。就業変化は，妻の妊娠判明時と子ども1歳時の従業上の地位の変化を見たもの。

図6-2　第1子出生年別にみた，第1子出産前後の妻の就業変化

出所）国立社会保障・人口問題研究所「第15回出生動向基本調査」

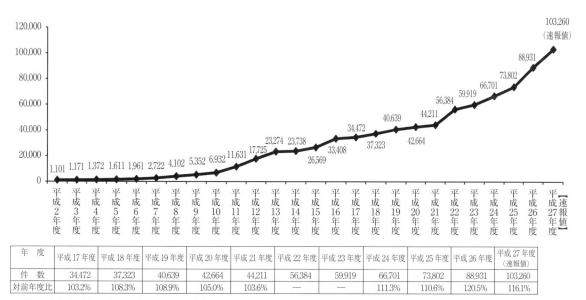

1. 平成27年度の児童相談所での児童虐待相談対応件数
　平成27年度中に，全国208か所の児童相談所が児童虐待相談として対応した件数は103,260件（速報値）で，過去最多。
　※ 対前年度比116.1%（14,329件の増加）
　※ 相談対応件数とは，平成27年度中に児童相談所が相談を受け，援助方針会議の結果により指導や措置等を行った件数。
　※ 平成27年度の件数は，速報値のため今後変更があり得る
2. 児童虐待相談対応件数の推移
3. 主な増加要因（平成26年度と比して児童虐待相談対応件数が大幅に増加した自治体からの聞き取りによる。）
　○ 心理的虐待が増加。
　○ 心理的虐待が増加した要因の一つに考えられることとして，児童が同居する家庭における配偶者に対する暴力がある事案（面前DV）について，警察からの通告が増加。
　　・心理的虐待：平成26年度：38,775件→平成27年度：48,693件（+9,918件）
　　・警察からの通告：平成26年度：29,172件→平成27年度：38,522件（+9,350件）
　○ 児童相談所全国共通ダイヤルの3桁化（189）の広報や，マスコミによる児童虐待の事件報道等により，国民や関係機関の児童虐待に対する意識が高まったことに伴う通告の増加。

図6-3　児童相談所での児童虐待相談対応件数とその推移

出所）厚生労働省「平成27年度 児童相談所での児童虐待相談対応件数（速報値）」2016年8月，p.1

要としている子育ての問題や諸課題に対して支援することである。

（2）保護者に対する保育相談支援

子育てをする保護者のなかには，仕事を継続するために，あるいは，職場復帰をするためにさまざまな保育ニーズを必要としている。また，仕事や家事，育児の両立のために日々の生活のなかで過度なストレスやさまざまな悩みを抱えている場合も少なくない。保育相談支援には，子どもの最善の利益の重視やよりよい親子関係への支援，そして保護者の養育力の向上に対する支援が含まれている。

保育所保育指針第6章　保護者に対する支援には，「保育所における保護者への支援は，保育士等の業務であり，その専門性を生かした子育て支援の役割は，特に重要なものである」と明記され，「1 保育所における保護者に対する支援の基本」及び「2 保育所に入所している子どもの保護者に対する支援」が示されている（表6－1）。

また，「3　地域における子育て支援」は，児童福祉法第48条の3の規定に基づいており，保育に支障がない限りにおいて，地域の実情や保育所の体制等を踏まえながら地域の保護者等に対する子育て支援を積極的に行えるように努

> **保育ニーズ**
>
> 昨今の保育ニーズの多様化にともない，保育所・幼稚園もこれに応える必要が生まれている。保育ニーズとして，乳児保育，保育時間の延長，夜間保育，休日保育，産休明けからの保育，一時保育，特別な配慮を必要とする子どもの保育などがある。（成清ほか，2015，P.347）

表6－1　保育所保育指針第6章　保護者に対する支援

1　保育所における保護者に対する支援の基本
　（1）子どもの最善の利益を考慮し，子どもの福祉を重視すること。
　（2）保護者とともに，子どもの成長の喜びを共有すること。
　（3）保育に関する知識や技術などの保育士の専門性や，子どもの集団が常に存在すること等の保育環境など，保育所の特性をいかすこと。
　（4）一人一人の保護者の状況を踏まえ，子どもと保護者の安定した関係に配慮して，保護者の養育力の向上に資するよう，適切に支援すること。
　（5）子育て等に関する相談や助言に当たっては，保護者の気持ちを受け止め，相互の信頼関係を基本に，保護者一人一人の自己決定を尊重すること。
　（6）子どもの利益に反しない限りにおいて，保護者や子どものプライバシーの保護，知り得た事柄の秘密保持に留意すること。
　（7）地域の子育て支援に関する資源を積極的に活用するとともに，子育て支援に関する地域の関係機関，団体等との連携及び協力を図ること。
2　保育所に入所している子どもの保護者に対する支援
　（1）保育所に入所している子どもの保護者に対する支援は，子どもの保育との密接な関連の中で，子どもの送迎時の対応，相談や助言，連絡や通信，会合や行事など様々な機会を活用して行うこと。
　（2）保護者に対し，保育所における子どもの様子や日々の保育の意図などを説明し，保護者との相互理解を図るよう努めること。
　（3）保育所において，保護者の仕事と子育ての両立等を支援するため，通常の保育に加えて，保育時間の延長，休日，夜間の保育，病児・病後児に対する保育など多様な保育を実施する場合には，保護者の状況に配慮するとともに，子どもの福祉が尊重されるよう努めること。
　（4）子どもに障害や発達上の課題が見られる場合には，市町村や関係機関と連携及び協力を図りつつ，保護者に対する個別の支援を行うよう努めること。
　（5）保護者に育児不安等が見られる場合には，保護者の希望に応じて個別の支援を行うよう努めること。
　（6）保護者に不適切な養育等が疑われる場合には，市町村や関係機関と連携し，要保護児童対策地域協議会で検討するなど適切な対応を図ること。また，虐待が疑われる場合には，速やかに市町村又は児童相談所に通告し，適切な対応を図ること。

出所）厚生労働省『保育所保育指針』2008年4月，p.178, 182より抜粋

1. 保護者に対する保育相談支援の意義

表6－2　保育所保育指針第6章　保護者に対する支援

3　地域における子育て支援 　(1)　保育所は，児童福祉法第48条の3に基づき，その行う保育に支障がない限りにおいて，地域の実情や当該保育所の体制等を踏まえ，次に掲げるような地域の保護者等に対する子育て支援を積極的に行うよう努めること。 ア　地域の子育ての拠点としての機能 　(ア)　子育て家庭への保育所機能の開放（施設及び設備の開放，体験保育等） 　(イ)　子育て等に関する相談や援助の実施 　(ウ)　子育て家庭の交流の場の提供及び交流の促進 　(エ)　地域の子育て支援に関する情報の提供 イ　一時保育 　(2)　市町村の支援を得て，地域の関係機関，団体等との積極的な連携及び協力を図るとともに，子育て支援に関わる地域の人材の積極的な活用を図るよう努めること。 　(3)　地域の要保護児童への対応など，地域の子どもをめぐる諸課題に対し，要保護児童対策地域協議会など関係機関等と連携，協力して取り組むよう努めること。

出所）厚生労働省『保育所保育指針』2008年4月，pp.189-190より抜粋

めるとしている（表6－2）。

　保育所には，長年培ってきた保育実践と保護者支援の蓄積がある。保育の専門機関としての蓄積をもとにして，現場における経験値を生かしながら保育者が保護者に向けてよりよいアドバイスを行う行為は，保護者を安心させると同時にわが子と向き合うきっかけを作る。たとえば，トイレトレーニングがうまくいかずに悩む保護者が，保育所の一時保育を利用して保育士に相談をした場合，どのような支援が考えられるだろうか。「個人差があるためしばらく様子を見ましょう」では現状は変わらず不安なままであり，保育所は保育の専門機関であるのだから「こちらで引き受けましょう」という具合に，保護者ができないことを保育士が肩代わりする行為は，結果的に保護者の育児の機会を奪うことにつながる。保育所では，さまざまな発達段階の子どもたちが集団で生活をしており，子どもに合った遊具や用具を中心に環境整備がなされている。このような保育所の特性を生かしながら保護者支援を行う際にまず必要なことは，保育士と保護者が一緒に問題を考えていくという姿勢である。次に，保護者には，保育所で実際に行われているトイレトレーニングの見学を通して子どもの意欲を引き出す保育士の言葉掛けや具体的な関わり方を学んでもらい，家でも試してみるように伝える。前向きな結果が出れば共に成長を喜び，うまくいかない場合なら一緒に悩み考える。保護者に対する保育相談支援の意義とは，保護者が日々の生活のなかでわが子と向き合い対話を繰り返しながら次第に親になっていく過程を支え見守ることだといえる。

（3）保育士資格の法定化と保育相談支援

　2001（平成13）年11月30日に児童福祉法の一部を改正する法律が公布され，2003（平成15）年11月29日から施行された。この改正により保育士資格の法定化が成された。この改正は，保育士の社会的信用が損なわれている実態に対処する必要性があることや，地域の子育てを担う専門職として保育士の重要性

> **地域子育て支援センター事業**
>
> 保育所のもつノウハウを活用して子育て家庭に対する育児不安等についての相談指導や子育てサークル等への支援，ならびに，地域の保育ニーズに応じ特別保育事業を積極的に実施する事業。それぞれの事業展開により保育所が地域の核となり，地域全体で子育てを支援する基盤が形成できると期待されている。（成清ほか，2015，P.15)

第6章　保育相談支援の意義と原則

表6-3　保育相談支援（演習・1単位）の教授内容の概要

〈目標〉
1. 保育相談支援の意義と原則について理解する。
2. 保護者支援の基本を理解する。
3. 保育相談支援の実際を学び，内容や方法を理解する。
4. 保育所等児童福祉施設における保護者支援の実際について理解する。
〈内容〉
1. 保育相談支援の意義
(1) 保護者に対する保育相談支援の意義
(2) 保育の特性と保育士の専門性を生かした支援
2. 保育相談支援の基本
(1) 子どもの最善の利益と福祉の重視
(2) 子どもの成長と喜びの共有
(3) 保護者の養育力の向上に資する支援
(4) 信頼関係を基本とした受容的かかわり，自己決定，秘密保持の尊重
(5) 地域の資源の活用と関係機関等との連携・協力
3. 保育相談支援の実際
(1) 保育に関する保護者に対する指導
(2) 保護者支援の内容
(3) 保護者支援の方法と技術
(4) 保護者支援の計画，記録，評価，カンファレンス
4. 児童福祉施設における保育相談支援
(1) 保育所における保育相談支援の実際
(2) 保育所における特別な対応を要する家庭に対する支援
(3) 児童養護施設等要保護児童の家庭に対する支援
(4) 障害児施設，母子生活支援施設等における保育相談支援

出所）厚生労働省「指定保育士養成施設の指定及び運営の基準について」2012年8月より抜粋

の高まりに対応するために，児童福祉施設の任用資格から名称独占資格に改め
たうえで守秘義務や登録に関する規定ができたことを受けている。保育士とな
るには，それぞれの資格要件を有する者が，都道府県の備える保育士登録簿に
氏名，生年月日その他厚生労働省令で定める事項の登録を受けなければならな
い。

(1) 厚生労働大臣の指定する保育士を養成する学校その他の施設を卒業した
　者

(2) 保育士試験に合格した者

　一方，保育士養成課程の改正に伴い2011（平成23）年より「保育相談支援」
の科目が開設された。保育士と幼稚園教諭を両資格取得とする養成校では，こ
の「保育相談支援」を必修としており，保護者支援の重要性と社会的責任につ
いて学びながら子育て支援の専門家としての保育者像について考えていく。
「保育相談支援」における教授内容については，指定保育士養成施設の指定及
び運営の基準（表6-3）の通りである。保育者が行う保護者支援に関する学び
が示されているが，実際に授業を受けることにより，基本的な考え方や支援の
実際についてイメージをもつことはできるがそこまでに留まる可能性もある。
保護者支援について考える際には，関連する他教科の内容と照らし合わせなが
ら総合的な学びが必要となることに留意してほしい。

2 　保育の特性と保育士の専門性を生かした支援

（1）保育相談支援の原理・原則

　保育所保育指針第1章総則第1章第2項　保育所の役割（3）子育て支援には，「保育所は，入所する子どもを保育するとともに，家庭や地域のさまざまな社会資源との連携を図りながら，入所する子どもの保護者に対する支援及び地域の子育て家庭に対する支援等を行う役割を担うものである。」と明記されている。これは，保育所に入所する子どもの保護者への支援とともに，地域の子育て家庭に対する支援の役割を担うことを示している。

　続けて，第1章総則第4項　保育所の社会的責任（2）地域交流と説明責任においては，「保育所は，地域社会との交流や連携を図り，保護者や地域社会に，当該保育所が行う保育の内容を適切に説明するよう努めなければならない。」と明記され，保育所が保護者や地域社会との連携や交流を積極的に図ることや，単なる説明で終わらせることなく意見交換など応答的なやりとりが行われることが期待されている。

　保育所保育指針第6章　保護者に対する支援には，「保育所における保護者への支援は，保育士等の業務であり，その専門性を生かした子育て支援の役割は，特に重要なものである。保育所は，第1章（総則）に示されているように，その特性を生かし，保育所に入所する子どもの保護者に対する支援及び地域の子育て家庭への支援について，職員間の連携を図りながら，次の事項に留意して，積極的に取り組むことが求められる」としている。

　保育の特性と保育士の専門性を生かした支援に関する内容としてまず「保護者支援の原則」があげられる。これは，児童福祉法第18条の4を根拠としており，保育士の重要な専門性のひとつは「保育」であり，2つは「児童の保護者に対する保育に関する指導（保育指導）」であることを踏まえながら，保護者の養育力の向上を図る支援を丁寧に行っていくことを示している。次に「地域子育て支援の原則」は，児童福祉法第48条の4を根拠とし，「保育所は，当該保育所が主として利用される地域の住民に対してその行う保育に関し情報の提供を行い，並びにその行う保育に支障がない限りにおいて，乳児，幼児等の保育に関する相談に応じ，及び助言を行うよう努めなければならない」と定めている。そして「入所児童の保護者との連携の原則」は，児童福祉施設最低基準第36条を踏まえ，「保育所の長は，常に入所している乳児又は幼児の保護者と密接な連絡を取り，保育の内容等につき，その保護者の理解及び協力を得るように努めなければならない」と定めている。最後に「特別の支援を必要とする家庭及び児童の優先入所の原則」は，保育所は，市町村が保育を必要とすると判断し，入所を受託した乳幼児の保育を行うことを目的とした上で，児童虐待の防止等に関する法律第13条の3において，市町村が保育所に入所する児童

を選考する場合には、「児童虐待の防止に寄与するため、特別の支援を要する家庭の福祉に配慮しなければならない」と定めている。次に、母子及び父子並びに寡婦福祉法第28条は、市町村が保育所に入所する児童を選考する場合には、「母子家庭等の福祉が増進されるように特別の配慮をしなければならない」と定めている。続けて、発達障害者支援法第7条は、「発達障害児の健全な発達がほかの児童と共に生活することを通して図られるよう適切な配慮をするものとする」と明記している。

このように、保育相談支援の実践にあたっては、保護者支援に関する原理・原則を踏まえながら根拠法となる関係諸法令に留意して入所児童とその保護者の支援に臨む必要性がある。

（2）保育相談支援と相談援助

保育所においては、保護者の子育て支援のために子育て等に関する相談や助言など、保育士や他専門性を有する職員が相応にソーシャルワーク機能を果たすことが求められる。しかし、保育所に関連する児童福祉施設最低基準には、保育士以外の社会福祉専門職の規定がないため、現状では主として保育士が担っている。保護者が、社会生活を送る上で何らかの困難を抱えた場合には、必要に応じて話を聞き、どうすれば不安なく健やかな毎日を過ごせるか一緒に考えながらアドバイスを行うなど、ソーシャルワークの知識や技術を一部活用することが大切となるが、これらすべての活動を行うことはむずかしい。保育所や保育士は、ソーシャルワークを中心的に担う専門機関や専門職ではないことに留意しながら、ソーシャルワークの原理（態度）、知識、技術等への理解を深めた上で、適切な援助を展開することが望ましい。また、問題の原因が複雑な場合など解決に時を要するケースもある。そのような場合は、直接解決できなくても、その解決案を提案できる相談窓口を紹介することも援助のひとつであることを念頭に置くようにするとよい。

他にも、近年社会問題化している児童虐待や障がいをもつ子どもの保育相談、そして配偶者からのDV（図6-4）など、極めてデリケートな問題について考える際には、家族全体に対するアセスメントや関係機関に対する視点が必要である。施設保育士は、ソーシャルワークの専門職として保育場面におけるソーシャルワークの一部を担っていくことが求められる。ソーシャルワークの原理（態度）には、保護者の受容、自己決定の尊重、個人情報の取り扱いがあり、一人ひとりの保護者を尊重しつつ、ありのままを理解して受け止める「受容」が基本的姿勢として求められる。受容とは、不適切と思われる行動などを無条件に肯定することではなく、そのような行動も保護者を理解する手がかりとする姿勢を保ちながら援助を行う行為である。その援助の過程においては、保護者自らが選択して決定していくことを保育士が支援する関係、つまり、安心して

発達障害者支援法

既存の障害者福祉の対象外だった発達障害を法的に認定し、発達障害者の心理機能の適正な発達及び円滑な社会生活の促進のために、療育、就労、地域生活支援、権利擁護等の支援を受けられることを目的とした法律。2005年4月より施行された。（成清ほか、2015、P.313）

**要保護児童
対策地域協議会**

児童虐待の早期発見や防止のため、虐待を受けた子どもをはじめとする要保護児童等に関する情報の交換や支援内容の協議を地域ごとに行うためのもの。2004年度の児童福祉法改正により法的に位置づけられた。（成清ほか、2015、P.383）

2. 保育の特性と保育士の専門性を生かした支援

1 配偶者暴力相談支援センターにおける相談件数

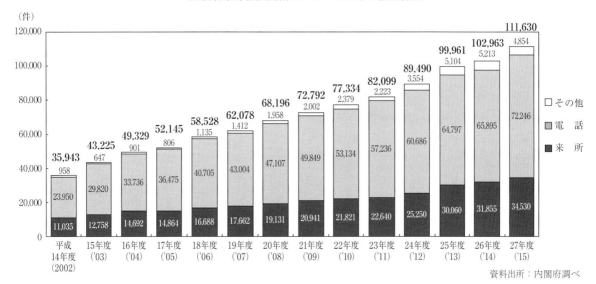

備考 1) 配偶者からの暴力の被害者からの相談等を受理した件数。
2) 配偶者とは、婚姻の届出をしていないが、事実上婚姻関係と同様の事情にある者を含む。
3) 配偶者からの暴力の防止及び被害者の保護等に関する法律（以下「配偶者暴力防止法」という。）の法改正を受け、平成16年12月2日施行以降、離婚後に引き続き暴力等を受けた事案についても計上。
なお、「離婚」には、婚姻の届け出をしていないが事実上婚姻関係と同様の事情にあった者が、事実上離婚したと同様の事情に入ることを含む。
4) 法改正を受け、平成20年1月11日施行以降、生命等に対する脅迫を受けた事案についても計上。
5) 法改正を受け、平成26年1月3日施行以降、生活の本拠を共にする交際（婚姻関係における共同生活に類する共同生活を営んでいないものを除く。）をする関係にある相手方からの暴力事案についても計上。
6) 全国の配偶者暴力相談支援センターの設置数は、平成28年3月31日現在、262か所（うち、市町村の設置数は89か所）。
7) 同一相談者が複数回相談した場合は、重複して計上。

2 警察における配偶者からの暴力事案等の相談等件数

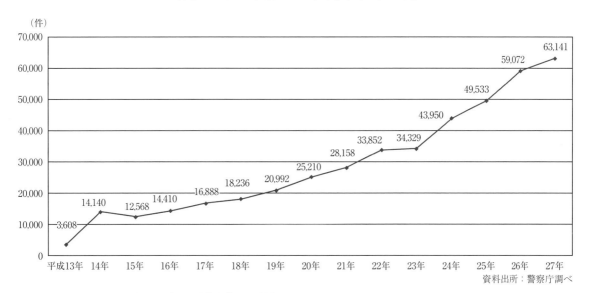

備考 1) 配偶者からの身体に対する暴力の相談等を受理した件数。
2) 平成13年は、配偶者暴力防止法の施行日（10月13日）以降の件数。
3) 「配偶者」の定義及び法改正の関係は「1 配偶者暴力相談支援センターにおける相談件数」の（備考）の2～5に同じ。

図6-4 配偶者からの暴力に関するデータ

出所) 内閣府男女共同参画局「配偶者からの暴力に関するデータ」2016年9月

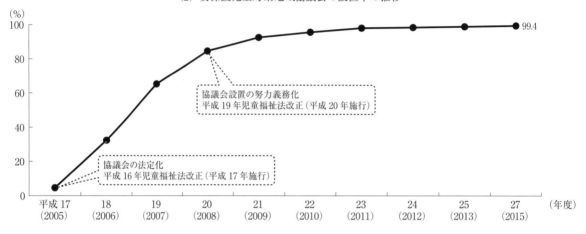

図6-5 要保護児童対策地域協議会の設置状況

出所）内閣府『子供・若者白書（平成28年版）』

落ち着いて話をできる状態が保障されており，なおかつ個人の情報がしっかりと守られていると当事者が実感していることが大切になろう。

以上のように，保育所における相談・助言は，臨床相談機関・施設や行政機関などとは異なり，日常保育のさまざまな機会をとらえて行われていること，相談の形態も，日常場面における相談，電話による相談，面接による相談などさまざまであること，状況によっては関係機関や専門職との連携を密にし，その専門性の範囲と限界を考えた対応を心がけるべきである。ただし，虐待の通告や要保護児童対策地域協議会（子どもを守る地域ネットワーク）との連携や協力に関わる活動においては，秘密保持義務を超えて情報の提供や交換がなされなければならないことには，くれぐれも留意する必要がある（図6-5）。

(3) 相談援助とは

相談援助とは，保育者の保護者支援について学ぶ科目であり，保育相談支援における保護者支援の目的や概要をもとにして ソーシャルワークの原理に則りながら具体的な支援の実際について実践に即して学びを深めることが教授内容である。保育士の行う相談援助について考える際には，保育士が専門職としてどのような働きをしているか考える必要がある。

保育士の専門性を生かした保護者支援業務は保育相談支援の専門性に基づい

ソーシャルワーク

社会福祉の実践活動のことであり，さまざまな専門的社会福祉援助の全体をさす。その多くが，19世紀イギリスの慈善活動に萌芽をみることができるが，その後アメリカで理論化され，近接科学の理論や視点を取り入れつつ発展した。歴史的に，ケースワーク，グループワーク，コミュニティーワークなどいくつかの方法が存在し，それぞれが固有の発展，展開をみせたが，今日では総合的な援助を図るための統合化が進んでいる。（成清ほか，2015，P.247）

2. 保育の特性と保育士の専門性を生かした支援

表 6 − 4　相談援助（演習・1単位）の教授内容の概要

〈目標〉
1. 相談援助の概要について理解する。
2. 相談援助の方法と技術について理解する。
3. 相談援助の具体的展開について理解する。
4. 保育におけるソーシャルワークの応用と事例分析を通して対象への理解を深める。

〈内容〉
1. 相談援助の概要
　(1) 相談援助の理論
　(2) 相談援助の意義
　(3) 相談援助の機能
　(4) 相談援助とソーシャルワーク
　(5) 保育とソーシャルワーク
2. 相談援助の方法と技術
　(1) 相談援助の対象
　(2) 相談援助の過程
　(3) 相談援助の技術・アプローチ
3. 相談援助の具体的展開
　(1) 計画・記録・評価
　(2) 関係機関との協同
　(3) 多様な専門職との連携
　(4) 社会資源の活用，調整，開発
4. 事例分析
　(1) 虐待の予防と対応等の事例分析
　(2) 障害のある子どもとその保護者への支援等の事例分析
　(3) ロールプレイ，フィールドワーク等による事例分析

出所）厚生労働省「指定保育士養成施設の指定及び運営の基準」より抜粋

> **ソーシャルワーカー**
>
> 　ソーシャルワークを行う専門職をソーシャルワーカーといい，社会福祉専門職の総称でもある。ソーシャルワーカは，利用者の主体性を尊重した問題解決のための支援を行うが，多岐にわたる領域で活動しており，職種としても多様であって，職場，職種によっては別の呼称で位置づけられていることもある。（成清ほか，2015, P.246）

ているが，保育士がソーシャルワーク業務についてもその一部を担うことが規定されている。保育所保育指針解説書によれば，第6章「保護者に対する支援」のなかの「1　保育所における保護者に対する支援の基本」の「(5) 相談・助言におけるソーシャルワークの機能」の部分がそれにあたる。

　ソーシャルワークとは，社会福祉の実践活動のことであり，さまざまな専門的社会福祉援助の全体をさす。このソーシャルワーク業務を教授内容に含んだ科目が相談援助であり，その教授内容は保育相談支援との整合性をもつ。改訂された保育士養成課程において，相談援助は社会福祉援助技術から名称変更されて必修科目1単位となった。「相談援助」における教授内容については，指定保育士養成施設の指定及び運営の基準（表6 − 4）の通りである。

　「相談援助」は，保育士のもつ専門技術であり，この技術を保育の現場で実践することが保育相談支援になる。

注

1）厚生労働省雇用均等・児童家庭局保育課「保育所保育指針解説書」2008年4月，
　　p.175

参考文献

　柏女霊峰・橋本真紀編著『保育相談支援』ミネルヴァ書房，2011年
　厚生労働省『保育所保育指針解説書』フレーベル館，2008年
　成清美治・川島典子編著『地域福祉の理論と方法』学文社，2013年

成清美治・加納光子編集代表『現代社会福祉用語の基礎知識（第12版）』学文社，
　2015年
古川繁子編著『相談援助ワークブック（第2版）』学文社，2016年
山縣文治『現代保育論』ミネルヴァ書房，2002年

プロムナード

　皆さんは，「ネウボラ」をご存じだろうか？少子高齢化する社会への対応が大きな課題となっているわが国とは対照的に，2012年の合計特殊出生率が1．8％を記録するなど上昇傾向にあるフィンランドで，今どのような支援が成されているのか動向を考えてみたい。
　「ネウボラ」とは，北欧の先進国のひとつであるフィンランドが国をあげて行っている子育て支援事業である。家族支援の中心である「ネウボラ（neuvola）」は，フィンランドすべての地方自治体で提供している子育て支援施設とそのサービスを指す。わが国では，妊娠した場合には病院で受診することになるが，フィンランドでは，地方自治体が提供するネウボラに向かうことになっている。そこには，保健師や助産師が在籍し，親の妊娠から子どもが6歳になるまでの間にさまざまなサービスが提供されている。出産は病院で行うが，それ以外の健診や育児に関する相談等は，すべてネウボラのサービスを利用するのである。特徴的なことは，ネウボラで受診した親に対して原則1人のネウボラ保健師が担当していることである。保健師と親との間に継続的な関係が生まれることで，切れ目ない支援の継続を可能にしている。また，Kela（フィンランドの社会保険庁事務所）から支給される出産に際しての母親手当として，育児パッケージまたは，140ユーロの現金を受け取ることが出来る。パッケージの内容が豊富なことから，第1子を迎える家庭では，現金よりも育児パッケージを選択する家庭が多いということだ。他にも，雇用契約法に基づく家族休暇の取得や育児手当，父親手当，子ども手当，さらに家庭での育児手当などが各種準備されている。フィンランドでは，子育て支援を社会の義務ととらえており，国民が安心して子どもを産み，育てやすい環境を生み出していると考えられるだろう。
　　榎本聡『特集　各国の子育て支援に関する取り組み，フィンランドの子育て支援「ネウボラ」』自治体国際化フォーラム，2015年

学びを深めるために

大日向雅美・荘厳舜哉編『〈実践・子育て学講座〉③子育ての環境学』大修館書店，
　2005年
　子育てについて『環境』を切り口に概説している文献です。第3章「日本の子育ての知恵」では，近世から近代までの子どものしつけについて，第4章「子育ての変遷と今日の子育て困難」では，その歴史と展望が記されており，先人の知恵と新たな視点が興味深い内容となっています。

第7章

保育相談支援の基本

第7章　保育相談支援の基本

1　子どもの最善の利益の重視

（1）子どもの最善の利益とは

　「子どもの最善の利益」ということばが広く用いられるようになった契機は，1989年の第44回国連総会での「児童の権利に関する条約」（Convention on the Rights of the Child）」の採択である。1994年4月22日に日本もこの条約を批准し，同年5月16日に公布された。

　この「子どもの最善の利益」について，「児童の権利に関する条約」第3条では「児童に関するすべての措置をとるに当たっては，公的若しくは私的な社会福祉施設，裁判所，行政当局又は立法機関のいずれによって行われるものであっても，児童の最善の利益が主として考慮されるものとする」と記されている。ここで用いられている「措置」とは，かなり幅広い概念であり，行政処分性を有する行為のみではなく，子どもになんらかの影響力などが間接的に及ぶ場合も含められる。したがって，それらについて判断し，実行する際には，「子どもの最善の利益」が主として考慮されなければならない。つまり，子どもに関係することを決定する際には「子どもにとって最もよいことは何か？」を基準に物事を考える必要があるということである。

　「児童の権利に関する条約」では，「人格の完全なかつ調和のとれた発達のため，家庭環境の下で幸福，愛情及び理解のある雰囲気の中で成長すべきである」（前文）と家庭環境を重視し，「生存及び発達を可能な最大限の範囲において確保する」（第6条第2項）ため，「身体的，心理的，精神的，道徳的及び社会的な発達のための相当な生活水準」についての権利が保障され（第27条），「子どもの人格，才能並びに精神的及び身体的な能力をその可能な最大限度まで発達させること」（第29条）が規定されており，これらを具体的に実現していくことが，「子どもの最善の利益」につながっていく。

（2）子どもの最善の利益の考慮とは

　子どもの最善の利益の考慮とは，子どもをひとりの人間として尊重し，その人権や権利を重んじ，権利の主体として子どもの考えや思いをしっかりと受けとめ，乳幼児や障がい児など意見を表明することがむずかしい子どもに対しても，その子どもの立場にたって考える努力をしつづけ，子どもの意見を反映させるように配慮することである。

　ただし，子どもの意向に沿ってそのまま実行することが必ずしも「子どもの最善の利益」となるとはいえない。また，専門職が専門的見地から考えることを実行することが必ずしも「子どもの最善の利益」になるわけでもない。

　すなわち，子どもがひとりの独立した人格であることをふまえ，子ども自身がどのように考えるかという視点を大切にし，子どもの発達と自立の保障を常

に心がけながら，おとなと子どもがお互いの納得を形成するよう話し合う態度を大切にしていくことが必要なのである。

「保育所保育指針」には，子どもの権利条約の子どもの最善の利益の考えが採り入れられている。第1章総則において，保育所は「保育に欠ける乳幼児の保育を行い，その健全な心身の発達を図ることを目的とする児童福祉施設であり，入所する子どもの最善の利益を考慮し，その福祉を積極的に増進することに最もふさわしい生活の場でなければならない」と明記されている。また，第6章の保育所における保護者に対する支援のなかでも，その支援の基本として，「子どもの最善の利益を考慮し，子どもの福祉を重視すること」とし，さらに，第7章の職員の資質向上に関しても，「子どもの最善の利益を考慮し，人権に配慮した保育を行うためには，職員一人一人の倫理観，人間性並びに保育所職員としての職務及び責任の理解と自覚が基礎となること」と記載されている。

このように保育所保育指針では，保育において「子どもの最善の利益」を考慮することが重要な意味をもつものとして位置づけられている。

保育では，子どもをひとりの人間として尊び，保護者や保育者などのおとなの利益を優先していないか常にふりかえるとともに，一人ひとりの子どものニーズを把握し，それを最大限に尊重することが求められる。

まずは保育者が子どもに対して心を開いて真正面から向き合い，子どもの意向を丁寧にくみ取りながら，その時その場所でその子どもに最善の利益を保障するための最善の努力をし，できる限りのよい手立てを尽くすことが肝要となる。

したがって，保育者には，子どもの発達段階に配慮した傾聴力と説明力が求められる。説明力とは，事柄について，その子どもに応じてわかりやすく解き明かしていく力であり，説得力ではない。

なお，保育者は「子どもの最善の利益」の実現を目指すためには，子どもやその保護者への直接的関わりとなる日々の実践だけではなく，子どもを守るための政策立案への働きかけに配慮していくことも大切となる。

2 子どもの成長の喜びの共有

（1）保護者と保育者の信頼関係の構築

「保育所保育指針」第1章総則に，「保育所は，その目的を達成するために，保育に関する専門性を有する職員が，家庭との緊密な連携の下に，子どもの状況や発達過程を踏まえ，保育所における環境を通して，養護及び教育を一体的に行うことを特性としている。」とあるように，保育の実践において，子どもの健全育成を行っていくためには，保育者と保護者が互いに連携を図り，互いの理解を深め，信頼関係を構築していくことが不可欠である。

また，「保育所保育指針解説書」第6章の保護者に対する支援［子育て支援の機能と特性］の1. 保育所における保護者に対する支援の基本 (5) では，「子育て等に関する相談や助言に当たっては，保護者の気持ちを受け止め，相互の信頼関係を基本に，保護者一人一人の自己決定を尊重すること」と示されている。人を援助する専門職にとって，対象者との信頼関係の構築は，援助を進めるうえでの基盤となる。

信頼関係は一気に構築されるものではなく，日々のさわやかな笑顔による挨拶をはじめとするさまざまな機会を通して気持ちのこもったコミュニケーションを積み重ね，両者の間に言葉や態度，感情による相互的な働きが展開されることによって，徐々に形成されていくものである。

そうした相互の意思疎通を図るうえでの基本的姿勢として，保育者と保護者の関係における交互作用が可能となるように対等な関係を常に保つなど，保護者が安心して話のできる状況を確保できるように努めることを忘れてはならない。すなわち，保育者は支援する側であり保護者は支援される側であるという固定された上下関係とならないよう留意することが必要となる。保護者に関する情報や，家庭生活での子どもの姿に関しては，保育者よりもむしろ保護者の方が多くを把握しているといえる。保護者の抱える生活課題を正確にとらえ，適切に対応していくうえで，保育者には，保護者から学ぶという姿勢が求められる。

つまり，保育者と保護者は共に子どもの健全育成を願う子育てのパートナーとしてつながっていくことが肝要であり，保育者は保護者との水平関係を意識した姿勢で関わるなかで保護者への理解を深めていくとともに，保護者は保育者に対して安心して心を開いていくことになる。また，子どもに関するどんな小さな事柄でも，日常の保育を通じて保護者と情報を共有し，意識的に保護者との関係を形成していくよう心がけることも大切である。日々の保育の意図や保育所での子どもの様子を伝える際には，保護者のおかれている状況や気持ちを考慮して対応することによって，保護者との信頼関係は深まっていくのである。

保護者との信頼関係の構築に向けた基本的姿勢については，バイステックの7原則の考え方を参考にすることができる。これは，アメリカのバイステック (Biestek, F. P.) により提唱されたもので，ケースワークにおける援助者に求められる基本的かつ重要な姿勢に関する7つの原則である[1]。

原則1：個別化の原則（対象者に対して1人の人間として尊重し，その人格を認めて理解する）

原則2：意図的な感情表出の原則（対象者の自由な感情表出を大切にする）

原則3：統制された情緒的関与の原則（援助者は自分の感情を自覚して吟味する）

原則4：受容の原則（対象者の存在をそのまま無条件に受け入れる。不適切と思

ケースワーク

個人や家族が直面するさまざまな社会生活上の困難を解消したり，ニーズを満たすために，専門的対人関係を通して，個別に援助する個別援助技術。

われる言動等を無条件に肯定するのではなく，そうせざるを得なかった
相手の状況を理解することである）
原則5：非審判的態度の原則（対象者を一方的に非難しない）
原則6：自己決定の原則（対象者の自己決定を促して尊重する）
原則7：秘密保持の原則（秘密を保持して信頼感を醸成する）

　保育者は，保護者への支援の実践において，この7つの原則を踏まえていか
なければならない。

　また，保護者との信頼関係の形成過程においては，保護者一人ひとりの価値
観や考え方，特性を理解していくとともに，保育者が自分自身の価値観や考え
方，特性などを認識しておくことも必要となる。人間には他者をみる際に，自
分の価値観や感情に影響されやすく，さらにそのことに本人は気づきにくい傾
向がある。人間として偏見というような感情や意見をもつことは不自然ではな
いけれども，保育者が保護者との関係に自身の価値観・偏見・先入観に気づか
ずに，それを援助関係に持ち込んでしまうと保護者を正しく理解できないばか
りか，信頼関係の構築の妨げにもなる。したがって，自分自身を知る自己覚知
は保育者として保護者との関係構築のためにも大切である。

> **自己覚知**
> 援助者が自身の個性，性格，能力，言動の傾向を把握すること。

　なお，一度築き上げた信頼関係も些細な出来事が原因で一気に信頼関係が崩
れてしまうことがあることを忘れてはならない。

　近年，母語を日本語としない保護者も多く存在し，保育者が他国の言語や文
化の違いに起因するさまざまな行き違いに困っている状況もみられる。その保
護者の母国の文化を尊重する態度を示さない限り，保護者からの信頼を得るこ
とはむずかしく，信頼関係の構築には，保育者による保護者の母国の文化の理
解が肝要となる。保護者による日本語が十分でない場合は，通訳や同国出身の
先輩の保護者の力を借りることによりコミュニケーションを図ることも必要で
ある。

(2) 保護者との喜びの共有

　「保育所保育指針解説書」第6章保護者に対する支援の1.保育所における保
護者に対する支援の基本(2)保護者との共感では，「保育士等が保護者と交流
し，子どもへの愛情や成長を喜ぶ気持ちを共感し合うことによって，保護者は
子育てへの意欲や自信をふくらませることができます。保育所に入所している
子どもの保護者とのコミュニケーションにおいても，地域の子育て家庭への支
援の場においても，保護者自身が子育てに自信を持ち，子育てを楽しいと感じ
ることができるような保育所や保育士の働きかけ，環境づくりが望まれます」
と示されている。すなわち，保護者の特性を考慮しながら，子どもの成長の喜
びを，保育者が意識的に共有することで，保護者の子育ての自信や意欲につな
げていくことが求められている。

多くの保護者にとっては，子どもの成長を実感したとき，驚きとともに，喜びやうれしさが湧き起こってくる。そして，子どものさらなる成長した姿に出会えることへの期待感も高まってくる。

ただし，保護者のなかには，年齢を必要以上に気にしてしまい「何歳では何ができる」「何歳何ヵ月では何々のことがわかる」といった成長の標準値と自分の子を比較して，自分の子どもの成長状態が標準値以上であることに喜びを感じてしまう人や，標準値よりも遅れていると必要以上に心配になる人もいる。

子どもの成長していく姿に保護者と喜びを共有するためには，保育者が日常どのような思いを抱いて子どもの成長の姿をみつめ，喜びを感じているのか，その視点の有り様を保護者に伝えていくことが重要となる。

保育者が保護者と共有したい子どもの成長の姿とは，それまでできなかったことができるようになったという外面的で到達度的なものだけでなく，生活のなかで，子どもの興味や関心がどのように広げられたり高められたりしているのか，遊びの傾向がどのように変化しているのか，あるいはどのように生活に取り込んでいるのかなど，子どもの内的世界の変化を含めた，生活における全体的な変化からみられる成長の姿である。

保育所において保護者と喜びを共有するための具体的手段として，送迎の際の会話や連絡帳でのやり取り，家庭訪問，個人懇談，保育参観・保育参加，園便り・掲示板などの利用等があげられる。これらを利用し，保護者を励まし，肯定的に子どもの姿の内容を伝え，保育者が感動したことなども含めて，子どもの成長していく素晴らしさをくり返し保護者へ伝えることにより，子どもの成長をともに喜び合える保護者との関係が築かれる。また，保護者が子どもの成長の場に立ち会えるように保護者と子どもが一緒に過ごし楽しんで活動できる機会を設け，保護者が子どもの成長を実感して喜んでいけるように配慮することも大切である。

3 保護者の養育力の向上に資する支援

（1）保護者の養育力とは

養育力とは，子どもの健全な育成のための必要な関わり方のことであり，安全・安心を保障する基本的なケア，情緒的な温かさと安定性，指導・励まし・しつけなどをあげることができる[2]。

「安全・安心を保障する基本的ケア」とは，子どもの生理的欲求を満たす関わりであり，衣食住や健康への配慮，危険・危害の回避などである。

「情緒的な温かさと安定性」とは，子どもの情緒的な欲求が満たされるよう受容的に接し，自尊感情を育めるよう，子どもを認め，励まし，褒めたりする安定した関わりを通じて，「子どもの心の安全基地」を提供することである。

「指導・励まし・しつけ」とは，適切な刺激を与え，子どもが自身の感情をコントロールでき，社会のなかで主体的に生きるための基本となる価値観や自主的・実践的態度を形成できるように指導していくことである。

養育力を考える上で，ピアジェ（Piaget, J.）が残した言葉が参考になるのでここで紹介する。

『あなたたちの子どもらを　たえず愛しつづけなさい。
そして，子どもたちがありのままの姿で，みてもらえるように祈ります。
また，子どもたちが自分の力で発達し，自分自身で成長していく機会を与えてやって下さい。
それにはお母さんたちが［もちろん先生たちも］子どもらに，自発的な活動をじゅうぶんに発揮できるようにこころがけてあげることが大切なのです。』[3]

養育力とは，子どもの生命を守り，心身の発達と健康に寄与することであり，そして社会のなかで生き，生活していくことができるように育てていく力のことであるが，養育力のもつもっとも基本的な役割は，子どもは自分の力で発達し，成長していく存在であるという視点をふまえ，子どもに自発的・主体的な活動を十分に発揮できる機会を提供することである。

なお，保護者の養育力には，保護者を取り巻く環境（子ども・親族・友人・保育者・社会サービス等）との関係性など，多くの要因が影響していることを忘れてはならない。

(2) 保護者の養育力の向上に向けての支援

保育所保育指針では，第6章保護者に対する支援1保育所における保護者に対する支援の基本（4）において，「一人一人の保護者の状況を踏まえ，子どもと保護者の安定した関係に配慮して，保護者の養育力の向上に資するよう，適切に支援すること」としている。そして，「保育所保育指針解説書」の第6章1.（4）保護者の養育力向上への寄与では，「そのためには，子どもと保護者との関係，保護者同士の関係，地域と子どもや保護者との関係を把握し，それらの関係性を高めることが，保護者の子育てや子どもの成長を支える大きな力になる」と述べられている。

「子どもと保護者との関係性」を高めていくためには，まず，保護者が子どもの育ちを支えている日々の自分の行為に気づくことが大切となる。子育てに関する行為においては，保護者が自身の行為によって，どのように子どもの健全育成へ影響を与えているのかを理解することはむずかしい。

そこで，保育者が保育の専門的観点から，子どもの成長に影響を与える保護者の行為を見出し，さまざまな機会を活用して保護者に伝えていくことが肝要となる。

また，日常保育を通じて，相談助言，行動見本の提示等を適宜行うことにより，保護者は子どもへの理解を深めながら，適切な子どもへの関わり方を学び，少しずつ育児に対する自信を育み，真正面から子どもと向き合うことができるようになる。

「保護者同士の関係性」を高めていくためには，保護者同士が同じような子育ての悩みを共有し，語り合いながら，互いに励まし合う機会をもつことが必要となる。そのための支援として，保育所入所児の保護者に対しては，保護者懇談会や保育参加などであり，地域の子育て家庭に対しては，親子参加や保育体験などの行事の開催や保護者同士による自発的活動のきっかけづくりなどをあげることができる。

「地域と子どもや保護者との関係性」を高めていくためには，保育者は，子どもや保護者に対して，あらゆる機会を通じて地域との交流機会の拡充を図ることも必要とされる。

園庭開放や子どもによる地域の施設への慰問・地域行事への参加，保育所行事に地域住民を招待するなど，地域交流を重ねることで，少しずつ地域住民が子育て家庭に対する理解を深め，温かいまなざしで保護者に寄り添うことができるようになり，保護者は子育てに対する負担・不安・孤立感をやわらげられる。また，地域の多様な人々の関係のなかで，子どもは他者を思いやる能力を高めていくことができるとともに，人生や生き方のモデルをみつけることもできる。

なお，地域と子どもや保護者との関係性を高めていくことは，地域や関係機関による見守りやネットワークの強化となり，虐待等の問題発生を防止することにもなる。

カウンセリング (counseling)

社会適応上の課題や心理的，精神的な問題に対して行われる心理的援助。専門的な知識，技能を有したカウンセラーにより，主に面接を通した言語的なコミュニケーションを中心に展開される。カウンセラーはクライエント（福祉サービス利用者）との間に信頼関係を築き，クライエントが自己の感情や葛藤を表現し，自己洞察や周囲への理解が深まるよう支援して，クライエントの認識や行動の変容，自己実現をめざす。

---

4 信頼関係を基本とした受容的関わり，自己決定，秘密保持の尊重

(1) 受 容

相手を受容するという基本的姿勢は，保育者が日々子どもを保育する上で重要な姿勢である。保育者は，子どもの存在自体を受容し，行動，言語的表現，非言語的表現の心理的意味を理解しようと努め，心に寄り添いながら日々の保育を行っている。保育相談支援においては，その受容の対象が対子どもではなく，対大人となる。今日，保育現場においては気になる親子への対応，関わりのむずかしい保護者への対応に迫られることも多く，その際には受容的態度に基づいたカウンセリング的関わりが必要になる。昨今，モンスターペアレント

という言葉がとりあげられ，そのような保護者についてさまざまな議論がなされている。しかし，その保護者の特性に合った対応がなされなかったために，モンスターペアレントとなってしまう場合もある。大人という立場の相手を受容するということは，保育の対象である子どもを受容することとは異なったむずかしさがある。保育者と社会的に同等の立場であるにもかかわらず，異なった価値観をもつ相手をありのまま受容する姿勢が求められる。

バイステック（Biestek, F. P.）[4]は信頼に基づいた援助関係を形成するためには，受容の対象を，好感のもてる態度ともてない態度，肯定的感情と否定的感情，受け止められる振る舞いと受け止めかねる行動等，すべてを含んだ実際のありのままの姿とするべきだと述べている。この場合，不適切な行動や受け止めかねる行動もすべて受容するということではなく，そのような行動をとった心理的背景を含めて理解しようとすることが重要である。

さらに，ロジャーズ（Rogers, C. R.）[5]は，カウンセリングにおける相談場面で心理的に不適応な状態にある相談者を理想の自己概念（自己構造）と現実の自己経験とのずれの大きい不一致な状態にあると考えた。支援を行う者は関係性を通じて自己経験を自己概念に組み入れ，両者の重なりを大きくし，心理的な適応状態へ導いていく必要がある（図7-1）。

保育者がこのような受容的態度をもって相談者である保護者の心に向き合うためには，話をよく「聴く」ことが求められる。「聴く」とは，① 耳で聴く（言葉を聴く），② 目で聴く（表情・態度をみて聴きとる），③ 心で聴く（受容の心で聴きとる）ということである（図7-2）。

このような聴きかたを用いた，相手がもっと話したいと思えるような工夫をもった技法を「基本的傾聴」とよぶ。この「基本的傾聴」においては，相談者の言語的情報のみでなく，非言語的情報を観察し，理解することも大切になる。観察のポイントは，① 視線の動き，② 表情，③ 声の質や大きさ，④ 言葉遣い，⑤ 服装がある。また，聴き手側は自身の非言語的表現（表7-1）および言語

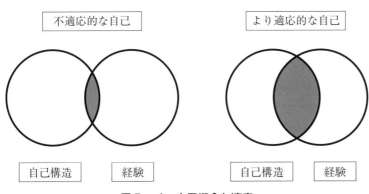

図7-1 自己概念と適応

出所）ロジャーズ，C. R., 著，伊藤博編訳『パーソナリティ理論〔ロジャーズ全集第8巻〕』岩崎学術出版社，1967年，p.149をもとに筆者作成

図7-2 「聴く」とは

的表現（表7-2）にも配慮し，相談者が話しやすい雰囲気を作り出すことが重要である。「基本的傾聴」を聴き手が相談場面の初期に用いることにより，相談者は自分の言いたいことが聴き手に理解されており，自身が受容されているという安心感が芽生えるであろう。

以上のような「基本的傾聴」のなかでは，保護者の心のなかを映し出す「心の鏡」になるような話の聴きかたが求められる。過度な解釈や指示を行ったり，結論を決めつけたりせず，相手の話が終わるまで待つ姿勢が基本となる。沈黙やまとまりのない途切れ途切れの会話が続くこともあるが，そのような場合も待つことを心掛ける。なかなか話を切り出さなかったり，言いにくさを感じたりしている保護者を支え，「なかなか人には話せないことですよね」など，沈黙や言いにくさの意味を理解していることを示すことも大切である。

保護者の話を傾聴し，受容や共感を心掛けていても，話の内容や保育者自身の精神的状態によって心が苦しくなることもあるかもしれない。たとえば，話の内容が保育者自身の過去の辛い体験やコンプレックスと重なり，相手を受け止めきれなかったり，見下すような気持ちになったり，うらやましく感じたりなど，さまざまな感情を感じる可能性がある。

ロジャーズ[6]は，カウンセラーには以下の3つの態度条件が必要であると述べている。① 自己一致・純粋さ（カウンセラーが自分自身の感情に気づいており，自分の感情を偽らず，ありのままの自分を認めること），② 無条件の肯定的配慮（相談者の行動や性質に善悪の判断をするのではなく，存在をありのまま受け入れ，積極的な関心を寄せること），③ 共感的理解（相談者の感情を，その立場に立ってあたかも自分のもののように感じ取ること）。

以上のようなカウンセラーに必要な態度条件は，保育相談支援における保育者の態度条件を考える上でも役立つものである。保護者を受容し，共感的に理解することと，ありのままの自分を認めることは，ときには矛盾することもあるかもしれない。そのような場合には，受容・共感できない自分を自覚し，その理由について考えることも更なる自己理解を深めるために役立つであろう。保育相談支援においては，そのような感情を乗り越え，保護者を受容し，よりよい支援を行わなければならない。そのためには，保育者自身が自分自身をできるだけ深く理解するということも重要である。

さらに，受容の際に必要となる共感とは，"あたかも"自分のことのように

> **共感（empathy）**
> 相手の立場に立って気持ちを理解し，同じ感情を共有すること。その際，自分を忘れて感情に巻き込まれてしまうのは同情である。共感には自分と相手は別の人間だということをはっきりと認識しながら相手の感情世界を深く理解し感じる，という意味合いがある。共感的理解は，ロジャーズ（Rogers,C.R.）の来談者中心療法で求められるカウンセラーの基本的態度のひとつである。相手に共感的理解を示し，受容的態度で接することでラポール（信頼関係）を形成することが，カウンセリングや心理療法の第1歩である。

4. 信頼関係を基本とした受容的関わり，自己決定，秘密保持の尊重

表7-1 傾聴の非言語的表現におけるポイント（聴き手）

相手と正面から向き合う	・横並びや前後ではなく，対面で向き合う。 ・相手のほうに体を向ける。 ・話題をそらさない（例）× 「気にしなくていいですよ」 ・話題から逃げない（例）× 「私が伺ってもよいのですか」 ・他の用事をしながら聴かない
腕や足を組まず開放的な姿勢をとる	・腕や足を組むことは，相手の話を拒否しているという非言語的表現にもなり得る。
やや身を乗り出す	・相手の話に興味があるという非言語的表現 ・反り返らない。 ・話の展開に合わせて，傾き具合に変化をつける。
適度に視線を合わせる	・変化をつけた自然な視線を向け，相手に関心を持っていることを示す。 ・凝視したり責めたりするような，きつい・強い視線は送らない。 ・見下ろしたりのぞき込んだりせず，同じ高さの目線になるようにする。
リラックスする	・聴き手の過度な緊張感は相手に伝わり，話しづらさを招く恐れがある。

表7-2 傾聴の言語的表現におけるポイント（聴き手）

繰り返し	・相手の話の重要な部分をそのまま繰り返すことで，理解しようとしていることを伝える。
言い換え	・相手の言おうとしていることを聴き手の言葉で短くまとめて伝える。言い換えを通じて聴き手の理解が正しいかどうかを確認する。 ・相談者は，言い換えられた内容により，自分の考えを整理することがある。
感情の反映	・相手の発言に含まれている感情を言葉にして返し，明確化する。それによって共感を伝えることにもなる。
最小限の励まし	・うなずいたり，あいづちを打ったりすることによって，話の流れを先に進める。この時，相手の話のテンポを崩さないように配慮する。

感じ取るという感覚を失わないことが大切である。保護者の話を聴き，過度な感情移入をして同じように涙を流したり辛くなったりしてしまった場合，客観性や冷静さを失った同情的な関わりになっている可能性がある。同情的な関わりは，自分の気持ちが呼び起こされただけであり，支援につながる関わりではない。保護者の気持ちを受容する際に必要な共感とは，感情移入しながらも自分と相手の境界線を見失わないように，相手の世界を"あたかも"自分自身のことのように感じることである。そのような保護者への共感を心掛けることによって，たとえ異なる価値観をもつ保護者であっても，心から受容することが可能になるのである。

(2) 自己決定

保育相談支援とは，保護者に対して指示・説得をしたり，代わりに悩みを解決したり，分析したりするということではない。また，子育ての悩みは「こうしなければならない」というすべてのケースにおいて決まった結論が存在するわけではない。保育者が保護者に対して「教え導く」という関係性ではなく，対等の関係（保護者が子育ての主体で保育者は補助）でなければならない。ケースワークの基本的態度の原則として有名な「バイステック1)の7原則」のなかの「個別化の原則」にもあるように，人は誰でも個人として大切に扱ってほしいという思いがあり，保護者一人ひとりに対してもその人格を認め尊重する

必要がある。そのような保育者の態度により，保護者が自身の価値や意思を再認識することで，自分自身の抱える問題に向き合う心が芽生える。最終的には保護者が自らの意思で子どもとの関わり方を選び，決定するなかで，自信をもって子育てに主体的に関わっていけるような支援を目指すことが大切である。また，たとえ同じような悩みを抱えているように見えても，保護者一人ひとりの置かれている環境や性格は異なっており，同じような支援が適切であるとは限らない。「他にも同じような方がいて…。」「前にも同じようなケースがあって…。」という保育者の言葉が，時には保護者を傷つける場合もある。

　自己決定したいという欲求は，もともと人間に存在するものであり，その機会が失われると，動機づけが低下し，精神的に不健康な状態に陥る可能性が高い。自己決定とは，自分の欲求の充足を自ら自由に選択することであり，「自律」という言葉に言い換えることもできる。ただし，自己決定を目指すからといって，保育者は徹底的に見守るだけの姿勢を貫けばよいというわけではない。とくに初めての子育ての場合，不安や思い通りにいかないことも多い。保育者が最後までその専門性を活かさずに「一緒に考えましょう」と，迷っている保護者と同じレベルで時間をかけて自己決定を促していくだけの方法では，時間を浪費することや，保護者の失敗体験を無駄に増加させることにもつながりかねない。失敗経験や自分ではコントロールできない経験を積み重ねると，無気力状態やうつ状態に陥る可能性もあり，ますます自己決定することが困難になる。

　保育に関する専門的知識を備えた保育者は保護者にとって頼りになる存在である。保護者が子育ての悩みについて自己決定していく過程で，保育者の専門的知識による情報提供が必要な場合もあるであろう。そのような場合は，保護者のよい部分を認めながら，「お子さんは〇〇のように関わると，やる気が出るようですね」など，子どもへの関わりの工夫を伝えつつ，共に考える姿勢が求められる。保育者は相談を受けた時点で話の内容をよく聴き，相談内容に応じて保護者が選択・実行できそうな方向性をある程度イメージする力も必要である。そしてその方向性に沿った情報提供をいつ，どのタイミングで，どのような方法で伝えるのかを検討した上で，たとえば図7－3のように段階を踏んで対応することが大切である。

　このように，保護者一人ひとりの人格を尊重し認めた上で，必要としている情報を提供しながらも保護者の潜在的能力を信じて，親としての自覚や力を引き出していくことを心掛けるとよい。さらに，日々の保育で感じられる子どもの伸びや成長を具体的に伝え，「そのようなお子さんの成長が見られたのは，保護者の方が努力された結果ですね。」など，保護者の自己決定や努力があって子どもが伸びていることを伝えるような関わりを大切にするとよいであろう。そのような関わりを通じて，保護者は子育てについての自らの課題に向き合い

4. 信頼関係を基本とした受容的関わり，自己決定，秘密保持の尊重

第1段階　雑談から日頃の子育てについて話題にする。

・傾聴を用いて共感を示しながら聴く。
・悩みの内容を理解しようとする姿勢を示す。

第2段階　特別に時間をとり，保育園でできること，家庭でできることを一緒に考える。

・保護者が前回決めたことをすぐに実行できていなくても，焦らずに見守ることが大切。
・実行できなかったことについては，その理由を考えることも必要。

第3段階
・前回考えたことでうまくいったこといかなかったことを伝え合う。
・状況に応じて，保護者に必要な内容に沿った情報提供をする。

第4段階
・保護者がいくつかの選択肢から選んで子どもとの関わりを自己決定できるよう支援する。
・子どもの成長や伸びを具体的に伝え，それは保護者の努力があったからだと伝える。

図7-3　保護者の自己決定を支える保育相談支援段階の例

解決しようとする力が生まれ，自己決定を積極的に行うことが可能となる。

（3）秘密保持

　保育相談支援では，保護者の利益を守り，プライバシーを最大限に守ることを考え，行うことが重要である。2001（平成13）年の改正児童福祉法では，以下のような「秘密保持」が規定されており，これに反した場合は罰則規定が定められている。① 利用者のプライバシーを守る。② 利用者に関する情報を収集する際には，援助を行う上で必要な範囲にとどめなければならない。③ 知り得た利用者のプライバシーについては，第三者にその情報を提供してはならない。

　さらに，バイステック[4]はケースワーカーがとるべき共通する基本的態度のひとつである「秘密保持」について，「秘密を保持して信頼感を醸成するとは，クライエント（相談者）が専門的援助関係のなかで打ち明ける秘密情報を，ケースワーカーがきちんと保全することである。つまり，それはケースワーカーの倫理的な義務でもあり，ケースワーク・サービスの効果を高める上で不可欠な要素でもある。しかし，クライエントのもつこの権利は必ずしも絶対的なもの

児童福祉法
1947年（昭和22年）に法律164号として公布され，翌年に施行された児童の福祉に関する基本法。児童の福祉を保障するための原理として，「すべての国民は児童が心身ともに健やかに生まれ，かつ育成されるよう努めなければならない」こと，および「国及び地方公共団体は児童の保護者とともにその責任を負う」ことを明示した。その理念の下に，満18歳未満の児童に対する福祉施策のため，児童福祉の機関としての児童福祉審議会，児童福祉司，児童委員，児童相談所，福祉事務所，保健所の規定，福祉の措置及び保障，事業および施設，費用等について定めている。この法律の特徴は，要保護児童のみを対象としたものでなく，児童の健全育成を主眼とし，全児童を対象とするものである。措置等に関しても貧困を理由とするものでなく，児童自身の課題や養育環境の問題を対象としている。

ケースワーカー（case worker）
一般に社会福祉において，相談・援助に携わる専門職のことをいう。生活保護行政においては，社会福祉法に規定された「福祉に関する事務所」に設置される所員のうちの「現業を行う所員」のことをいう。

ではない。なお，クライエントの秘密は同じ社会福祉機関や他機関の他の専門家にもしばしば共有されることがある。しかし，この場合でも秘密を保持する義務はこれらすべての専門家を拘束するものである。」と述べている。このような態度は，ケースワーカーのみならず保育者にも同様に求められる。保護者の話した内容や家庭等の情報については秘密を守り，決して他者に漏れることのないようにしなければならない。「秘密保持」がしっかりと守られることで，保護者は安心して心を開き，自分自身のこと，子ども自身のこと，家庭でのことを話すことができるのである。

　保育所内では，「秘密保持」に関する意識を高め，そのための情報管理の方法や環境を改めて見直す必要がある。たとえば，相談内容の記述された書類管理の方法や情報伝達の流れが整備されているかどうかという問題がある。職員同士で雑談をしているときに，うっかり話題にしてしまう，相談内容や個人情報を記述した記録用紙を落としたり，たくさんの人が通る場所に置いたままにしたりするなどの不注意がないよう，保育者一人ひとりが個人情報の保護に関する意識をもつことが大切である。また，保育相談は子どもの送迎時に話されることも多いが，深刻な内容やプライバシーに関わる内容である場合には，プライバシーを守ることのできる相談室や個室で行う必要がある。

　以上のように，保護者からの相談内容に関する「秘密保持」は重要な職業倫理であり，第三者に漏れないような注意・工夫が必要である。ただし，その相談内容は子どもに関することから親自身に関することまで多岐にわたるものであり，時には夫婦や家族の問題，発達障がいや虐待が懸念される場合などもある。このような非常に複雑で深刻なケース，緊急性を要するケースについては，園内の職員間や関係機関との連携が必要になる。そのような場合には基本的には保護者の同意を得たうえ（虐待についてはあてはまらない場合もある）で相談内容に関する情報のうち，支援に必要なものについて共有し，支援の役割分担を行う必要がある。この情報の共有化については，不必要な他者に伝わったり，不必要な内容がうわさ話のように広まったりすることがないよう，子どもや保護者の利益や権利を侵さない範囲と方法で行わなければならない。

　保育者にとって，相談内容が深刻なものであればあるほど，場合によってはその秘密を1人で抱えることは負担であり，不安を感じることもあるかもしれない。そのような場合には信頼できる管理職や上司，園で必要と判断されれば関連機関の専門家に相談し，継続的に支援を行うことができるよう，問題を1人で抱えこみすぎないという意識も大切である。

個人情報の保護

　個人情報には，収入や財産，家庭生活の状況や，内心の秘密，心身の状況，学歴や職歴等がある。個人情報の主体である個人の権利利益は保護されるべきとして，1990年以降に個人情報保護条例の設定が各地で拡大したが，さらなる個人情報の保護や救済のシステムの構築が不可欠である。

5. 地域の資源の活用と関係機関等との連携・協力

5 地域の資源の活用と関係機関等との連携・協力

（1）保育相談支援における地域との関わり方

　保育所は，地域において，身近な児童福祉施設である。保育所は，地域社会と積極的に関わり，その役割を果たそうとする姿勢が大切である。保育所保育指針第1章4「保育所の社会的責任」では，以下の3つの事項が規定されている。

(1) 保育所は，子どもの人権に十分配慮するとともに，子ども一人一人の人格を尊重して保育を行わなければならない。

(2) 保育所は，地域社会との交流や連携を図り，保護者や地域社会に，当該保育所が行う保育の内容を適切に説明するように努めなければならない。

(3) 保育所は，入所する子ども等の個人情報を適切に取り扱うとともに，保護者の苦情などに対し，その解決を図るよう努めなければならない。

　以上のように，保育所が社会的信頼を得た上で保育を行い，地域の人びとにとって共有の財産として利用され，活用されるように努めなければならない。

　また，保育所と地域の人びととの交流を図るため，積極的に関わり，子育てをともに行う工夫をすることが望ましい。たとえば，子どもたちと地域のお年寄りとの交流や，地域の行事への参加，昔話や伝統的遊びを用いた交流は，子どもたちの生活を豊かにするとともに，地域全体の保育力を高めるきっかけとなるであろう。

　さらに，保育所保育指針第6章「保護者に対する支援」の地域における子育て支援では，以下のように規定されている。

(1) 保育所は，児童福祉法第48条の3の規定に基づき，その行う保育に支障がない限りにおいて，地域の実情や当該保育所の体制等を踏まえ，次に掲げるような地域の保護者等に対する子育て支援を積極的に行うよう努めること。

　ア　地域の子育ての拠点としての機能

　　（ア）子育て家庭への保育所機能の開放（施設及び設備の開放，体験保育等）

　　（イ）子育て等に関する相談や援助の実施

　　（ウ）子育て家庭の交流の場の提供及び交流の促進

　　（エ）地域の子育て支援に関する情報の提供

　イ　一時保育

(2) 市町村の支援を得て，地域の関係機関，団体等との積極的な連携及び協力を図るとともに，子育て支援に関わる地域の人材の積極的な活用を図るよう努めること。

(3) 地域の要保護児童への対応など，地域の子どもをめぐる諸課題に対し，要保護児童対策地域協議会など関係機関等と連携，協力して取り組むよ

> **要保護児童対策地域協議会**
> ⇒P.94 参照

う努めること。

以上のように，保育所保育指針においては，保育所が地域の子育て支援としての役割を担うこと，さらにその専門性を活かしながら地域の関係専門機関との連携に取り組むことが求められている。保育相談支援においても子育てに悩む保護者へさまざまな側面から支援を行い，保育者と地域の専門家等と協力し合い，学び合いながら，「子どもたちを地域で育てる」ことを意識していく必要がある。

近年，家族や地域のもつ機能の低下，関係性の希薄化，児童虐待，発達障がい児の増加等によって，保育を取り巻く環境は複雑で多様な問題を抱えている。より高度な専門性をもった支援を行うためにも，地域にある社会資源の機能を理解し，連携をとることが大切である。社会資源とは，私たちの日常生活を支え，社会的な欲求を充足させるために役立つ制度や支援，施設，機関，活動，組織等を指す。社会資源には，以下の2種類のものがある。

① フォーマル（公的）な社会資源

フォーマルな社会資源とは，専門的，公的な機関であり，保健所，医療機関，児童福祉施設，児童相談所，社会福祉機関等があげられる。法律や制度に基づいた支援であり，比較的低価格で専門的サービスの供給が安定しているという長所がある。

② インフォーマルな社会資源

制度化されていないが，保育所と連携や協力の対象となるインフォーマルな社会資源も存在する。たとえば子育て支援に関わるNPO団体や，子育てサークル，子育てネットワーク，地域ボランティア，地域の人びと等がある。利用者の細かなニーズに柔軟に対応しやすいという長所がある。

これらの地域における社会資源である関連機関や団体の特徴や専門性を理解することにより，保育者は保護者や子どものニーズに応じた適切な機関へつなぎ，効果的に協働していくことが可能となる。

(2) 地域の資源の活用と関係機関との連携

近年，保育相談支援の支援内容は日常的な子育て支援，家庭支援の問題に加え，非常に問題が深刻であったり，複数の要因が複雑に重なり合ったりしているケースも珍しくなく，児童虐待，発達障がい等の，専門の関連機関と早急に連携が必要な問題も少なくない。

保育所保育指針第6章「保護者に対する支援」保育所における保護者に対する支援の基本では，地域の関係機関等との連携・協力について次のように規定されている。「地域の子育て支援に関する資源を積極的に活用するとともに，子育て支援に関する地域の関連機関，団体等との連携及び協力を図ること」このように，保育者は地域にある関係機関や専門機関の支援内容を把握すること

NPO (Non-Profit Organization)

「民間非営利組織」のこと。「利益拡大の為ではなく，その（営利性でない）使命実現のために活動する」という組織原理をもつ。狭義の意味では，特定非営利活動法人（NPO法人）として設立された組織をさす。しかし一般的にはボランティア団体や市民活動団体も含まれる。広義にとらえれば，宗教法人，社会福祉法人，社団法人，私立学校法人，医療法人等非営利とされる法人や，農協，生協，町内会，自治会なども含まれる。

5. 地域の資源の活用と関係機関等との連携・協力

が求められる。子どもの状況，保護者の相談内容や子育ての悩みの全体像を把握し，保育所による直接的支援で対応しきれない範囲のものについては保護者との信頼関係・援助関係を保ちつつ必要に応じて関係機関等の援助へつなげていくことが必要である。

そのためにも，たとえば図7－4のような地域における子育て支援のネットワークマップ図を作成することが，保育所職員間で共通理解に役立つであろう。さらに専門機関と専門家についても整理したり（表7－3），保育相談支援に関連する主な福祉施設・関連機関の状況を知る（表7－4）ことも大切である。

以下に，保育相談支援における主な関係機関についての詳細を述べる。

① 保健関連機関

保健関連機関は，保健所，保健センターがある。現在は市町村保健センターや福祉事務所と統合し，保健福祉センター，健康福祉センターといった名称が用いられることもある。近年では妊娠期からの相談・支援体制の充実，虐待早期発見のための対策や障がい児とその家族への支援も強化されている。保健所では妊産婦から乳幼児，成人，老人までの心身の健康に関する推進活動が行われる。医師，保健師，栄養士，歯科衛生士等を配置している。また，心理士，言語聴覚士も非常勤で業務を行っている。なかでも保健師は乳幼児健診をはじめ，乳幼児の発育や育児の相談業務も行い，必要に応じて家庭訪問も実施している。さらに，子育て支援活動，妊娠期の両親学級，児童虐待防止等，保育に密接に関連する支援について中心的役割を担っている。

> ### 言語聴覚士
> ### (speech-therapist:ST)
> 脳卒中等による言語機能障害や先天的難聴等の聴覚障害を有する人びとに対するリハビリテーションや検査，診断，治療を施すことを目的としている。わが国では，病院や福祉関係の諸機関に所属していたが，名称については統一されたものがなく，1997年（平成9年）「言語聴覚士法」が制定されたことによって「言語聴覚士の名称を用いて，音声機能・言語機能または聴覚に障害のある人々に対して，その機能の維持向上を図るため，言語訓練その他の訓練，これに必要な検査および助言，指導その他の援助を行うことを業とする者」という定義が行われた。

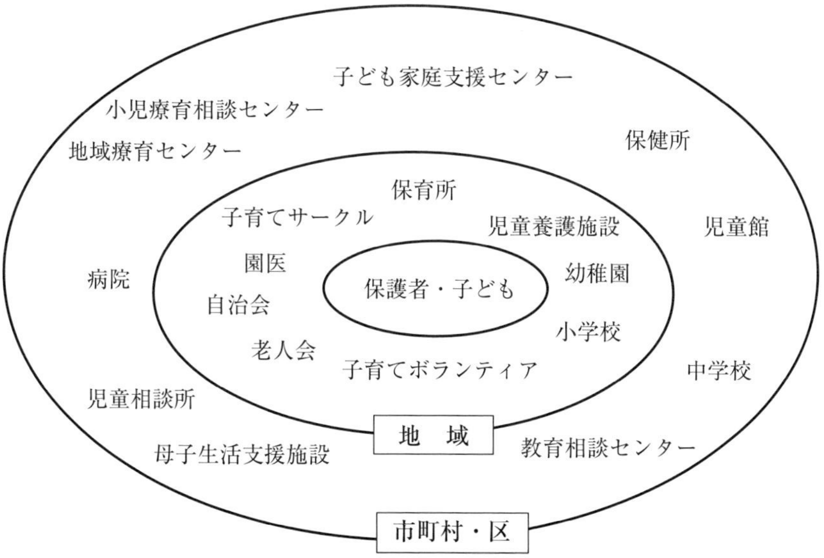

図7－4　子育て支援のネットワークマップ例

出所）清水勇・阿部裕子『子育て・保育カウンセリングワークブック』学事出版，2006年，p.127 を参考に筆者が作成

第7章　保育相談支援の基本

表7－3　専門機関と専門家

	専門機関	専門家
1. 保育関連機関	保育所	保育士，栄養士，看護師
	幼稚園	幼稚園教諭
	認定こども園	保育士，幼稚園教諭，栄養士，看護師
2. 教育関連機関	小学校，中学校 特別支援学校	小学校教諭，中学校教諭 特別支援教育コーディネーター 特別支援教育担当教員 養護教諭，栄養教諭 スクールカウンセラー
	教育委員会	社会教育指導主事
	教育相談センター 教育相談所	心理士 教育関係者
3. 保健関連機関	保健所	医師，保健師栄養士，歯科衛生士
	保健福祉センター	心理士，言語聴覚士
4. 医療・ 療育関連機関	病院・クリニック	小児科医，小児神経科医，看護師 児童精神科医，心理士
	地域療育センター 小児療育相談センター	小児科医，小児神経科医，児童精神科医，看護師，保育士，社会福祉士，心理士　言語聴覚士
5. 福祉関連機関	児童相談所	児童福祉司 児童心理司（旧・心理判定員）
	子ども家庭支援センター	社会福祉士，心理士，保育士，保健師
	児童館	児童厚生員
	学童保育	保育士，児童指導員
	乳児院 児童養護施設 情緒障害児短期治療施設	保育士，看護師，栄養士 心理士，児童指導員
	母子生活支援施設	社会福祉士，保育士，心理士
	障害児施設，通園施設	指導員，医師，看護師，保育士 心理士，言語聴覚士，作業療法士，理学療法士

出所）日本保育学会保育臨床相談システム検討委員会編『地域における保育臨床相談のあり方』ミネルヴァ書房，2011年，p.87

② 医療・療育関連機関

医療・療育関連機関は，病院，地域療育センター，小児療育相談センターがある。

病院は，病気やケガの治療だけではなく，障がいや発達に何らかの問題がある場合においても専門的な対応や精密検査が可能である。また，受診時に子どもに不自然なケガや著しい発育不良が見られる場合，虐待の発見につながることもある。医師，看護師以外にも臨床心理士等の心理分野での専門家を配置しているところもある。

地域療育センター，小児療育センターは，乳幼児期から青年期までの発達に関する相談や日常生活に関するさまざまな支援を行っている。医療分野では医師，看護師，社会福祉分野では保育士，社会福祉士，心理分野では心理士が配置されている。また，視聴覚検診や幼児期における視聴覚障がいの発見，治療のために言語聴覚士等が在籍している場合もある。

社会福祉士

「社会福祉及び介護福祉士法」（1987年）に基づく相談援助の国家資格。同法により社会福祉士は「専門的知識及び技術をもって身体上若しくは精神上の障害があること又は環境上の理由により日常生活を営むのに支障がある者の福祉に関する相談に応じ，助言，指導，福祉サービスを提供する者又は医師その他関係者…（略）…を業とするもの」と定義されている。

5. 地域の資源の活用と関係機関等との連携・協力

表7-4　保育相談支援に関連する主な福祉施設・関係機関の状況（施設数，定員）

施設の種類	施設数	定員（人）
児童福祉施設（総数）	37,139	2,599,480
助産施設	391	3,115
乳児院	134	3,873
母子生活支援施設	235	4,830
保育所等（総数）	25,580	2,481,970
幼保連携型認定こども園	1,938	186,386
保育所型認定こども園	330	31,188
保育所	23,312	2,264,396
小規模保育事業所	1,555	24,281
児童養護施設	609	33,287
障害児入所施設（福祉型）	267	10,533
障害児入所施設（医療型）	200	18,432
児童発達支援センター（福祉型）	467	14,822
児童発達支援センター（医療型）	106	3,533
情緒障害児短期治療施設	40	1,812
児童自立支援施設	58	3,822
児童家庭支援センター	103	―
児童館	4,613	―
小型児童館	2,692	―
児童センター	1,784	―
大型児童館A型	17	―
大型児童館B型	4	―
大型児童館C型	―	―
その他の児童館	116	―
児童遊園	2,781	―
母子・父子福祉施設（総数）	58	―
母子・父子福祉センター	55	―
母子・父子休養ホーム	3	―

出所）厚生労働省「2015年（平成27年）社会福祉施設等調査の概況」一部抜粋

③ 福祉関連機関

　福祉関連機関には児童相談所，子ども家庭支援センター，児童館，学童保育，乳児院，児童養護施設，情緒障害児短期治療施設，母子生活支援施設，障害児施設，通園施設があり，以下にそれらのうち一部を取り上げる。

　児童相談所は都道府県が設置し，心身に障がいがある子どもや，虐待に対する対応，非行対応，親のいない子どもを保護する役割を担っている。また，児童福祉施設への入所や虐待の対応として緊急を要する場合は，子どもの一時保護を行うこともある。専門職としては児童福祉司，児童心理司等が配置されている。保育所には，虐待の疑いがある場合においては，児童相談所へ通告する義務がある。

　子ども家庭支援センターは，各自治体に設置されており，育児や家庭の問題

> **児童福祉司**
> **(child welfare officer)**
> 児童福祉法第13条に規定され，児童相談所に配置される専門職員である。職務内容は「児童相談所長の命をうけて，児童の保護その他児童の福祉に関する事項について，相談に応じ，専門技術に基づいて必要な指導を行う」とされる。

に関する相談や，子育てボランティアへの支援を行っている。児童養護施設，母子生活支援施設，乳児院等に設置されている場合も多く，関係機関や児童相談所と連携をとりながらケースに応じた支援を行っている。専門職としては，社会福祉士，心理士，保育士，保健師が配置されている。

　児童館は地域の子どもたちの遊び場の提供と指導を行い，子どもの健全育成の機能をもつ。その他，未就園児とその保護者に対する子育て支援の役割も担っている。児童厚生員や保育士，教員免許取得者等，さまざまな経歴をもつ職員が配置されている。

④ その他子育て支援と関わる地域の人びと

　関連専門機関以外にも，地域には子育て支援の担い手が存在する。たとえば児童・民生委員，主任児童委員があげられる。児童・民生委員は，子ども及び妊産婦の保健，福祉に関して指導を行い，児童福祉司・社会福祉主事の行う職務に協力する。近年は，家庭崩壊，児童虐待等の支援においても，対応が求められている。主任児童委員は，福祉関連機関と民生・児童委員との連絡や調整を行い，民生・児童委員に協力する役割をもつ。

　その他，子育てサークル，子育てボランティアの担い手，ファミリーサポーター，子育てサポーター等がある。

　保育相談支援においては，以上のような保育に関する支援の役割・機能をもつ多岐にわたる関連機関，専門家，地域の人びとと日頃から連携を取り，協力し合えるようなネットワークづくりを図ることが大切である。そして，保育所はこのネットワークのなかで保護者の身近な存在として寄り添い続けるという重要な役割をもっていることを忘れてはならない。関係機関とつなげることで，保育所の役割が終了したということではない。関連機関と情報や認識，援助方針を共通理解し，子どもの最善の利益となるように各々の特性を活かしつつ，子どもと保護者の支援を協働して行っていくことが求められる。

注
1) バイステック，F. P. 著，尾崎新・福田俊子・原田和幸訳『ケースワークの原則（新改訳改訂版）──援助関係を形成する技法』誠信書房，2006 年，p.27
2) 加藤則子・川松亮・菅野道英・坂戸美和子・鈴木浩之・柳川敏彦『児童相談所における保護者支援のためのプログラム活用ハンドブック』平成 26 年 3 月，厚生労働科学研究費補助金（政策科学総合研究事業）「児童虐待事例の家族再統合等にあたっての親支援プログラムの開発と運用に関する研究」（H24 −政策−一般− 003)，pp.12-13
3) ピアジェ，J.「ピアジェ・インヘルダー訪日講演集」三嶋唯義・滝沢武久訳『創造的知能の開発』誠文堂新光社，1972 年
4) バイステック，F. P. 著，尾崎新・福田俊子・原田和幸訳『ケースワークの原則（新訳改訂版）──援助関係を形成する技法』誠信書房，2006 年
5) ロジャーズ，C. R. 著，伊藤博編訳『パーソナリティ理論〔ロジャーズ全集第 8巻〕』岩崎学術出版社，1967 年

5. 地域の資源の活用と関係機関等との連携・協力

6) ロジャーズ，C. R. 著，H. カーシェンバウム，V. L. ヘンダーソン編，伊藤博・村上正治監訳『ロジャーズ選集（上）』誠信書房，2001 年

参考文献

笠師千恵・小橋明子『相談援助・保育相談支援』中山書店，2014 年

柏女霊峰・橋本真紀編著『新プリマーズ　保育相談支援』ミネルヴァ書房，2012 年

金子恵美『保育所における家庭支援』全国社会福祉協議会，2008 年

川井尚「家庭の養育力　父親の役割」『母子保健情報』第 54 号，2006 年

厚生労働省『保育所保育指針解説書』2008 年

児童育成協会監修『保育相談支援』中央法規，2015 年

新保幸男「『児童の最善の利益』について」『世界の児童と母性』資生堂社会福祉事業財団，2013 年

谷口正志「多文化共生保育を考える」『国際人権ひろば』No.54（2004 年 3 月発行号）アジア・太平洋人権情報センター

西尾祐吾・立花直樹監修，安田誠人・波田埜栄治編『保育の質を高める相談援助・相談支援』晃洋書房，2015 年

成清美治・加納光子編集代表『現代社会福祉用語の基礎知識　第 12 版』学文社，2015 年

日本保育学会保育臨床相談システム検討委員会編『地域における保育臨床相談のあり方』ミネルヴァ書房，2011 年

プロムナード

　　ウェルビーイング（well-being）は，人権の尊重，自己実現など積極的・継続的に取り組む理念を表す言葉である。一人ひとりの子どもを権利の主体として尊重し，その最善の利益を保障することの実現には，子どもにとって最も重要な成長環境としての親（保護者）そして家庭のウェルビーイングの実現を通じて考えなければならない。

　　現代社会では，資本主義における効率性や成果主義が台頭し，人間とりわけ子どもの情緒面の発達において否定的な影響を及ぼしていることが危惧されており，子どもにとって最も重要な成長環境となる家庭には，こうした社会への抵抗体としての機能を果たし，家族員のストレスを軽減しつつ，社会変動に対応していくことがよりいっそう求められる。

　　しかしながら，現代のわが国の多くの家庭においては，その機能を果たしうるだけの心理的・時間的ゆとりがないということが現状であろう。家族はウェルビーイング発生の機関であるとともに，イルビーイング（ill-being）発生の機関ともなりうる。イルビーイングとはウェルビーイングの反対語であり，（健康の）すぐれない状態・不調・不幸・貧困を意味する。

　　家庭のウェルビーイングの促進においては，まず家庭からイルビーイング発生へと向かわせる要因ないし誘因を除去していくことが前提となるであろう。

　　星野政明編集代表『子ども家庭のウェルビーイング』金芳堂，2011 年

学びを深めるために

伊志嶺美津子編『保育カウンセリング講座』フレーベル館，2007 年

　　保育者や子育て支援者が子ども理解・親理解を深められるように，カウンセリングの基礎，カウンセリングマインドやカウンセラーに関わる内容を，事例を用いて体験的に考えられるような一冊です。

清水勇・阿部裕子『子育て・保育カウンセリングワークブック』学事出版，2006 年
　保育に必要なカウンセリングの理論や方法を学びやすいよう，演習や事例等
を用いて実践に役立つ内容となっています。また，関係機関や専門家との連携に
おける具体的方法についても述べられています。

第 **8** 章

保育相談支援の実際

第8章　保育相談支援の実際

1　保育に関する保護者に対する指導

（1）保育に関する保護者に対する指導の意義と内容

　2001（平成13）年の児童福祉法改正で保育士は，「登録を受け，保育士の名称を用いて，専門的知識及び技術をもって，児童の保育及び児童の保護者に対する保育に関する指導を行うことを業とする者」（第18条の4）と規定された。この法改正により，子どもと保護者という保育の対象が明確となった。

　保育は保護者の協力なくしては成立しえない領域である。こうして明文化されることにより，保育者による保護者支援の姿勢が明確に打ち出されたのである。

保育指導
⇒ P.86 参照

「保護者に対する保育に関する指導」は「保育指導」とされ，保育所保育指針解説書の第6章（保護者に対する支援）ではコラムを設け，「子どもの保育の専門性を有する保育士が，保育に関する専門的知識・技術を背景としながら，保護者が支援を求めている子育ての問題や課題に対して，保護者の気持ちを受け止めつつ，安定した親子関係や養育力の向上をめざして行う子どもの養育（保育）に関する相談・助言，行動見本の提示その他の援助業務の総体」と説明している。この記述が保育相談支援の根拠であり，保育相談支援はこの保育指導を意味している。

　本章ではこの記述を基本として述べていくことになるが，保育相談支援は保育所以外の児童福祉施設においても保護者支援の基盤を成すものであり，施設保育に従事する保育士もまた，この技術を修得しておかなければならない。

　さて，保育所保育指針の第6章「保護者に対する支援」において，保育所における保護者に対する支援の基本は次のように記されている。この記述が，保育相談支援の前提となる。

保育所における保護者に対する支援の基本

（1）子どもの最善の利益を考慮し，子どもの福祉を重視すること。

（2）保護者とともに，子どもの成長の喜びを共有すること。

（3）保育に関する知識や技術などの保育士の専門性や，子どもの集団が常に存在する環境など，保育所の特性を生かすこと。

（4）1人1人の保護者の状況を踏まえ，子どもと保護者の安定した関係に配慮して，保護者の養育力の向上に資するよう，適切に支援すること。

（5）子育て等に関する相談や助言に当たっては，保護者の気持ちを受け止め，相互の信頼関係を基本に，保護者1人1人の自己決定を尊重すること。

（6）子どもの利益に反しない限りにおいて，保護者や子どものプライバシーの保護，知り得た事柄の秘密保持に留意すること。

　保育相談支援は，子どもの保育という保育者の日々の業務と一体として行われるものであることをここで確認しておきたい。

（2）保育に関する保護者に対する指導の課題

　近年，家庭や地域を取り巻く養育環境の急速な変化に伴い，保育が果たす役割は多様化してきた。多世代同居やきょうだいが減少するなかで子育てと仕事の両立に苦慮する家庭が増え，地域コミュニティは以前のようなつながりを失っている。保護者の養育力が低下しているといわれて久しいが，子育て不安を抱える保護者は少なくなく，子ども虐待が疑われる保護者，発達障害の傾向がみられる子どもたちを育てる保護者への関わり，ひとり親家庭など，特別な支援を必要とする保護者への支援は，保育現場が抱える課題である。

　保育者はソーシャルワークの専門職ではない。しかしながら，保育を取り巻くこうした環境のなかで，昨今，保育ソーシャルワークにも目が注がれている。保育者として，保育相談支援技術を強化するために，関係機関・施設との連携を深め，社会資源を活用した個別的な支援のあり方を体系化していくことは早急の課題だといえる。

2　保護者支援の内容

（1）保護者支援の意義と内容

　保育者は，子どもの最善の利益を保障することが中心的な職務である。そのために，園・施設の環境を整え，子どもが過ごす生活を豊かに感じられるようサポートしようとする。したがって保育者は，支援の対象となる保護者の背後に常に子どもの姿を観ていなければならない。保育者にとって，保護者を支援するということは，子どもを支援することにつながっているという意識が大切である。

　図8－1は保育所保育指針における「第6章　保護者に対する支援」の構成をまとめた図解である。保育所保育指針では，保護者支援の内容は大きく「保育所に入所している子どもの保護者に対する支援」と「地域における子育て支援」に分けられている。

1）保育所に入所している子どもの保護者支援

　保育所保育指針解説書第6章では，保育所に入所している子どもの保護者に対する支援について次のように述べている。

（1）保育所に入所している子どもの保護者に対する支援は，子どもの保育との密接な関連の中で，子どもの送迎時の対応，相談や助言，連絡や通信，会合や行事などさまざまな機会を活用して行うこと。

（2）保護者に対し，保育所における子どもの様子や日々の保育の意図などを説明し，保護者との相互理解を図るよう努めること。

> **子ども虐待**
> 2000（平成12）年に成立した「児童虐待の防止等に関する法律」によると，18歳未満の子どもが養育者から受ける「身体的虐待」「ネグレクト（養育の放棄）」「性的虐待」「心理的虐待」といった行為を示している。厚生労働省の集計によると，全国の児童相談所が対応した子ども虐待の件数は103,260件であり，警察から児童相談所に通告される「面前DV」（子どもの目の前で配偶者等を怒鳴りつけたり，暴力を振るうことが，子どもの心理的虐待に当たる）の増加が目立っている。

> **ソーシャルワーク**
> ⇒P.118参照

(3) 保育所において，保護者の仕事と子育ての両立等を支援するため，通常の保育に加えて，保育時間の延長，休日，夜間の保育，病児・病後児に対する保育など多様な保育を実施する場合には，保護者の状況に配慮するとともに，子どもの福祉が尊重されるよう努めること。
(4) 子どもに障害や発達上の課題が見られる場合には，市町村や関係機関と連携及び協力を図りつつ，保護者に対する個別の支援を行うよう努めること。
(5) 保護者に育児不安等が見られる場合には，保護者の希望に応じて，個別の支援を行うよう努めること。
(6) 保護者に不適切な養育等が疑われる場合には，市町村や関係機関と連携し，要保護児童対策地域協議会で検討するなど適切な対応を図ること。また，虐待が疑われる場合には，速やかに市町村又は児童相談所に通告し，適切な対応を図ること。

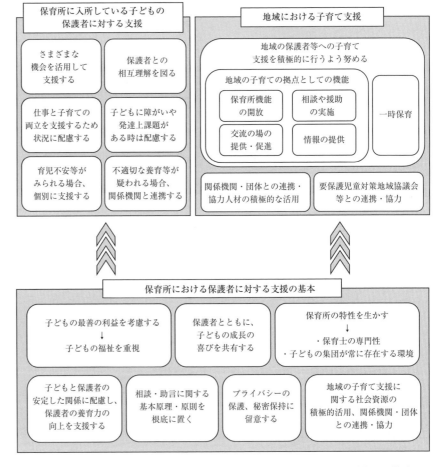

図8-1 保育所保育指針における「第6章 保護者に対する支援」の構成

出所）渡邊慶一「保育における相談援助」西尾祐吾監修，立花直樹・安田誠人・波田埜英治編『保育の質を高める相談援助・相談支援』晃洋書房，2015年，p.51

また，幼保連携型認定こども園教育・保育要領では，第1章総則第3「幼保連携型認定こども園として特に配慮すべき事項」のなかで6として，保護者に対する子育て支援に当たっては，「幼保連携型認定こども園における教育及び保育の基本及び目標を踏まえ，子どもに対する学校としての教育及び児童福祉施設としての保育並びに保護者に対する子育て支援について相互に有機的な連携が図られるよう，保護者及び地域の子育てを自ら実践する力を高める観点に立つ」と述べており，幼保連携型認定こども園教育・保育要領解説には保護者に対する子育て支援に当たって次の基本事項をあげている。

○子どもの最善の利益

○保護者との共感

○幼保連携型認定こども園の特性を生かした支援

○保護者の養育力向上への寄与

○相談・助言におけるソーシャルワークの機能

○プライバシーの保護及び秘密保持

○地域の関係機関等との連携・協力

2）地域における子育て支援

児童福祉法第48条の4において，「保育所は，当該保育所が主として利用される地域の住民に対してその行う保育に関して情報の提供を行い，並びにその行う保育に支障がない限りにおいて，乳児，幼児などの保育に関する相談に応じ，及び助言を行うよう努めなければならない」とされる。

児童福祉法第48条の4に基づき，保育所は，地域の実情や保育所の体制を踏まえながら，地域における子育て支援の2つの機能を発揮しなければならない。ひとつは，地域の子育ての拠点としての機能である。これには，子育て家庭への保育所機能の開放（施設及び設備の開放，体験保育等），子育て等に関する相談や援助の実施，子育て家庭の交流の場の提供及び交流の促進，地域の子育て支援に関する情報の提供，があげられる。

これを受けて保育所保育指針には，地域の子育て支援の拠点として，保育所の機能を地域に開放することや相談に応じること，情報提供や保護者同士が交流できる機会をもつことなどが定められている。また，社会資源の効果的な活用も含めて，地域における子育て支援の担い手としての役割が期待されていることがわかる。

また，保育所以外の児童福祉施設については，児童福祉法第48条の2において，乳児院や児童養護施設などの長は「当該施設の所在する地域の住民に対して，その行う児童の保護に支障がない限りにおいて，児童の養育に関する相談に応じ，及び助言を行うよう努めなければならない」とされる。

第8章　保育相談支援の実際

子ども・子育て支援新制度

急速な少子化の進展や家庭および地域を取り巻く社会環境の変化に対応するため，2012（平成24）年8月に成立した。「子ども・子育て関連3法に基づき，2015（平成27）年4月から施行された。

待機児童

入所要件を満たしているにもかかわらず，保護者が入所申請しても認可保育所や学童保育施設に入所できない状態にあることを示している。待機児童が増加している背景には，共働き世帯が増えているにもかかわらず保育所や学童保育施設の数が不足していることがある。

（2）保護者支援の課題

　近年，子ども・子育て支援新制度の開始，子どもの数が減少する一方での待機児童の増加，増え続ける子ども虐待など，保育環境は大きく変動している。そのなかにあって，保護者は子育てにともなうさまざまな課題を抱えながら日々生活している。

　その課題の性質は実にさまざまであり，同じような課題を抱えるように見えてもその課題を抱えるに至った背景は決して一様ではない。特別な配慮を必要とする保護者に対する支援技術も向上させていかなければならない。ざっと書き出しただけでも，次のような課題があげられる。

・養育力の低下や育児不安
・子どもの育ちやしつけに対する悩み
・深刻化するケースが後を絶たない子ども虐待
・生活保護世帯と子どもの貧困
・夫婦関係や嫁姑関係など家庭内の問題
・離婚や死別などによるひとり親家庭
・障がいのある子どもへの関わり
・発達障害の傾向がみられる子ども
・海外からの移住者とことばの壁
・障害のある保護者への対応
・保育への要望や苦情を訴える保護者
・保護者同士のトラブル

　保護者が抱える生活課題はこのように多岐に渡っており，これ以外にもさまざまなものが考えられる。個人に対する保育者の支援で解決可能なものもあれば，関係機関と連携して支援に当たらなければならないものもある。

3　保護者支援の方法と技術

（1）保護者支援の方法

　保育所保育指針解説書では，保育士の専門性について次の6点をあげている。
　このうち①〜⑤が子どもへの保育技術である。保育所保育や施設保育を問わず，保育士が共通して修得している技術が，保育士の専門性として，子どもを対象として実践される保育技術である。児童福祉法第18条の4における「児童の保育」がこれに当たる。

　⑥が保育相談支援技術に当たり，児童福祉法第18条の4における「児童の保護者に対する保育に関する指導」で実践される技術である。保育相談支援は，保育者が子どもに対して日々実践している保育技術を基盤として展開される。

① 発達援助の技術

発達援助の技術は,「子どもの発達に関する専門的知識を基に子どもの育ちを見通し,その成長・発達を援助する技術」と定義される。発達援助の技術は,保育所保育指針(「第2章 子どもの発達」)にいうように,「様々な環境との相互作用により発達していく」子どもたちが,「それまでの体験を基にして,環境に働きかけ,環境との相互作用を通して,豊かな心情,意欲及び態度を身に付け,新たな能力を獲得していく過程」を支える,保育者の基盤となる技術であり,他の保育技術に深くつながりをもつ技術である。

保育所保育指針(「第2章 子どもの発達」)では,子どもの発達における特性や発達過程をふまえながら,「発達及び生活の連続性に配慮して保育しなければならない」とされ,「子どもと生活や遊びを共にする中で,一人一人の子どもの心身の状態を把握しながら,その発達の援助を行うことが必要である」と述べている。

② 生活援助の技術

生活援助の技術は,「子どもの発達過程や意欲を踏まえ,子ども自らが生活していく力を細やかに助ける生活援助の知識・技術」と定義される。保育所保育指針(「第1章総則3保育の原理(1)」)において,保育の目標のひとつとしてあげられる「健康,安全など生活に必要な基本的な習慣や態度を養い,心身の健康の基礎を培う」ことを実現することにより,生理的ニーズを支えようとする。子ども自らが生活技術を獲得していくことを側面的に支えていくことも含んでいる。

> **生理的ニーズ**
> 人間の生命を維持するために必要な,呼吸,食事,排泄などのもっとも基本的な欲求を示している。

③ 環境構成の技術

環境構成の技術は,「保育所内外の空間や物理的環境,さまざまな遊具や素材,自然環境や人的環境を生かし,保育の環境を構成していく技術」と定義される。保育所保育指針(「第1章総則3保育の原理(3)」)では,「人,物,場などの環境が相互に関連し合い,子どもの生活が豊かなものとなる」よう,「計画的に環境を構成し,工夫して保育しなければならない」としている。

その時保育者が配慮することは,「子どもが自発的,意欲的に関われるような環境を構成」することである。

④ 遊びを展開する技術

遊びを展開する技術は,「子どもの経験や興味・関心を踏まえ,さまざまな遊びを豊かに展開していくための知識・技術」と定義される。子どもの生活は遊びによって支えられるといってよい。そのために保育者が,子どもたちにどのような体験を提供するかということは,保育の専門性として非常に重要な要素である。保育所保育指針(「第1章総則3保育の原理(2)」)では,「乳幼児期にふさわしい体験が得られるように,生活や遊びを通して総合的に保育すること」と述べている。

⑤ 関係構築の技術

関係構築の技術は，「子ども同士の関わりや子どもと保護者の関わりなどを見守り，その気持ちに寄り添いながら適宜必要な援助をしていく関係構築の知識・技術」と定義される。保育所保育指針（「第1章　総則」「3　保育の原理」）において，「人との関わりの中で，人に対する愛情と信頼感，そして人権を大切にする心を育てるとともに，自主，自立及び協調の態度を養い，道徳性の芽生えを培う」とする目標を実現する技術である。保育が実践される場は，多様な人間関係が相互作用する場である。

子どもは，保育者を始めとする大人との関係性，保護者との関係性，そして何より，子ども同士の関係性を構築していくことにより，自己を作っていく。保育者には，子どもの発達段階に応じた働きかけの技術が求められている。

> **相互作用**
> 互いに働きかけ，影響し合う力動的な関係性のことを指している。

⑥ 保護者支援の技術

保護者支援の技術は，「保護者等への相談・助言に関する知識・技術」と定義される。先に述べたように，「保育相談支援」は子どもの保育という保育者の日々の業務と一体として行われるものである。保育所保育指針（「第1章　総則」「3　保育の原理」）において，保護者の「意向を受け止め，子どもと保護者の安定した関係に配慮し，保育所の特性や保育士等の専門性を生かして，その援助に当たらなければならない」としている。

こうして，保育所の特性や保育士の専門性である保育技術を活用して，保育相談支援を展開することになる（図8 – 2）。それは，次のような場面や機会を通した関係づくりや，子育てのなかで生じる悩みや困り事に応えるための支援を可能にすることを意味する。

> ア）送迎時における直接的対話により，日常のコミュニケーションを大切にしながら，保護者と子どもの様子を観察する。
>
> イ）連絡ノートを活用した間接的対話により，園・施設，家庭での子どもの様子を伝え合う。
>
> ウ）遠足や夏祭りなど季節ごとの行事，運動会や生活発表会などの保護者参観，入園式や卒園式などのメモリアルイベントを通した関わりにより，保護者との思いの共有，保護者同士の関係づくりや子どもの成長を実感できる場を提供する。
>
> エ）家庭訪問や保護者会の機会を活用することにより，保育方針の伝達，各家庭の生活状況の把握，個別課題の検討，保護者同士が共感し合える場の設定などへとつなげる。
>
> オ）地域の子育て家庭等が交流できる場を設定することにより，園の様子を知ってもらい，子育て家庭等が相談に訪れやすい地域に開かれた園をつくる。

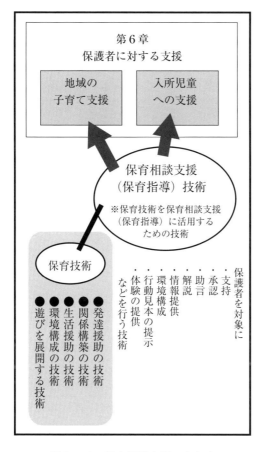

図8−2　保育相談支援の考え方

出所）柏女霊峰監修・編著，橋本真紀・西村真実編著『保護者支援 スキルアップ講座 保育者の専門性を生かした保護者支援―保育相談支援（保育指導）の実際』ひかりのくに，2010年，p.21

(2) 保育相談支援技術

　保育相談支援技術について，柏女・橋本・西村ら（2010）の研究成果が体系的にまとめられておりわかりやすい（表8−1）。この研究では26種類の保育相談支援技術が把握され，それらの技術は大きく2つに区分される。ひとつは，観察や受容，傾聴のように，親子関係の把握や保護者の心情などを保育者が受け止める技術としての「受信型」の技術である。もうひとつは，承認や方法の提案などのように，保育者が保護者や子どもに働きかけていく技術としての「発信型」の技術である。

　先に述べたように，保育相談支援技術は，子どもに対して日々実践される保育技術を活用して展開される。柏女・橋本・西村（2010）は，保育相談支援技術を選択する時，それがどの保育技術を活用して行われるものであるのか，組み合わせを考えることを提案している（図8−3）。たとえば，トイレットトレーニングに悩む保護者に対して，園の環境を利用しながら，発達援助や生活援助の技術を活用しながら，保護者に行動見本を示すことができる。

第8章　保育相談支援の実際

表8−1　保育相談支援技術の類型化と定義

		技術類型	技術の定義
受信型	情報収集／分析	観察	推察を交えず視覚的に現象を把握する行為
		情報収集	保護者や子どもの状態を把握するための情報を集める行為
		状態の読み取り	観察や情報収集により把握された情報に，保育士の印象，推察を交えながら保護者や子どもの状態を捉える行為
	受容的な技術	受容	保護者の心情や態度を受け止める発言や行為
		傾聴	聴くことの重要性を認識した上で，保護者の話を聞く行為
		共感・同様の体感	保護者と同様の体感をする，もしくは保護者の心情や態度を理解し，共有しようとする行為
発信型	言語的援助	会話の活用	保護者との関係の構築を目的として，挨拶，日常会話などを意識的に活用している行為
		承認	保護者の態度や心情を認めること
		支持	保護者の子どもや子育ての意欲や態度が継続されるように働きかけること
		気持ちの代弁	現象から対象者の心情を読み取って他者に伝えること
		伝達	子どもの状態，保育士の印象を伝えること
		解説	現象に保育技術の視点から分析を加えて伝える発言や行為
		情報提供	広く一般的に活用しやすい情報を伝えること
		紹介	保護者が利用できる保育所の資源，他の機関やサービスについて説明し，利用を促すこと。
		方法の提案	保護者の子育てに活用可能な具体的な方法の提示
		依頼	保育士が必要性を感じ，保護者に保育や子どもへのかかわりを頼むこと
		対応の提示	保育所における子どもや保護者に対する保育士の対応を伝えること
		助言	保護者の子育てに対して抽象的に方向性や解決策を示すこと
	動作的援助	物理的環境の構成	援助のための場や機会の設定
		観察の提供	保護者が子どものようす等を観察する機会を提供すること
		行動見本の提示	保護者が活用可能な子育ての方法を実際の行動で提示すること
		体験の提供	保護者の子育ての方法を獲得するための体験を提供すること
		直接的援助（保護者）	保護者の養育行為を直接的，具体的に援助している行為
		子どもへの直接的援助	子どもに対して直接的に援助を行うことで，保護者の子育てを支えている行為
		媒介	親子や保護者，家族の関係に着目し，働きかける行為
	方針の検討	協議	保育所職員間における話し合い，相談等の作業，行為

出所）柏女霊峰監修・編著，橋本真紀・西村真実編著『保護者支援 スキルアップ講座　保育者の専門性を生かした保護者支援—保育相談支援（保育指導）の実際』ひかりのくに，2010年，p.77．を一部修正

　またこの他，保育者による保護者支援は，相談・助言の専門的機能である相談援助技術（ソーシャルワーク）を基盤として行われることに留意する必要がある。たとえば，ソーシャルワークにおけるバイスティックの原則は，保護者と援助関係を形成するための基礎を形成することになる。

4　保護者支援の計画，記録，評価，カンファレンス

（1）保護者支援の計画・記録・評価

1）保護者支援の計画

　保護者支援は，保育者がただやみくもに働きかければそれで課題解決に至る

図8-3 保育技術と保育相談支援（保育指導）の組み合わせ図

出所）柏女霊峰監修・編著，橋本真紀・西村真実編著『保護者支援 スキルアップ講座 保育者の専門性を生かした保護者支援―保育相談支援（保育指導）の実際』ひかりのくに，2010年，p.21

というものではない。保護者支援を必要とする保育課題や生活課題は，現実的に，保護者や子ども，また家庭そのものが抱えている課題であり，それによってまさしく思い悩み，あるいは生きづらさの根源となっている出来事でもある。保育者は，その出来事の背景にある事柄を分析し，効果的な解決方法を見出し，実践行動へとつなげていかねばならない。そのために必要な手続きが「計画」である。

保護者支援はソーシャルワーク実践の展開過程を基礎としており，図8-4で示すような過程をたどる。

① 保護者支援の前提となる保育課題

保護者支援は，日常の送迎や家庭訪問等の機会に感じた保育者の気づき，あるいは保護者から語られた悩みや困りごとに始まる。保護者支援の前提には，保育課題や保護者自身が抱えている生活課題がある。

② インテーク（保護者支援の開始期）

保護者の訴えに耳を傾ける初期の対応段階である。保護者がどのような状況のなかで困りごとや悩みなどを抱えているのか，丁寧な対応を心がけねばならない。ここで保育者がどのように対応したかによって，保護者が保育者との関係のなかで感じる信頼感が変わってくる。もし，園や施設で対応しきれない事案であった場合は，他の専門機関に対応を引き継ぐことを考えなければならない。

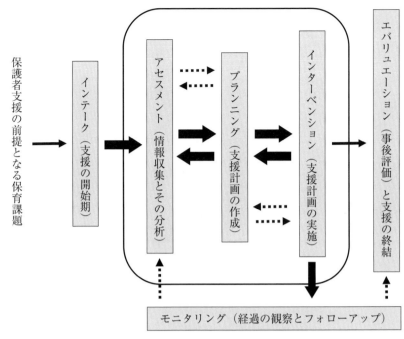

図8−4　保育相談支援の展開過程
出所）筆者作成

③アセスメント（情報収集とその分析）

　保護者から語られた保育課題や生活課題が，どのような状況によってもたらされたものなのか明らかにしなければ，効果的かつ効率的な支援にはつながらない。そのためには，正確な情報が必要である。収集された情報は，保護者との対話を通して得られた情報とともに，整理・分析されることにより，現実と実態に応じた支援計画の作成につながる。

④プランニング（支援計画の作成）

　アセスメントにしたがって支援計画を作成していくことになるが，この過程において新たな情報の必要性に気づくことがある。アセスメントと並行しながら，より現実的な解決に結びつけていくことができる支援計画の作成が求められる。支援計画は，大きく長期・中期・短期に区分される。課題の性質が，複雑で困難なものであればあるほど，険しい山道を登るかのようである。山頂という長期の目標を達成するためには，中期目標，さらにはより達成しやすい短期目標を設定しておくことが，プランニングの段階では必要となる。

⑤インターベンション（支援計画の実施）

　支援計画に基づいて，支援活動を実行する段階である。支援活動には，保護者や子どもに対して直接働きかける方法と，社会資源を用いて間接的に働きかける方法がある。先に述べた保育の専門性を活用した支援活動が展開される。
　保護者が子育てにおいて抱える悩みや困り事は多様であり，同じような事柄

> **社会資源**
> 支援を必要とする人びとの生活上のニーズを充たすために活用できる，さまざまな人的資源（家族，地域住民，専門職等）と物的資源（法制度，サービス，機関，施設等）のことである。

であっても，その内容やそれを抱えるに至った背景は一様ではない。その固有
の課題に向き合うためには，保護者との丁寧な対話によってその思いや考えを
丁寧に聴き取り，保護者がその課題をどのような体験として受けとめているの
かを理解する姿勢が欠かせない。その上で，適切な支援方法を選択していくこ
とが必要である。

⑥ モニタリング（経過の観察とフォローアップ）

実施された支援活動の内容をふりかえりながら，支援活動実施後，保護者や
子ども，生活環境がどのように変化したかについて観察し，支援活動の効果に
ついて評価する段階である。この時点はゴールではなく，経過を観察しながら
の評価であり，必要に応じて再びアセスメントやプランニングの段階に立ち返
り，修正した計画に沿って改めて支援を展開することも考えられる。

⑦ エバリュエーション（事後評価）と支援の終結

一連の支援活動を実施し，状況の変化や得られた効果，支援方法の適切性か
ら組織的に検討・評価が行われる。その結果，おおむね課題解決に至り，これ
以降は保護者自身で対応していくことができると確認できた場合，支援の終結
を迎える。ただし，支援の終結は必ずしも幸福に終えることばかりではない。
保護者の転居や死亡により支援が終結することもあれば，対応しきれない困難
な課題の場合は，他機関へ送致されることにより終結を迎えることもある。

2）保護者支援の記録

① 記録の意義

保育所保育指針解説書の第4章では，「記録をすることは，自分の保育を具
体的に振り返り省察する過程そのもの」であると述べている。子どもへの保育
は，子どもたちの切れ目がない生活の連続性を書き留めることにより，多様か
つ一貫性のある援助が可能となる。

こうした子どもへの保育で蓄積された記録方法を，保護者支援にも活用しな
ければならない。客観的に考察された事実および保育者の感じ方や理解の仕方
を丁寧に書き綴っていくことにより，保護者支援は実のあるものとなる。

日々みられる子どもの姿との関連性にも目を向けていく必要もある。家庭の
様子が，子どもの姿を通じて現れていることがある。つまり，ここで改めて確
認しておくと，保護者を支援することは，すなわち子どもを支援することに通
じているという認識を保育者はもたなければならない。

その点において，記録に書き留めることによって，子どもの姿と保護者の姿
の接点に気づきを得ることができる。保護者支援の記録は，子どもの最善の利
益を図るという点においても意義がある。

また，記録は，職場内またはケースによって関連機関と連携を図る際にも用
いられる，情報共有のための有効なツールであり，支援計画の練り直しや保育
者自身が日々の実践を見つめ直すためにも活用することができる。

送　致

法令用語であり，法令の
規定によって，ある公的機
関より別の公的機関へ案件
の処理権限を移すことを示
している。

② 記録の方法

記録には，時系列を意識した記録（以下，時系列記録）とエピソードを意識した記録（以下，エピソード記録）がある。

時系列記録には，保護者との対話を流れに沿って正確にまとめた逐語録や，支援の経過を追って蓄積される経過記録がある。したがって，時系列記録では，事実をありのままに書き留めていく力が求められる。

一方，エピソード記録は，象徴的な場面をその様子が伝わるように書き綴っていく。そして，自らがどのように対応し，どのように考えたか，保育者の視点も併せて記録する。エピソード記録は長い記録になることもあるため，事実関係を損なわないように要約する技術も求められる。そして，事実と保育者の意見や考察を区別して書くことが必要である。

また，文章だけではなく，マッピング（図示化）の方法を用いながら，保護者と子どもを取り巻く社会資源との関係性を視覚的に表す方法もある。

3）保護者支援の評価

保護者支援の質を高めるためには，実践を振り返りながらその過程を評価する作業が欠かせない。もとより保育所保育指針解説書第4章（保育の計画及び評価）では，保育の質を高めるため保育士自身と組織としての自己評価の必要性が説かれており，「ア　保育士等は，保育の計画や保育の記録を通して，自らの保育実践を振り返り，自己評価することを通して，その専門性の向上や保育実践の改善に努めなければならない」とされる。そして，実践を改善するための評価の観点について，「子どもの1人1人の育ちをとらえる視点」と「自らの保育をとらえる視点」をあげている。

これに倣うならば，保護者支援もまた，子ども一人ひとりの育ちと日々向き合いながら，生活を共にしている保護者の側に立ち，その思いに寄り添うものでなければならないし，保育士自らの保護者支援のあり方を問うための評価でなければならない。

そして，自己評価のみならず職場において上司や経験豊かな保育者からスーパービジョンを受けることや，第三者による評価も採り入れながら，組織としての保護者支援体制を整備していくことも必要である。

（2）保護者支援とカンファレンス

カンファレンスとは，支援の対象となる保護者や子どもへの理解を深めながら，支援の内容や進むべき方向性を検討する場を示している。一般的には，保育者だけではなく，医師や看護師，児童指導員，栄養士，臨床心理士等，その組織を構成するさまざまな立場や専門職種の人たちが集まり，検討が行われる。ひとつの機関・施設にとどまらず，関係機関・施設が協働して取り組む場合もある。

マッピング

ある状況において保護者や子ども取り巻く人や環境の相互関係を，記号や関係を表す線種を使い分けることによって，視覚的に描き出す方法である。家族の状態を表す「ファミリーマップ」，三世代以上に渡る家系図を描く「ジェノグラム」，支援の対象となる家族と社会資源との関係を表す「エコマップ」等がある。

スーパービジョン

経験豊かな保育者から経験の浅い保育者が助言・指導を受けることを指している。スーパービジョンには，組織として責任を果たすための「管理的機能」，保育者として適切な支援の態度や技術を培うための「教育的機能」，心理的なサポートを行う「支持的機能」がある。このためスーパービジョンは援助者のために行われる支援活動だと考えられる。また，他の専門職から保育者が学ぶことを「コンサルテーション」と呼んでいる。

4. 保護者支援の計画，記録，評価，カンファレンス

　カンファレンスを進めるためには，実践場面をまとめた資料を用意しなければならない。タイトルを付し，事例の概要や支援の経過，検討すべき事柄等について，他の職種にも共有することができるような記述が求められる。文字にすることによって，自らの実践を振り返り，実践を検証していくなかで出席者からの意見や質問等に応えることによって，新たな観点が芽生えたり，気づきを得ることができる。その内容はすなわち，保育の質を高めることにつながり，保護者支援に反映されるものである。

　保育者が保護者支援の質を確かなものとするためには，組織において定期的にカンファレンスを実施することが必要なのである。

参考文献

柏女霊峰・橋本真紀『〈増補版〉保育者の保護者支援—保育相談支援の原理と技術』フレーベル館，2010 年

柏女霊峰監修・編著，橋本真紀・西村真実編著『保護者支援 スキルアップ講座 保育者の専門性を生かした保護者支援—保育相談支援（保育指導）の実際』ひかりのくに，2010 年

厚生労働省編『保育所保育指針解説書』フレーベル館，2008 年

内閣府・文部科学省・厚生労働省編『幼保連携型認定こども園教育・保育要領解説』フレーベル館，2015 年

西尾祐吾監修，立花直樹・安田誠人・波田埜英治編『保育の質を高める相談援助・相談支援』晃洋書房，2015 年

プロムナード

　保育者養成校では学生の実習先に訪問して指導を行うことが，教員の職務のひとつとなっています。保育所や幼稚園，保育所以外の児童福祉施設，また養成校によっては小学校教諭の養成課程をもつ学校もありますから，幅広い種別の実習先を訪問しなければなりません。

　最近，実習先へ訪問指導に伺うと，筆者の名刺を見て，筆者の研究領域が子ども家庭福祉分野の相談援助論で，社会福祉士であることを知ると，関心をもって，現場が抱えるさまざまな事情を話してくださる先生方に出会う機会が増えたように思います。それは，保育者がソーシャルワークの専門性を有する機関と連携することや，保育者自身がソーシャルワークの基礎を理解しておくことの必要性を示しているといえるのではないでしょうか。

　保育者養成課程において，従来の「社会福祉援助技術」を「相談援助」と「保育相談支援」に分割した背景には，保護者支援の必要性が高まった社会的ニーズに応えることや，現場が抱える保護者対応のむずかしさが表れているといえるでしょう。

学びを深めるために

柏女霊峰監修・編著，橋本真紀・西村真実編著『保護者支援 スキルアップ講座 保育者の専門性を生かした保護者支援—保育相談支援（保育指導）の実際』ひかりのくに，2010 年

　イラストを活用した具体的な事例を交えながら，保育技術と保育相談支援技術の組み合わせ図を詳細に説明しています。

小原敏郎・橋本好市・三浦主博編『学ぶ・わかる・みえる（シリーズ　保育と現代社会）演習・保育と保護者への支援―保育相談支援』みらい，2016年

　保育相談支援の各テーマについて丁寧に説明され，併せて豊富な演習課題に取り組むことができます。ショート事例でさまざまなケースに取り組み，プロセス事例により一連の展開過程から学ぶことができる構成となっています。

第 9 章

児童福祉施設における
保育相談支援

第9章　児童福祉施設における保育相談支援

1　保育所における保育相談支援の実際

（1）保育所における相談支援の特徴

柏木（2008）は，保育相談支援をパールマン（Perlman, H. H.）の4つの P（person, problem, place, process）を援用して，「親子がよりよく生きていくために，生活のなかで起こってくる子どもの発達や親子関係などに関する問題について，保育所等の施設などにおいて保育士がその専門的知識と技術を用いて支援していく過程である」[1] と整理している。つまり保育所における相談支援は，保育士の専門性である保育の知識や技術を生かしながら，保育所の特性を通して行われる支援であるといえる。保育相談支援が行われる場（place）として保育所はどのような特徴があるだろうか。保育相談支援の展開場面から考えてみる。

表9-1　4つの P と保育相談支援

Person：援助を必要としている人	Problem：支援の対象となる問題
保育所に通所する親子 地域の子育て家庭	子どもの発達や親子関係の問題
Place：支援を展開する場所	Process：問題解決のための過程
保育所，こども園 子育て支援センター	保育士が専門的知識と技術を用いて支援

① 送迎時

保育所に通園する子どもの送迎は，日常保護者によって行われる。登園時，保育士の側から積極的に子どもと保護者に挨拶し，子どもの表情，態度，親子での様子に気を配りながら保護者からの伝達事項を確認する。降園時には，引き渡しを行う保育士が子どもの健康状態や保育所での生活の様子を把握した上で保護者に丁寧に伝達をする。送迎時の保育士の対応により保護者は安心感をもつことができ，それが保育士，保育所への信頼にもつながる。虐待等の問題を抱えている事例では，とくに保育士は必ず毎回声を掛ける等の援助を行い，関係が築いてゆけるよう配慮する。

また，子どもや家庭の様子で気になったり，伝えたりしたいことがある場合，まず送迎時のさりげない話題提供から会話のきっかけを作り，保護者の様子を察知したり，ニーズを探ったりし，援助が送迎時の会話で行えるかどうかを判断し，必要があるとされたら改めて面談の場を設けてゆっくり話を聞くこともある。保護者にとっても，送迎時に保育士と会話する機会は貴重である。子どもの発達や子育てに関する質問をしたり，保育所に対する苦情や要望を訴えたりするのも送迎時に行われることが多い。保育士が日常的，継続的に保護者と関わることのできるこのような機会は，保育所特有のものである。保育士はその意義をよく理解し，有効に活用することが求められる。

パールマン, H. H.
（米 Perlman, Helen Harris; 1905-2004）
ケースワークにおける問題解決アプローチを提唱した。4つの P（person, problem, place, process）を提唱し，現在でもケースワークを構成する重要な要素として理解されている。

4つの P
パールマンは「人びとが，社会的に機能するあいだにおこる問題をより効果的に解決することを助けるために福祉機関（場所）によって用いられるある過程である」というケースワークの定義から，援助を必要としている人（person），対象となる問題（problem），援助を展開する場所（place），問題解決のための援助過程（process）という4つを抽出してケースワークの構成要素とした。

② 行　事

入園式や卒園式，運動会，発表会，遠足，保育参観などは，保護者が参加する行事である。行事は保護者にとって楽しみでもあり，なごやかな気持ちで参加しているので，コミュニケーションを深める絶好の機会である。行事に参加した保護者は，わが子と他の子どもや保育士との関わりなど保育の場面を通して子どもの発達や生活の様子を知ることができる。さらに，同年齢，異年齢の他の子どもの様子をみたり，関わったりすることにより，子どもの発達に見通しをもち，自分と子どもの関わりを振り返って考える機会にもなる。保護者には子育てに関する新たなニーズが生じたり，これまでのニーズが変化したりする場合もある。行事を通して保育士は，保護者と子どもの成長を喜ぶだけでなく，これらの保護者の新たなニーズや変化を察知し，対応したい。

③ おたより，連絡帳

保育所はそれぞれの保育理念をもち，保育士はその理念のもとに一人ひとりの子どもとその家庭をみつめ，日々さまざまな配慮や工夫をしているが，そのような思いはなかなか保護者や地域には伝わりにくい。保護者からしたら，いったん保育所に子どもを預けてしまえば，迎えに行くまで保育所でどのようなことが行われているのかわからないと，不安や不信にもつながってしまう。おたよりは保育所からの情報発信，連絡帳は保育所・保育士と保護者との情報交換の役目を担うものである。会話だけでは伝えきれないことを伝えたり，会話が苦手な人，時間がとりにくい人とのコミュニケーションを深めたりするのに重要な手段となっている。園からの一方的な連絡にならず，保護者のニーズをよくとらえ，子どもの姿や発達の様子を魅力的に伝えられるような内容や発信の方法を工夫したいものである。

④ 面談，懇談

入園前の個別面談，年度初めのクラス懇談会など，保育所ではその目的に応じて，さまざまな時期に多様な形式で面談や懇談を行う。集団で参加する形式の懇談会の目的は，保育所の運営方針や保育内容の理解を求める，保育者と保護者あるいは保護者同士の親交を深める，保育に関する課題やその対応について意見交換を行うなどである。個別形式の面談では，保育所と家庭それぞれでの子どもの状況について情報交換をしたり，子どもや子育てに関する課題について保育士が専門知識や技術を活用して指導を行ったり，支援を行ったりする機会ともなる。いずれの目的や形式においても，保育者は保護者が話しやすい雰囲気づくりを心がけ，保護者の立場に立って保護者のニーズを適切にとらえ，保護者を支える姿勢が大切である。

⑤ 地域子育て支援

保育所では地域の子育て家庭への支援として，園開放，遊びや食などに関するプログラムの提供，講演会の開催等を行っている。これらは，在宅で子育て

している親子に遊び場や他の親子と出会い交流する機会，子育てに関する情報を保育所が提供するものであり，地域で孤立しがちな子育て家庭を保育所のもつ資源を活用して社会とつなぐことができる。他の親子と知り合いたい，子育ての悩みを誰かに相談したいと思っていてもどこに行ったらよいかわからない，支援機関が小さい子どもを連れて行くには遠すぎるというようなことも多い。身近にあって物的，人的にも子どもや子育てに関する資源が整っている保育所の存在は，このような親子にとって心強い存在となる。保育所，保育士は，地域子育て支援の資源という枠組みで自らの役割と有効性をとらえなおしてみることも重要である。

「保育所保育指針解説書」第6章　保護者に対する支援の［子育て支援の機能と特性］には，保育所の子育て支援の機能，特性として，① 日々，子どもが通い，継続的に子どもの発達援助を行うことができること，② 送迎時を中心として，日々保護者と接触があること，③ 保育所保育の専門職である保育士をはじめとして各種専門職が配置されていること，④ 災害時なども含め，子どもの生命・生活を守り，保護者の就労と自己実現を支える社会的使命を有していること，⑤ 公的施設として，さまざまな社会資源との連携や協力が可能であること，の5点をあげている。このことを高山 (2010)[2] は，保育所は「子どもと保護者の生活を日常的に支援する」ところであり，保護者支援（保育相談支援）は「子どもがいる『暮らし』の支援」であると表現する。保育所における相談支援は，このような保育所の特性を生かして行われるのである。

（2）保育所における相談支援の内容

保育所で行われる相談支援は，保育士と保護者との日常的，継続的な関わりのなかで行われることが多い。いくつかの事例を通してその内容をみてみよう。

事例9－1「元気のないMさん」

保育所には玄関ホールにその日の給食・おやつの展示ケースが置いてあり，送迎時にそれをみながら会話している親子の姿がよくみられる。ある日，そのケースの前でじっと立ち止まっているMさんに保育士が気付いて声をかけた。Mさんは「保育園の給食はすべて手作りで，いろいろなお野菜が取り入れてあって，しかも毎日変化もあって，本当においしそう。おうちでも栄養を考えてちゃんと作らなくちゃってわかってはいるのだけど…。」と自分を責めるように話してくれた。保育士が「先日のクラスだよりにも家庭での食事のこと書きましたものね。でも実は私もおうちでは毎回手作りなんてしてないんですよ。働いていたらそんなの無理ですよね。」と答えると，Mさんは少しほっとしたようにみえた。

何気ない保護者と保育士の会話の場面にみえるが，この保育士は，いつも保育所からのおたよりや連絡帳に丁寧に目を通して保育所からのお願いに快く協力してくれ，送迎時には明るく元気にあいさつする日頃の保護者の様子をよく知っていたからこそ，その日のMさんの姿に何か異変を感じて声をかけることができたのである。保育士が自分の体験を交えながら支持的に保護者に対応した事例である。このような日常場面での保育士の援助を通して，保護者との間に信頼関係が構築されていくのである。

事例9－2「保育所の工夫に関心をもったSさん」

保育参観の時，0歳児クラスでKくん（8ヵ月）の遊ぶ様子をみていたSさん。子どもたちは思い思いに好きなところへ歩いたり，這っていったりして，興味のあるものを手にとって遊んでいた。Kくんは電話のおもちゃを触って遊んでいたが，しばらくすると受話器の部分をつかんでガンガンと横にあった棚に打ちつけ始めた。Sさんは慌てて「おもちゃをそんなふうにしたらダメでしょう。」とKくんからおもちゃを取り上げ，保育士に謝ってきた。保育士は「大丈夫ですよ。Kくんくらいの時期のお子さんは，手で物をつかんだり打ち合わせたりするのを楽しみながら，体の使い方を覚えていくのです。保育園は少しくらいガンガン物をぶつけても安全なように配慮してありますし，本当に危険な時は私たちが止めますから。」と話した。Sさんはこの話に「あぁ」とうなずき，クラスをみまわしながら「私はKが届かないところに物をしまいこんでいたけれど，そういえばあそこの棚には赤ちゃんの手が届くところにおもちゃが置いてありますね。」などといろいろと質問し帰っていった。その日の連絡帳には「家でもやってみました。」と報告があった。

この事例で保育士は，乳幼児の保育の専門知識を活用して子どもの発達や遊び，環境の工夫などについて，Sさんの関心に沿って説明をした。このように，行事や迎えのときなどに子どもの生活している様子を保育士が保護者といっしょにみながら，その都度丁寧に質問に答えたり，解説をしたりすると，保護者は小さな不安や疑問を解消でき，安心する。このときも，保育士側から押しつけるように指導するのではなく，その時々の保護者のニーズを的確にとらえ，保護者自身が気付き，理解するのを支持することが大切である。

２ 保育所における特別な対応を要する家庭への支援

（1）特別な対応を要する家庭支援の意義

特別な対応を要する家庭には，病気や障がいをもつ子どもや，運動，言葉，関係などの発達に課題をもつ子どもなど，子どもの心身や発達に課題がある

ケース，家族の形態や親の就労，経済状況，保護者自身や家族に病気や障がいがあるなど，家庭の状況に困難を抱えているケース，虐待など保護者の子どもへの関わり方に問題があるケース，それらが複合して課題となっているなどが考えられる。これらの親子に対する支援は，それぞれが抱える課題が多様で複雑な場合が多いため，子どもや家庭が関係する行政，児童相談所，保健所，医療機関，教育機関その他の専門機関や地域と連携して支援を行う必要がある。

この連携のなかで，保育所は特別な対応を要する子どもや保護者に対しても，その支援の特徴である，人的物的な資源を生かした子どもや保護者との日常的，継続的な関わりを行っていく。その関わりによって社会のなかで孤立しがちなこれらの親子を地域社会に受け入れ，関係づくりを支える役割を担っているといえる。

心身や発達に課題を抱える子どもに対しては，その子どもに必要な配慮を適切に行った上で，保育所での同年齢，異年齢の子どもたちと集団生活することにより，家庭だけでは味わうことのできない豊かな生活経験を体験し，その体験はさらに広く社会のなかへ出て活動する基盤やきっかけとなる。保護者に対しても，保護者が子どもや自身の抱える課題を認識し，それを解決したいという意欲をもてるように支持し，そのための専門機関へつないだり，同様の悩みや困難をもつ保護者同士の関わりをうながしたりといった支援を，子どもを通した信頼関係を継続的に築いてきている保育所は行うことができる。保育所の支援は，このような家庭のソーシャル・インクルージョンを支えるものであるともいえるのである。

（2）特別な対応を要する家庭支援の考慮する視点

保育所で特別な対応を要する家庭には，十分な配慮のもとに個別の支援，関係機関と連携した支援を行うが，その際に保育所が考慮する視点として以下の3つがあげられる。

① 保護者の悩みや不安に寄り添う

保育所で日常子どもと関わっている保育士は，集団のなかでの他の子どもらとの比較から，発達に遅れがある，他の子どもと関われないなどの子どもの特徴や，子どもや保護者の日頃の様子との変化から家庭に何か困りごとがあるのではないかといったことに気付くことが多い。保育の専門家として保育士はこのような保育所での子どもの状況をよく観察した上で保護者に的確に伝える必要があるが，このときに大切なことは，それを伝えられた保護者はどんな気持ちになるだろうと保護者の立場に立って考えてみることである。子どもや家庭での課題をどのように受け止め，どのような悩みや不安を抱くのか，それは保護者自身にしかわからないことであるが，保育士は，保護者がどのような思いをもったとしてもそれを非難するのではなく，保護者といっしょになって考え，

ソーシャル・インクルージョン（social inclusion）

社会的包摂。社会的に排除されている人びとを社会のなかに包み込み，支え合うこと。日本では，2000年厚生労働省の「社会的な援護を要する人々に対する社会福祉のあり方に関する検討会」報告書で，「社会の構成員として包み支えあう（ソーシャル・インクルージョン）ための社会福祉を構築する必要がある」と言及されている。

2. 保育所における特別な対応を要する家庭への支援

支えていくのだというメッセージを伝えることが重要である。

② 保護者の理解や自己決定を支える

特別な支援が必要となるケースでは，保育士は早期に専門機関に紹介するなどの支援を勧めたくなるところだが，多くの場合保護者自身も何らかの悩みや不安を抱えてはいても，その課題や現実を受け止めてそれらの解決や緩和に向けて前向きな気持ちになっていくには時間と支えが必要である。

保育士はまずは保護者の思いにしっかりと寄り添った上で，保護者が気兼ねなくその思いを打ち明けられるような信頼関係の構築に努める。そのような継続的な関わりのなかで，なぜ支援が必要なのか，専門機関との連携が必要なのかなどについて適切な情報提供を行ったり，子どもの思いを代弁したりしながら，保護者とともにそれぞれの課題について考え，理解を促し，保護者自身が納得のできる決断を行えるようサポートを行っていく。

③ 子どもの最善の利益を考慮し，直接処遇（保育）を大切にする

保育所保育指針解説書でも述べられているように，「保育所に入所している子どもの保護者に対する支援は，日常の保育と一体に行われる」ものであることを，特別な対応を要する支援のケースでも忘れてはならない。保護者は大切な子どもを丁寧に養護，教育してくれる専門家として保育士を信頼し，子どもを毎日保育園に通所させるのである。援助の過程で，なかなか専門的な介入が進まないこともあるが，このような時でも子どもと保護者が通所してくれるだけで，安否や状態の確認ができる。特別に支援するということは，どこか特別な支援機関を紹介するということではなく，それぞれの子どもとその家庭を大切なひとりとしてとらえながら，保育所保育の本来の役割である子どもの最善の利益を考慮していくことであるといえる。

(3) 児童虐待への対応と課題

保育所は子どもが1日の多くの時間を過ごし，子どもや家庭がどのような状況にあるのかを身近に把握しやすい場所であるため，表9−2にあるように虐待対応において果たす役割は大きい。

これらの役割を果たすためには，まず保育所の全職員がこれをよく理解し，園内の体制，役割分担を整え，日頃から発見した場合の手順，通告先，記録の取り方，子どもや保護者への対応の仕方等を確認しておくことが大切である。その上で虐待がある，あるいは疑いがある家庭への支援においても，まずは子どもの安全と最善の利益を考慮し，保護者に対しては批判的にならず，寄り添いつつ必要な配慮を行い，関係機関との連携を図っていく。

日常的，継続的な関わりによって築いてきた関係があるために，保育士は傷などの兆候について質問がしにくかったり，通告をためらったりと困難な課題も出てくるが，子どもの身体や心，将来を守ることが保育所の責務であること

第9章　児童福祉施設における保育相談支援

表9－2　虐待対応における保育所の役割

役　割	内　容
第1発見者としての役割	子どもの不自然な傷，表情，食事の様子，衣服，欠席の状況等，虐待を示す兆候に気付く
家庭での見守りにおける日常的な援助者としての役割	児童相談所が被虐待児の援助方針として家庭での見守りを選択した場合，保育所での生活の様子は重要な情報源のひとつとなる
特別な通告義務者としての役割	児童虐待の防止等に関する法律第5条では，保育所職員等の虐待を発見しやすい立場にある者に早期発見に努めるよう定めている
虐待を受けた子どもの保護などに協力する役割	児童虐待の防止等に関する法律第5条では，虐待に関する行政の施策に協力する努力義務を定めている
子ども及び保護者への啓発の役割	児童虐待の防止等に関する法律第5条にもとづき，保育所は子ども虐待の防止のための教育，啓発に努めなければならない
措置や一時保護の解除後の役割	施設入所措置や一時保護が解除される場合，保育所入所などの見守り体制がとられることが多い。保育所はその体制の中心となって，関係機関との連携をはかる必要がある

出所）保育・学校現場での虐待対応研究会編著『保育者・教師に役立つ子ども虐待対応実践ガイド』東洋館出版社，2013年，pp.21-22をもとに作成

を自覚し，適切な対応をとることが求められる。

（4）ひとり親家庭への支援と課題

　ひとり親家庭の保護者は，就労しながら子育てや家事などを1人で担わなければならず，心身ともに負担が大きく，そのことが子どもの育ちや行動に影響として表れやすいという点で保育所でも配慮や支援が求められることが多い。

　厚生労働省が実施した「全国母子世帯等調査」（平成23年度）によると，母子世帯の母の80.6％が就業しており，このうち「パート・アルバイト等」が47.4％ともっとも多く，次いで「正規の職員・従業員」が39.4％となっている。父子世帯では父の91.3％が就業しており，このうち「正規の職員・従業員」は67.2％である。また，児童のいる世帯全体での平均収入は658万円であるのに対し，母子世帯は291万円，父子世帯は455万円である。就業している母のうち「正規の職員・従業員」の平均年間就労収入は270万円，「パート・アルバイト等」では125万円，就業している父のうち「正規の職員・従業員」の平均年間就労収入は426万円である。母子家庭でとくに母親が非正規雇用の家庭での経済的困窮状況は深刻である。

　ひとり親家庭の貧困は，そこに生活する子どもの貧困でもある。子どもの貧困の深刻化の状況に対し，2013年に「子どもの貧困対策の推進に関する法律」が成立，また具体策として2014年に「子供の貧困対策に関する大綱」が閣議決定された。保育所もこれらの社会状況や施策をよく理解し，子どもや保護者の生活を支援することが大切である。また，このような家庭状況の背景として，母親が若く子育てや家事に未熟である，子ども時代に適切な養育を受けて育っていない，精神疾患を抱えているなどのケースもあり，保育士は母親としてあ

> **子どもの貧困対策の推進に関する法律（子どもの貧困対策推進法）**
>
> 子どもの将来がその生まれ育った環境によって左右されることのないよう，貧困の状況にある子どもが健やかに育成される環境を整備するとともに，教育の機会均等を図るため，子どもの貧困対策を総合的に推進することを目的として2013年に成立した。

るべき姿を押しつけるのではなく，個々の子どもと家庭の状況をよく把握しつ
つ，適切な配慮を行う。

　父子家庭の場合は，経済的問題に加えて家事・育児での問題を抱えているこ
とが多い。厚生労働省の「全国母子世帯等調査」（平成23年度）でも，子どもに
ついての悩みの内容の内訳で，父子世帯では母子世帯よりも「食事・栄養」
「衣服・身のまわり」の割合が高くなっている。このような父子家庭に対する
施策として，ひとり親家庭等日常生活支援事業，ひとり親家庭等生活向上事業
はあるがその利用実態は極めて低い。このような父親の悩みや不安はあまり語
られることがなく，保育所が把握しにくいこともある。保育士は送迎時や保護
者懇談等の機会に子どもの保育所での生活の様子をよく伝えながら，家庭で父
親が困っていることはないか丁寧に聞き出すことも大切である。

（5）障がいのある子どもの家庭に対する対応

　障がいのある子どもとその家庭の理解と援助においては，「子どもの保護者
や家庭との連携が何よりも大切」であり，「保育所と家庭での生活の状況を伝
え合うことで，子どもの理解を深め合うことや，保護者の悩みや不安などを理
解し支えていくこと」ができるようになると保育所保育指針解説書では述べら
れている。

　保護者にとって子どもに障がいがあるということは，生活面でも心理的にも
不安や困難を抱える要素が多く大きな負担となる。とくに乳幼児期の子どもで
は障がいの種類や程度が確定していないことも多く，保護者は子育てがうまく
いかない，子どもにどう接していいかわからないというような悩みを抱えてい
たり，障がいではないかもしれない，完治するかもしれないという希望と現実
や将来を考えたときの不安な気持ちの間で揺れ動いていたりする。保育士はそ
のような保護者が，今，何に困っているのか，何が不安なのか，その悩みや不
安をよくとらえつつ，日常の継続的な関わりを通して，保護者が子どもの障が
いを理解しそれを受容していく過程や子どもとの生活のなかで起こってくる問
題や課題への対応の過程に寄り添う。

　障がいがある子どもは医療，療育等の専門機関の支援をすでに受けていたり，
保育所が紹介したりするケースがあるが，保護者はそのような専門機関での支
援内容や，自分で勉強した情報等から，保育所にこういうことをしてほしいと
いう要望や対応への不満や苦情を訴えてくることも多い。保育所はこうした親
からのはたらきかけの是非を判断するのではなく，要望や苦情の背後にある保
護者の，少しでもよいことを子どもにしてやりたいという思いや将来に対する
不安や焦りなどの気持ちを理解して受けとめつつ，保育所保育の目的である子
どもの最善の利益を考慮していく姿勢が大切である。さらには，この家庭と
もっとも日常よく関わる機会が多いという保育所の立場を生かして，専門機関，

**ひとり親家庭等
日常生活支援事業**

　母子家庭，父子家庭が安
心して子育てをしながら生
活することができる環境を
整備するため，修学や疾病
などにより家事援助，保育
等のサービスが必要となっ
た際に，家庭生活支援員を
派遣したり，家庭生活支援
員の居宅等において児童の
世話などを行う事業。都道
府県，市町村が実施主体。

**ひとり親家庭等
生活向上事業**

　ひとり親家庭の生活に関
する悩み相談，家計管理・
育児等に関する専門家によ
る講習会の実施，学習支援
等を実施することにより，
ひとり親家庭の生活の向上
を図る事業。都道府県，市
町村が実施主体。

学校，行政，地域との情報共有を図り，これらがネットワークとして機能するようはたらきかけ，障がいのある子どもとその家庭が地域の一員として生活していくことを支えたい。

障がいのある子どもの成長はゆっくりとしているために，専門家であるはずの保育士でさえもその関わりに自信がもてなくなることもある。保護者はなおさらである。そうであるからこそ，保育士は保育所で生活する子どもの成長を詳細にとらえ，子どもの姿と保育士の関わりを丁寧に保護者に伝えていく必要がある。そこを手がかりに保護者の保育士への信頼が生まれ，気兼ねなく相談できる関係が構築されていくのである。

3 児童養護施設等要保護児童の家庭に対する支援

（1）要保護児童家庭とは

本来，子どもは家庭において保護者により自立するまで養育されることが基本となる。大多数の子どもは，この家庭における養護のもとで生活している。しかし実際には，1970 年を境に「親の行方不明」「両親の離別」という家庭問題が増加し，養護相談は変化していった。近年もっとも多い養護相談は，家庭で引き起こされる虐待による相談である。児童虐待は，徐々に社会問題として注目されるようになり，1990 年から児童相談所は虐待の相談件数を報告するようになった。児童相談所における養護相談の処理件数をみると，養護相談件

表9－3　児童相談所における養護相談の処理件数　処理の種類 X 相談理由別

| | 総　数 | 傷　病 | 家　出
(失踪含む) | 離　婚 | 死　亡 | 家族環境 | | その他 |
						虐　待	その他	
1995 年度	29,788	5,985	2,243	2,168	541	2,722	8,769	7,110
2000 年度	52,851	6,897	1,875	1,904	417	17,725	13,199	10,834
2005 年度	75,668	7,443	1,299	1,391	401	34,531	20,653	9,950
2010 年度	99,068	7,165	812	808	398	55,924	21,863	12,098
2014 年度	145,370	7,971	722	565	483	89,810	29,729	16,090

注）　同ケースについて処理が2つ以上行われた場合は複数計上している。
　　　1995 年には養護相談内容に棄児という項目が設けられ 250 人が計上されていた。
出所）厚生労働省「社会福祉行政業務報告」1996 ～ 2015 年より作成

表9－4　児童相談所における虐待相談の対応種類別件数（2014 年度）

（人）

	総　数	児童福祉施設入所	里親委託	面接指導	その他
2014 年度	89,810	4,609	537	78,600	6,432
	100.0%	4.7%	0.6%	87.5%	7.2%

出所）厚生労働省「社会福祉行政業務報告」2016 年

数は，1995 年度から増加の一途を辿り続けている（表9 - 3）。2014 年度の養護相談の内訳をみると，保護者の病気やけが，死亡による相談は，1 割もなく，6 割以上が家庭環境での虐待に関する相談である。養護相談を受けたうちの，約 8 割は面接指導などで終了し親子が分離することなく生活をすることになるが，1 割強の子どもは，要保護児童として，生みの親の家庭から，児童福祉施設や里親に委託され，生活の場を移すことになる（表9 - 4）。

（2）要保護児童家庭への支援施策

要保護児童が家庭から施設に入所する理由の背景には，保護者の育った生育歴，夫婦仲，精神疾患等の「個人的要因」，周囲の人や環境とのネットワークの欠如等の「社会的要因」，貧困等の「経済的要因」というようにさまざまな要因がある。それらの要因が重層化していくことにより，大きなストレスが引き起こされ，家族のなかで一番弱い存在である児童にさまざまな形の暴力として向かうのである。要保護児童に対して，社会は家庭に代わる環境を与え，健全な育成を図り，その自立を支援しなければならない。児童福祉法では，要保護児童に対して家庭に代わる環境として，乳児院，児童養護施設等の児童福祉施設と里親委託が規定されている。

乳児院は，2015 年 10 月 1 日現在，全国に 134 ヵ所あり，乳児院で暮らしている子どもの数は，2,939 人である。年齢の低い乳児は，一般児童よりも疾病にかかりやすく，昼夜を通して 24 時間養護することが必要となる。そのため，医学的管理を重視して児童養護施設とは別に施設を設け，医師，看護師，保育士等を中心とする養護を行っている。乳児院で 2 歳を過ぎても家庭に戻ることがむずかしい場合は，児童養護施設か里親家庭に生活の場を移すことになる。児童養護施設は，2015 年 10 月 1 日現在，全国に 608 の施設があり，約 27,050人の 18 歳（事情によって 20 歳）までの児童が生活している。

乳児院，児童養護施設に入所する要保護児童の養護問題発生理由（2013 年）をみると，主な理由は，養護施設児の場合には「父又は母の虐待・酷使」18.0%，「父又は母の放任・怠だ」14.7%，乳児院の場合には「父又は母の精神疾患等」22.2%，「父又は母の虐待・酷使」8.5%となっている。一般的に「虐待」とされる「放任・怠だ」「虐待・酷使」「棄児」「養育拒否」を合計すると，養護施設児 37.9%，乳児院児 27.1%を占めている。

今日，施設養護は，家庭の代替機能としての役割から，家庭機能を補完するとともに，家族の再生に向けての家庭支援へと転換が求められている。そのため，2000 年度以降，児童の早期家庭復帰を支援するための相談，指導にあたる家庭支援専門相談員（ファミリーソーシャルワーカー）が配置され，子どもたちが保護者のもとで生活できるよう支援に力を入れるようになった。施設保育士は，家庭支援専門相談員とともに保護者との親子関係の調整，回復支援を協

要保護児童

保護者がいない，または現に監護している者がいない，もしくは環境上虐待等の理由により保護者に監護させることが不適当であると認められる児童をさすとされている（児童福祉法第 6 条の 3 第 8 項）。環境上の理由は他に，経済的困難・保護者の身体および精神の疾病・母親の出産等も含む。

乳児院

乳児（必要がある場合は，おおむね 2 歳未満の幼児を含む）を入院させて，これを養育することを目的とする施設である（児童福祉法第 37 条）。

児童養護施設

児童養護施設は，保護者のない児童（特別な事情以外，乳児を除く）や虐待されている児童等，環境上養護を要する児童を入所させて，これを養護すると同時に退所した者に対して相談等自立のための援助をすることを目的とする施設である（児童福祉法 41 条）。

家庭支援専門相談員（ファミリーソーシャルワーカー）

乳児院，児童養護施設，情緒障害児短期治療施設および児童自立支援施設に配置され，児童相談所等との連携のもとに入所児童の早期家庭復帰等を図るため，施設入所以前から退所まで，さらには退所後のアフターケアに至る総合的な家族調整を担う児童およびその家族支援のための相談・援助等を行う職種である。

働して行わなければならない。

事例1は，反社会的傾向のある母親の言動に対し，さまざまな機関の職員が連携して行動を変容し，親子関係を育む支援をしたケースである。

事例1

〈家族状況〉
実母　32歳（入所時27歳）　生活保護受給中
本児　小学校1年生（入所時2歳，女児）
〈経緯〉
　本児出産後，母親が覚せい剤所持で逮捕され，養育者が不在となったため，乳児院への入所となる。母親が服役中のため2歳時点で，従兄が入所していた児童養護施設へ措置変更となる。
　母親は，幼いころ施設で生活していたことから，安定した母子関係の手本がなく，本児も望んだ子どもではなかったこと，妊娠中も喫煙を続けていたなど知識不足があることから，母子関係の構築の為には，母親への丁寧な指導が必要と考えられた。また，母親には人格障害，反社会的傾向があるため，児童相談所や医療機関と綿密な連携を行った。
　母親は，出所後すぐに本児との面会を希望するが，本児の中に母親のイメージがなく，母子がお互いを徐々に意識できるように調整し，面会につなげていくよう支援していった。当初，本児には母親への恐怖心があったが，母親の服装や身なりを整えること等の具体的な提案により，母親自身が自分のことを見直し努力したこともあって本児と母親との距離も近づいていった。現在は本児も母親に対して甘えを出せるようになり，お互いに求め合う母子関係がみられるようになっている。
〈支援期間〉　5年（継続中）

出所）厚生労働省『社会的養護関係施設における親子関係再構築支援事例集』2013年

乳児院に子どもを預ける保護者のうちの22.2％は精神疾患等の理由が占め，家庭の養育機能の脆弱化が顕著にあらわれている。保育士は，保護者の精神状態のアセスメントをしつつ，衛生面でも手のかかる乳児期のおむつ交換や授乳，入浴などの養育技術の指導を行い，将来的に家庭に引き取れるよう「親になる」支援をしていく必要がある。

一方，児童養護施設で生活する子どもの3分の1以上は，虐待を主訴として入所している。そのため，子どもが入所に至る背景を理解した上で，子どもの心のケアを行うとともに，子どもが保護者の元に戻ることができるよう受け皿となる家庭環境の調整をして，家族再統合に向け力を注ぐことが求められている。

（3）保育士の要保護児童家庭への対応

直接処遇職員
社会福祉施設の職員で，入所者等と直接に接して処遇を行う職員の総称。保育士，介護職員，生活指導員，看護師，理学療法士，作業療法士等のことをいう。

施設での子どもの生活全般は，保育士や児童指導員など直接処遇職員の関わりや支援のなかで過ごす。施設で生活する子どもは，守ってくれるはずの保護者から殴られたり，言葉による暴力，ネグレクトなど理不尽な対応を受け，恐怖と不安のなかで生きてきた子どもも少なくない。それでも施設で生活する子どもの多くは，家族とのつながりや家庭復帰を切実に求めている。乳児院と児童養護施設の運営指針では，家族への支援として，① 家族とのつながり，② 家族に対する支援が掲げられている。この2つの視点から，要保護児童家庭への保育士の対応を考えたい。

1）家族とのつながり

事例2は，母からネグレクトされたきょうだいであったが，家族のつながりが継続するよう保育士が支援した事例である。

事例2

> 母が家出を繰り返すことで，養育に困った父は児童相談所に6歳，5歳，2歳，1歳の4人の子どもを連れてやってきた。父は地方出身で中学卒業後上京し，昼間は建築の仕事をしながら夜間高校に通い，母と出会った。母は17歳で第1子を生んでから次々と出産し，近くにある実家に入り浸ることが多く，時には何か月も帰らないことがあった。しかし，祖母が病気になり子どもの面倒がみられなくなると，母は子どもを置いて家を出るようになった。父には子どもをみてもらえる親戚が近くにはおらず，仕事にでられないため困っていた。そのため子どもは上の2人は児童養護施設に，1歳と2歳の子どもは乳児院に入所となった。その後母はみつかったが，父母の関係修復は難しく離婚となった。父は，児童養護施設と乳児院に2週間に1回位交互に面会に行き，施設の行事にも参加するようにしていた。子どもたちも父に会うのを楽しみにしており，年齢の大きい子どもは，時々父の所に外泊もできるようになった。職員は，「お父さん，よく頑張ってますね。」と子どもに対する父の思いを評価し，父の頑張りを側面から応援していた。また，乳児院にいる2人の子どもとは，施設の中にある親子交流室で宿泊することを保育士が提案して，共に過ごすようになっていった。施設と児童相談所が連携して，将来的に父親が引き取れるように配慮し，支援していた。

施設で生活する子どもと家族は，入所中はどのようなつながりがあるのかを見てみたい。施設で生活をする子どもたちと家族との交流関係については，厚生労働省児童福祉施設入所児童等調査結果（2013）によると，「交流なし」の割合は，養護施設児で18.0％，乳児院で19.4％であった。施設入所児童の，「交流あり」のうち，養護施設児は「帰省」の割合が高く45.9％，それに対し乳児院では「面会」の割合が多く，54.1％となっている（表9－5）。保護者が交流できるような具体的な取り組みとして，運動会などの学校行事やクリスマス会などの施設行事に保護者を招待し，共に過ごす時間がもてるようにすることも重要な家族支援である。また，施設内の親子生活訓練室の活用や，家族療法の技法の実施など，児童と保護者との関係回復に向けた支援も行いたいものである。また「交流なし」の子どもたちには，積極的に週末里親などを利用して家庭生活を体験させるなどの必要があるであろう。

家族との交流頻度は，「電話・手紙」では「年2回～11回」が中でも高く，養護施設児で61.1％，乳児院児で48.4％であった。「面会」において「月1回

親子生活訓練室

児童養護施設や乳児院において，保護者と子どもが家庭復帰後の健やかな親子関係を育む訓練を行うために施設内に設置してある部屋である。

家族療法の技法

家族療法の技法は，援助モデルによって多岐にわたる。代表的なものとして，ジョイニング技法は，家族全員から話を聴いたり，犯人探しをせず中立な立場をとり，家族の長所や家族の取り組みを評価する。リフレーミング法は，家族関係の対立や葛藤を調整し，否定的とみられる関係を肯定的に価値変換されるものである。両技法とも円滑に行うためには十分なトレーニングが必要である。

表9－5 家族との交流関係別児童数

	総 数	交流あり			交流なし	不 詳
		帰 省	面 会	電話・手紙連絡		
養護施設児	29,979 100.0%	13,772 45.9%	6,935 23.1%	3,864 12.9%	5,396 18.0%	12 0.0%
乳児院児	3,147 100.0%	588 18.7%	1,704 54.1%	244 7.8%	610 19.4%	1 0.0%

出所）「児童福祉施設入所児童等調査結果」（2013年2月1日現在）
（厚生労働省雇用均等・児童家庭局 2015年1月）

以上」が高かったのは乳児院児で，51.7％であり，半数以上は「月1回以上」面会していた。児童養護児では，「年2回〜11回」が68.0％であった。「帰省」においても「月1回以上」が乳児院児の方が71.1％と高く，児童養護児では，「年2回〜11回」の帰省が71.9％であった。「帰省」「面会」など直接的な交流は，乳児院の方が多く，「電話・手紙」などの間接的な交流は，児童養護施設に多い傾向があった。

　家族に関心をもってもらい，児童と家族のつながりを途切れないようにする具体的な手立てとして，保護者に児童の様子を手紙で知らせたり，写真を送って成長した姿を見てもらい，親としての自覚を促すよう定期的に情報発信することは，重要な家族支援である。ただし，子どもの年齢が小さい場合，自分が施設にいる理由や親の事情など理解することはできず，あまり会うことができない親との面会や外泊の時に，泣いたり恐怖を抱いたりする場合があるので，担当保育士による保護者への説明と配慮が必要である。

2）家族に対する支援

　家族の再統合に向けての支援は，慎重かつ配慮した準備の積み重ねが不可欠である。保護者は，子どもを施設に入所させているという負い目や罪悪感をもっていることが少なくない。そのため，子どもが施設にいる時に保護者とよい関係性を作ることが重要である。保育士は，保護者の生育歴や施設に預けざるを得なかった事情を理解し，受け止める努力が求められる。その上で意図的に，保護者の今もっているポジティブな面に焦点をあて，保育士が認めていくことにより，親として自信をつけられるような関わりかたが大切になる。

　事例3は，統合失調症の母による虐待で入所したA男に対し，母が再婚して家庭復帰できるまでを保育士が支援したものである。

生育歴

　人が生まれてから現在まで育ってきた過程を成育歴という。援助実践の場面では，クライエント（client：サービス利用者）の課題を把握することを目的とした情報収集のさいに，生育歴を知ることが必要となる局面がある。これは面接などで表出した訴えの背景にある課題を，さらに深く理解するために有効な情報となりうる。

福祉型障がい児入所施設

　福祉型障がい児入所施設は，障がい児を保護し，日常生活の指導や知識技能の付与を行う。重度・重複化への対応や障害者施策に繋ぐための自立支援の機能を強化するなど，支援目標を明確化し，個別支援計画を踏まえた支援の提供を目指す施設である。

事例3

> 　父と離婚後，統合失調症の母が6歳のA男の子育てをすることになった。母は，子どもが飲み物に毒を入れたと言って暴力をふるったり，トイレに閉じ込めて鍵で打ち付けて出られなくしたりするなど被害妄想や幻覚症状が現れるようになった。A男は母から逃げ回って外を徘徊するようになったため，児童養護施設への入所となった。職員は，生活の中でA男の良い所をのばすような関わりをするよう心掛けた。その後，母は服薬により落ち着いてきて施設に面会にくるようになり，職員は，「おかあさんのカレーが好きって言ってましたよ。お母さん料理が上手なんですね。」と話しかけた時，嬉しそうだった。家庭に送る施設の行事などのお知らせには，毎回少しだけでもA男の様子を書き添えるようにして，繋がりりが切れないように配慮していた。しかし，母は調子が悪くなると怒って電話をかけてくることがあった。ある時母は，A男の勉強のことで電話をかけてきて，文句を言い続けた。教員経験のあった職員は，「私は教員として子どもたちの指導をしてきた経験があるので信用してください！」ときっぱり言うと，それ以後母と，職員との信頼関係ができはじめ，関係が改善してきた。職員は，親からおどしのような言葉をかけられても，覚悟をして対応した。その後，母は病院で知り合った男性と付き合うようになり結婚した。母には継父といっしょに面会にきてもらうように伝えた。面会を重ねるごとに，A男は継父になついていき，A男を見る継父の目のやさしさも伝わってきた。親子としてやっていけるか何回か外泊を重ね，慎重に様子をみた上で家庭引き取りとなった。

　現場で施設保育士が行っている保育相談支援の調査[3]では，保護者に対して

「子どもの気持ちの代弁」をすることと，児童に対して「保護者の気持ちの代弁」をとくに意識して，両者の意思疎通を図ることが重要な役割としてあげられている。

　また，保育相談支援は，子どもが施設退所後の家庭に対しても，引き続き援助していくことが求められる。実際には，家庭での問題がある程度改善したことにより子どもが引き取られても，それぞれ離れて暮らしてきた期間の溝を埋め，親子の関係を作っていくことは簡単なことではない。中学生や高校生になって家庭引き取りになった子どもで，親とケンカをしては家を飛び出して施設にやってくる子どもがよくいる。施設では家庭に連絡を入れ，食事を一緒に食べながら子どもの話を聞き，時には泊まらせることもあるという。退所しても，「逃げ場」「居場所」として，子どもと保護者とをつなぐ役割も施設は担っているといえる。そのためには，施設に入所中から家族との良好な関係を築いていなければ，退所後には関係が切れてしまいアフターケアにつなぐことができない。保護者には，いつでも相談に乗る体制があることを伝え，家庭の状況を確認しつつ見守っていくことも重要な保育相談支援といえる。

4 障がい児施設，母子生活支援施設等における保育相談支援

（1）障がい児施設における保育士の役割

　障がいといっても，身体障がい，知的障がい，発達障がいや外見ではわからない内部障がいなど，それらの様態や程度はさまざまである。2012年の児童福祉法改正までは，障がい児施設は障がい種別ごとにあった。しかし改正により重複障害にも対応でき，身近な地域で支援を受けられるよう一元化され，障がい児入所支援（児童福祉法第42条）と障がい児通所支援（児童福祉法第6条2項2）の2つに分けられた。障がい児入所支援には，福祉型障がい児入所施設，医療型障がい児入所施設がある。障がい児通所支援には，児童発達支援，医療型児童発達支援，放課後デイサービス，保育所等訪問支援がある。

　障がいをもった子どもの保護者の思いを考えてみよう。生まれたわが子に障がいがあるとわかった時，その場で受け入れられる保護者はどれくらいいるだろうか。五体満足な子どものいる家族を思い描いていた保護者にとって，「なぜうちの子が」「自分が悪かったのではないか」「診断ミスでは」等と思いが錯綜し，現実を受け止めることは簡単なことではない。施設に入ってくる時に，保護者がどのくらい子どもの障がい受容ができているのかを把握し，まだ受け止めきれない段階にいる保護者の思いを，共感的に理解し，受け止められるように支えていくことが，施設保育士の最初の役割である。受容できてきたと思っても，子どもの成長の節目や他の子どもの成長を目にして「うちの子に障害がなければ…」などの想いが再燃してしまうことは，保護者にとっては当然

児童発達支援

児童発達支援とは，児童発達支援センター等に障がい児を保護者のもとから通わせて，日常生活における基本的動作の指導，独立自活に必要な知識技能の付与又は集団生活の適応のための訓練を提供することを目的とした事業である（児童福祉法第6条2項2②）。

放課後デイサービス

放課後デイサービスは，就学している障がい児について，授業の終了後又は休業日に児童発達支援センター等に通わせて，生活能力の向上のために必要な訓練，社会との交流の促進等を行う（児童福祉法第6条2項2④）。

保育所等訪問支援

保育所等訪問支援は，保育所・幼稚園・小学校等に通う障がい児につき，当該施設を訪問し，当該施設における障がい児以外の児童との集団生活への適応のための専門的な支援等を行う（児童福祉法第6条2項2⑤）。

第9章　児童福祉施設における保育相談支援

障がい受容

　理論的には，人間が危機に遭遇し，不均衡の状態に陥った時，どのように再均衡の状態になるかというクライシス理論の適用であり，リハビリテーションのキー概念である。自己の障がいをどう解釈し，受け入れるかは，あきらめや居直りではなく，本質的に価値観を転換した新しい生き方をすることである。障がいを負った後に共通にみられる心理的反応として「悲嘆」があり，同時にその回復に一連の段階（ショック，避妊，混乱，解決の努力など）があるとされている。その過程には，心理的支援や社会的支援が不可欠である。

起こり得る感情である。保育士は，そのような相談を受けた時は，保護者の思いを否定はせずに受け止め，時には専門家への相談を促すことも必要かもしれない。保護者の障がい受容のプロセスに寄り添いつつ，個々の子どもの療育の方法や今後の予測を伝え，生活面の指導などを同時に行うことが保育士の重要な役割といえる。

(2) 障がい児施設における保育士に求められる理想像

　ダウン症で心臓にも深刻な障がいがあった息子との6年間の記録『たったひとつのたからもの』という著書のなかで，施設を利用することによって施設職員と出会い，子どもと保護者がどれほど支えられたのかが次のように述べられている。

> 　学園で過ごした最初の1年間は，秋雪にとって劇的なものだったに違いない。そして一番良かったのは，学園が大好きな場所になったことだ。それは，毎日笑顔で家を出て帰宅する秋雪の姿が物語っていた。玄関でバスを待っているときから，もうご機嫌なのである。すべては，学園の先生方のきめ細やかな対応の賜物である。親のように，いやそれ以上に，秋雪の様子を注意深く見てくれる。これまで秋雪のことは家族だけで守ってきたと片意地を張っていたけれど，入園してからは秋雪も私もいろいろな人に支えられているということを実感し，肩からスーッと力が抜けていった。この1年で親の想像以上に心も体もたくましくなった秋雪。これからも楽しい学園生活が続きますように，毎日が幸せでありますように，と願った。

出所）加藤浩美『たったひとつのたからもの』文藝春秋，2003年，pp.73-74

　「障がい児支援の見直しに関する検討会」（2008年）では，障がい児支援の4つの基本理念が示された。上記の保護者の思いを踏まえ，保育士に求められる理想像を考えたい。

1) すべての子どもの将来に向けた発達支援のできる保育者

　保育士がもっておくべき障がい児に対する基本的な視点は，障がいがある子どもも，ない子どもと同じように，発達していく力をもっているということである。保育者は，それぞれの子どもの発達過程や状態，特性を理解し，個々にもつ困難に対して適切な対応の方法を検討し，将来に向けての発達を支援していくことが求められる。

2) 子どものライフステージに応じた一貫支援

　障がいがある子どもと保護者は，乳児期，就学期，学齢期，青年期から成人期へと成長し，新しいライフステージに進んでいくに従い，新しい場所での生活や保育者との関係性に大きな緊張と不安を感じていることがある。ライフステージに沿って，次の支援者に丁寧な引き継ぎを行い，保護者の不安を希望へと変えられるように努めたい。そのためには，情報やサービス，資源のネットワークが分断されないよう，一貫した移行支援体制の整備が必要である。

3) 家族を含めたトータルな支援

　子育てを支援するだけではなく，「親育ち」支援の取り組みが近年必要とさ

れている。子どもを産んですぐに親になれるわけではなく，ありのままの子どもを受け止めることによって，子どもは受け止められ体験を重ね，親子の絆ができていく[4]といわれている。とりわけ障がいのある子どもを授かった親は，子どもの障がいを受け止めることに相当な努力を要することが多い。施設保育士は，保護者の不安や負担感を共感的に受け止め，保護者が行っている小さくても子どもの育ちを支えている努力や工夫に着目して，将来を見据えた専門的視点から助言をしていくことが必要である。

4) 子ども・家族にとって身近な地域における支援

障がいがある子どもへの支援の目的は，障がいによってできないことをできるようにすることではなく，社会を構成する一員として地域でいきいきと暮らしていけるようになることであろう。そのためには，家族と地域を意識した支援を心掛けることが求められる。とりわけ子どもや家族にとって身近な地域で支援基盤をもつことは有益なことである。子どもの育つ地域で心理的，社会的，経済的支援が受けられるよう必要な資源につないでいくことも，保育士として心掛けなければならないことである。

(3) 障がい児施設における保育相談支援の実際

事例4は，親の不適切な養育で，知的障がい児施設に入所している女児と親との交流を支援した保育士の事例である。

事例4

> 知的障がい児施設に入所中のDちゃん（6歳）は，重度の知的障がいとてんかんをもっている女の子であった。小さい頃のDちゃんは声をかけても反応がなく，ただ泣くだけで父母にとっては育てにくい子どもだった。そのようなDちゃんに対し，どのように関わったらよいかわからず，父はつねったり煙草の火を押し付けたりしていたことから，施設に入所することになった。保育士から見ると，母は大人しく暗い雰囲気で，父はカッとしやすい短気な性格のように見受けられた。担当保育士は，Dちゃんの障がいについて，理解してもらえるようにDちゃんの具体的行動を紹介しながら，できることできないことなど丁寧に説明した。そして，施設に来てからは自分の名前や，好きな食べ物など日常生活での簡単な会話のやりとりはできるようになったことを父母に話した。やりとり遊びや歌，手遊びなど関わりに工夫をすればDちゃんの力を引き出せることを伝えた。その後面会に来た父母は，自分から職員にも声をかけてくれるようになり，「Dちゃんはお母さんとお父さんが来てくれた時，とても楽しそうだね」「お母さんも明るくなったね」など，職員はプラスの言葉を返すようにした。3年後には，夏休みなどの長期の休みには家庭に戻って生活できるようになっていった。父母は「先生たちがここまで頑張ってくださっているので，自分たちも頑張らなければと思いました。」と言ってくれたのが嬉しかった。

1) 保護者の障がい理解と見通し

子どもの障がい特性が理解できないために，思い通りにいかない子育てに戸惑い，父はDちゃんに不適切な行動をとってしまった事例であった。子どもへの対応を改善するためには，保護者に子どもの障がい特性を理解してもらうことが重要である。保育士は，具体的に子どもの現す行動と結び付けながら特性を説明し，保護者に合わせて対処方法を工夫していくことが求められる。どうしても子どもの障がいを受け入れられない保護者には，障がい受容のプロセ

スを支えることも重要な役割となる。障がい特性が理解できるようになってきたら，今後の療育の予測や見通しを保護者と話す機会を設け，子どもに向き合っていけるようにすることも次の大事な支援である。

2）保育士との信頼関係の構築

障がいがある子どもをもつ保護者のなかには，頑張らざるを得ない状況のなかで肩ひじを張って養育してきたという人も少なくない。保護者に対して，療育参観や保護者懇談会を通して，保育士の子どもへの適切な関わり方を観察したり，保護者への配慮した言葉がけにより，信頼関係を構築していくことが重要である。そして施設での子どもと保育士との関わりを通して，保護者の養育力がエンパワメントされるよう支援していくことも大切な役割である。

3）子どもと家族をつなぐ寄り添った支援

入所施設の場合は，知的障がいのある子どもに対して無関心になって面会にこなくなる保護者もいる。保育士は，子どもの思いを保護者に伝えたり，保護者も話がしやすい環境を整え，保護者と子どもをつなぐことも大事な役割である。通所施設でも，保護者が気がついていない子どものもっている能力や興味深いエピソード，保護者にもできる具体的な方法など，共に子どもの育ちを支えていく寄り添った支援も重要な保育相談支援である。

（4）母子生活支援施設における保育相談支援の意義と期待

2002年に厚生労働省から出された「母子家庭等自立支援対策大綱」では，「母子生活支援施設や住宅など自立に向けた生活の場の整備」のもと，母子生活支援施設は，地域で生活する母子への子育て相談・支援や，保育機能の強化，サテライト型などの機能強化が求められ，施策が進められている。児童福祉施設のなかで唯一，母子が一緒に生活しつつ，共に支援を受けることができるという特性を活かし，保護と自立支援の機能の充実が求められている。母子生活支援施設は全国に248施設，4,908世帯，9,367人の利用者が生活している（厚生労働省「社会福祉施設統計情報部調査報告」2013年10月1日現在）。

母子生活支援施設への入所理由は，「配偶者からの暴力」が54.4％でもっとも多く，次いで「住宅事情による」が17.5％，「経済的理由による」が13.5％

エンパワメント
ソーシャルワークの主体者としてクライエント（福祉サービス利用者）自信を位置づけ，クライエントの病理・欠陥ではなくクライエントの強さ・生き抜く力をとりまく環境のもつ潜在的な強さ・能力を引き出し，増強させていく一連の諸活動である。

母子生活支援施設
母子生活支援施設は，生活に困窮する母子家庭に住む場所を提供する施設であり，1997年の児童福祉法改正で「母子寮」から名称変更した。施設の目的は，配偶者のない女子，又はこれに準ずる事情にある女子及びその者の監護すべき児童を入所させて，これらの者を保護するとともに，これらの者の自立の促進のために，その生活を支援するとされている（児童福祉法第38条）。

表9－6 入所理由別母子生活支援施設入所世帯数

総数	入所前の環境の不適切による家庭	母親の心身の不安定による	職業上の理由による	住宅事情による	経済的理由による	配偶者からの暴力	その他
2,652 100.0%	219 8.7%	77 2.9%	10 0.3%	463 17.5%	358 13.5%	1,442 54.4%	93 3.5%

出所）厚生労働省雇用機会均等・児童家庭局「社会的養護の現状について（参考資料）」2015年

であった（表9－6）。

　母子生活支援施設に入所している母子に対する治療的支援の方法を検討した研究（2013）によると，社会的養護のいずれかを利用したことがある母親は，入所世帯数の12.4％をしめていた。母親自身がかつて要保護児童の対象であり，生育中に親モデルや良好な親子関係を経験できずに育ってきた人も多いことがわかった。そのため施設保育士は，母親の生育歴を理解した上で，母親自身の心のケアと，子どもに対して適切な関わりをもてるような親育ての支援をしていくことが求められる。また，障害者手帳を所持している母親（療育手帳4.5％，精神障害者保健福祉手帳5.1％）や外国籍の母親も7.6％おり，母子生活支援施設の対応は年々深刻さを増している。母子生活支援施設の役割は，母子の自立支援だけでなく，「安心して過ごせる場」「人との関係づくりを学ぶ場」としても機能するような，多様な支援が求められている。

（5）児童館・放課後児童クラブ等での保育相談支援

　近年，共働き家庭やひとり親家庭が増加しており，安全対策の視点からも，放課後や学校が休みの日に子どもが安心して過ごせる居場所が求められてきた。
　児童館は，18歳未満のすべての子どもを対象とし，地域の子どもたちが遊びやスポーツ，文化活動などを通して，健康で豊かな情操を育むことを目的とした児童福祉施設である（児童福祉法第40条）。2013年現在，全国で4,598館が設置されている。児童館の役割として，子育て家庭への支援も期待されている。児童館には，配慮を必要とする子どもたちもやってくるため，その対応として職員は保護者の子育ての支援も求められている。
　放課後児童クラブ（放課後児童健全育成事業）は，小学校に就学している児童であって，その保護者が労働等により昼間家庭にいないものに，授業の終了後に児童厚生施設等の施設を利用して，適切な遊び及び生活の場を与えて，その健全な育成を図る事業をいう（児童福祉法第6条の3第2項）。2015年現在，全国で22,608ヵ所あり，1,024,635人が登録している。放課後児童クラブの年間開設日数は250日以上で，長期の休みを含め小学校で過ごす時間より放課後児童クラブで過ごす時間の方が長い子どもたちも少なくない。そこで，質の向上を図るため，2007年に「放課後児童クラブガイドライン」が策定され，放課後児童クラブの運営基準が示された。そのなかで，放課後児童クラブでの子どもの状況を家庭に伝え，日常的に情報交換を行って，家庭状況をふまえながら保護者の子育てを支援することが必要であるとされている。近年，ますます児童館や放課後児童クラブは，家庭養育の補助的役割から積極的に保護者の子育て支援をすることが求められるようになっている。児童館，放課後児童クラブに来る児童のなかには，ひとり親家庭，不登校児，発達障がい児，虐待の可能性のある児童，非行傾向にある児童等，支援が必要な児童も含まれている。施

> **放課後児童クラブ**
> **（放課後児童健全育成事業）**
> 　放課後児童クラブは，児童館をはじめとして，学校の余裕教室や学校敷地内の専用施設などの行政（市町村）運営と，民間（社会福祉法人，父母会，運営委員会，NPO法人等）運営がある。

第9章　児童福祉施設における保育相談支援

設職員は，子どもの家庭背景も含めて子どもの状況を把握し，必要に応じて保護者と連絡を取ったり面談など，適切な支援体制づくりが求められる。

注
1) 柏女霊峰ほか「児童福祉施設における保育士の保育相談支援技術の体系化に関する研究（2）―保育所保育士と施設保育士の保育相談支援技術の抽出と類型化を中心に」『日本子ども家庭総合研究所紀要』（第47集）2011年
2) 芹沢俊介『もういちど親子になりたい』主婦の友社，2008年

参考文献
　大豆生田啓友・太田光洋・森上史朗編著『よくわかる子育て支援・家庭支援論』ミネルヴァ書房，2014年

　加藤浩美『たったひとつのたからもの―息子秋雪との六年』文藝春秋，2003年

　厚生労働省親子関係再構築支援ワーキンググループ『社会的養護関係施設における親子関係再構築支援事例集』2013年

　永野典詞・岸本元気『保育士・幼稚園教諭のための保護者支援―保育ソーシャルワークで学ぶ相談支援』新日本教育図書，2014年

　橋本好市・直島正樹編著『保育実践に求められるソーシャルワーク―子どもと保護者のための相談援助・保育相談支援』ミネルヴァ書房，2012年

　山下洋ほか『平成24・25年度研究報告書母子生活支援施設における母子臨床についての研究　第1報：質問紙調査による実態把握』子どもの虹情報研修センター，2013年

プロムナード

　児童相談所の職員が，施設で生活する子どもたちと面会を重ねていくうちに施設には，生い立ちの整理を必要としている子どもが少なからず居ることに気づいたといいます。虐待やネグレクトなどで，実親と離れ社会的養護のもとで暮らす子どもたちの中には，自分が悪い子だったから施設に入れられたと考えている子どもが少なくありません。自分自身の過去を受け止め，生きる希望を見出していくためには，子ども自身が自分の人生を肯定的に語ることが出来るようになることが必要です。社会的養護を受ける子どもたちが，前向きに生きていくための取り組みが「ライフストーリーワーク」です。イギリスにおいて，社会的養護のもとで暮らす子どもに対する重要な支援の方法として実践されてきたものです。過去に起こった出来事や家族のことを子どもが理解し，生い立ちやそれに対する感情を信頼できる大人とともに整理する作業をしていきます。施設や児童相談所の職員が，子どものこれまで生育歴や家族関係，経過記録等の情報を収集し，可能であれば子どもの親などに聞き取りを行い，時には，親の離婚の理由や，過去の虐待の背景にまで踏み込んで，子どもに伝えます。辛い過去でも，その頃の親の事情等を説明して理解させることで，人生を前向きに捉えなおさせるのが目的です。近年，「ライフストーリーワーク」は，一部の児童養護施設や児童相談所で行われるようになってきました。もっと多くの必要とする子どもたちに，ライフストーリーワークを提供していけるようになることが課題としてあげられます。

学びを深めるために

野口啓示『むずかしい子を育てるペアレント・トレーニング』明石書店．2015 年
　　児童養護施設「神戸少年の町」の施設長である著者が，米国で児童福祉サービ
　スを行っているボーイズタウンで作られたコモンセンス・ペアレンティングを日
　本流にアレンジしてまとめたものです。施設で効果があった育てにくい子どもを
　上手に育てるための方法を，イラストを使って具体的に紹介しています。施設職
　員として働くことを希望している人や子育て中の親にとっても大いに役に立つ書
　です。

索 引

あ 行

アセスメント　154
家　22
一時預かり事業（一時保育）　26, 52
インターベンション　154
ウェルビーイング　11
エバリュエーション　155
エンゼルプラン　76
エンパワメント　176
親子生活訓練室　171

か 行

カウンセリング　128
家族　22, 23
家族療法の技法　171
家庭教育と家庭教育支援　27
家庭支援　9
家庭支援専門相談員（ファミリーソーシャルワーカー）　36, 169
家庭児童相談室　63
共感（empathy）　130
ケースワーカー　133
言語聴覚士　137
合計特殊出生率　4, 13
個人情報の保護　134
子育て世代包括支援センター　25, 99
子育て短期支援事業　26
子ども家庭福祉施策　16
子ども虐待　145
子ども・子育て応援プラン　23, 69, 102
子ども・子育て関連3法　66
子ども・子育て支援新制度　24, 25, 148
子ども・子育て支援法　23, 99
子ども・子育てビジョン　5, 69, 103
子どもの最善の利益　122
子どもの相対的貧困率　26
子どもの貧困対策の推進に関する法律（子どもの貧困対策推進法）　166

さ 行

児童虐待の防止等に関する法律改正　13
児童憲章　15
児童健全育成施策　16
児童相談所　63, 97
児童手当　27
児童手当法　61
児童の権利に関する条約　60
児童発達支援　173
児童福祉司　139
児童福祉法　15, 61
児童扶養手当法　61
児童養護施設　169
社会福祉士　138

少子化　4
少子化社会対策基本法　5, 64
少子化社会対策大綱　69
女性活躍推進法　55
新エンゼルプラン　102
人口置換水準　4
スーパービジョン　156
健やか親子21　25
ステップファミリー　22
生育歴　172
性別役割分業　47, 53
生理的ニーズ　149
世界女性会議　55
相互作用　150
送致　155
ソーシャル・インクルージョン（social inclusion）　164
ソーシャルワーカー　11
ソーシャルワーク　118
措置　122

た 行

待機児童　7
待機児童ゼロ作戦　8
第二種社会福祉事業　49
男女共同参画社会基本法　55
男女雇用機会均等法　55
地域子育て支援センター事業　113
地域子ども・子育て支援事業　50
地域の子育て支援施策　16
地域子育て支援拠点事業　26, 28
直接処遇職員　170
ディンクス　43
デューク　43
特別児童扶養手当等の支給に関する法律　61

な 行

日本国憲法　15
乳児院　169
乳児家庭全戸訪問事業　25, 99
乳幼児健康診査　25

は 行

パールマン, H. H.　160
バイステック　124
バイステックの7原則　124
発達障害者支援法　116
非親族世帯　22
ひとり親家庭等生活向上事業　167
ひとり親家庭等日常生活支援事業　167
ひとり親家庭への施策　16
病児保育事業　26
ファミリーサポート　79
ファミリー・サポート・センター事業　26, 51

福祉型障がい児入所施設　172
福祉事務所　63
プランニング　154
保育士　18
保育施策　16
保育指導　110
保育所　18
保育所等訪問支援　175
保育所保育指針　32, 123
保育相談支援　112
保育ニーズ　112
放課後児童クラブ（放課後児童健全育成事業）
　177
放課後デイサービス　175
保健所　63
母子父子寡婦福祉資金　27
母子及び父子並びに寡婦福祉法　61
母子保健法　61
母子生活支援施設　176

母子保健施策　16

ま　行

マッピング　156
モニタリング　155

や　行

養護等を必要とする子どもへの施策　16
要保護児童　169
要保護児童対策地域協議会　116
４つのP　160

ら　行

利用者支援事業　26

わ　行

ワークライフバランス　5, 56
ワンオペ育児　23

［編著者紹介］

成清美治
なりきよよしはる

兵庫県生まれ

1985年　龍谷大学大学院文学研究科修士課程修了
現　職　神戸親和女子大学客員教授（社会福祉学博士）
主　著　『児童福祉概論』（共編著）学文社　2003
　　　　『新版・家族援助』（共編著）学文社　2007
　　　　『新版・児童福祉』（共編著）学文社　2008
　　　　『児童や家庭に対する支援と児童・家庭福祉制度』（共編著）学文社　2011
　　　　『私たちの社会福祉』（単著）学文社　2012
　　　　『デンマークに学ぶ介護専門職の養成』（単著）学文社　2016
　　　　　　　　　　　　　　　　　　　　　　　　　　　　　　　他多数

真鍋顕久
まなべあきひさ

岐阜県生まれ

現　職　岐阜聖徳学園大学准教授
主　著　『社会福祉の思想と制度・方法』（共著）永田文昌堂　2002
　　　　『日本社会福祉法制史年表平成編 1990-2003』（共著）港の人　2006
　　　　『援助を求めないクライエントへの対応』［翻訳書］（共著）明石書店　2007
　　　　『子ども家庭のウェルビーイング』（共編著）金芳堂　2011
　　　　『子ども家庭福祉論』（共編著）黎明書房　2011
　　　　　　　　　　　　　　　　　　　　　　　　　　　　　　　他多数

家庭支援論・保育相談支援

2017年2月28日　第1版第1刷発行

　　　　　　　　　　編著者　成　清　美　治
　　　　　　　　　　　　　　真　鍋　顕　久
　　　　　　　　　　発行者　田　中　千津子
　　　　　　　　　　発行所　㈱　学　文　社

郵便番号　153-0064　東京都目黒区下目黒3-6-1
電話（03）3715-1501（代表）振替　00130-9-98842
http://www.gakubunsha.com

乱丁・落丁本は，本社にてお取替え致します。　　印刷／新灯印刷株式会社
定価は，カバー，売上カードに表示してあります。〈検印省略〉
© 2017 NARIKIYO Yoshiharu and MANABE Akihisa　Printed in Japan

ISBN 978-4-7620-2702-4